W0088343

JOHN KAAG

DAS BÜCHERHAUS

EINE PHILOSOPHISCHE LIEBESGESCHICHTE

*Aus dem Amerikanischen
von Martin Ruben Becker*

btb

Für Carol

Die Bibliothek ist eine Wildnis der Bücher

Henry David Thoreau, Tagebuch, 16. März 1852

INHALT

PROLOG: VIELLEICHT

Die Holden Chapel der Harvard Universität erschien mir immer als ein besonders passender Ort zum Sterben. Das kleine Backsteingebäude, das drittälteste der Universität, hat keine Fenster in der Fassade. Über seinem Eingang befinden sich vier steinerne *Bukranien*, Schmuckreliefs von Rinderschädeln mit Gehörn, von der Sorte wie sie die Heiden einst an ihren Tempelfassaden anbrachten, um böse Geister fernzuhalten. Als William James am 15. April 1895 gebeten wurde, vor einem Publikum von jungen Männern in der Georgianischen Kapelle zu sprechen, war sie bereits mehr als hundertfünfzig Jahre alt, der passende Rahmen für den dreiundfünfzigjährigen amerikanischen Philosophen, um über die Frage nachzudenken, die er inzwischen für die tiefgründigste hielt: »Ist das Leben lebenswert?«

Sowohl mit dem Ort als auch mit der Frage wurde ich im Frühjahr 2008 immer vertrauter. Ich hatte Monate damit verbracht, Harvard auf der Suche nach den Ursprüngen der amerikanischen Philosophie zu durchstreifen. Ich war, ausgestattet mit einem Postdoktoranden-Stipendium der American Academy of Arts and Sciences, in Harvard – eine befristete Atempause von der anhaltenden Arbeitslosigkeit, die mir in den Augen meiner liebevollen, aber sehr praktisch veranlagten Familie nach dem Abschluss meiner Promotion in Philosophie sicher bevorstand –, und ich wollte diese unerwartete Gelegenheit, ihnen das Gegenteil zu beweisen, auf keinen Fall leichtfertig vergeben. Die Korridore in der Widener Library, nur ein paar Schritte von der Holden Chapel entfernt, sind insgesamt achtzig Kilometer lang. Im Herbst jenes Jahres legte ich die gesamte Strecke zurück. Als ich schließlich mit leeren Händen herauskam, trabte ich über den Yard zur Houghton Library, in der sich seltene Bücher und Manuskripte befinden, und durchforstete die persönlichen Unterlagen von Ralph Waldo Emerson und Charles Sanders Peirce. Immer noch nichts. Es war doch erst November, sagte ich mir: früh genug. Forschungsstipendien dienen der Forschung – und man forscht und forscht. Ich hockte mich in meine Arbeitskabine in der Widener Library und versuchte, mir das Manuskript aus den Rippen zu schneiden, das ich über die Verschmelzung des deutschen Idealismus des achtzehnten Jahrhunderts mit dem amerikanischen Pragmatismus schreiben sollte. Die Dinge gingen voran, wenn auch sehr langsam.

Aber dann, an einem Abend im Frühjahr 2008, gab ich auf. Die Forschungen aufzugeben hatte nichts mit dieser Arbeit selbst zu tun, sondern alles mit dem Gefühl, dass sie, wie alles andere in meinem Leben, wirklich keine Bedeutung hatten. Für den Rest dieses Jahres in Harvard mied ich gewissenhaft seine Bibliotheken. Ich mied meine Frau, meine Familie, meine Freunde. Wenn ich überhaupt den Campus betrat, dann nur, um zur Holden Chapel zu gehen. Ich ging an ihr vorbei, setzte mich neben sie, las, an sie gelehnt, aß in ihrer Nähe mein Mittagessen, schlüpfte hinein, wenn ich konnte – sie wurde zu meiner Obsession. William James hatte, soweit ich es sah, die einzige Frage gestellt, die überhaupt von Bedeutung war. *Ist das Leben lebenswert?* Ich konnte sie nicht abschütteln, und ich konnte sie nicht beantworten.

Jahrhundertelang hatten Philosophen und religiöse Denker, vom Rabbi Maimonides aus dem zwölften Jahrhundert bis zum Engländer John Locke aus dem siebzehnten Jahrhundert, ungerührt den Glauben zum Ausdruck gebracht, dass das Leben, aus allen möglichen unwiderlegbaren Gründen, lebenswert sei. Im dreizehnten Jahrhundert hatte der Dominikanermönch Thomas von Aquin argumentiert, dass alle Wesen – ob nun Amöben oder menschliche Wesen – einen natürlichen Lebenszyklus besitzen, den ein höheres Wesen für sie vorgesehen hat. Keiner einzigen von Gottes Kreaturen stünde es zu, diesen zu unterbrechen. Immanuel Kants Argument, fünfhundert Jahre später, war weniger theologisch spekulativ. Vernunftwesen, sagte er, haben die Pflicht, ihre eigenen Vernunftkapazitäten nicht zu zerstören. In Kants Worten: »Der Suizid ist nicht deswegen abscheulich, weil ihn Gott verboten hat; im Gegenteil, Gott hat ihn verboten, weil er abscheulich ist.«

William James hatte über dieses Abscheuliche schon nachgedacht, seit er mindestens Anfang zwanzig war. Vielen Berichten zufolge hatte er 1871, im Alter von neunundzwanzig, den absoluten Tiefpunkt erreicht. Als ich 2008 draußen vor Holden Chapel auf dem immer noch gefrorenen Boden saß, musste ich ihm zustimmen – Schlimmeres als mein eigenes neunundzwanzigstes Lebensjahr war überhaupt nicht mehr vorstellbar. Einer der Skizzenblöcke, die ich in der Houghton Library gefunden hatte, enthielt ein Selbstportrait, das James mit roter Kreide gezeichnet hatte – ein junger Mann, sitzend, vornübergebeugt, und über der Gestalt eine Inschrift: HIER SITZEN DIE TRAUER UND ICH. Die meisten der Gründe, die seine philosophischen Vorgänger propagiert hatten, um am Leben zu bleiben, langweilten William James zu Tode. Für ihn waren sie wenig mehr als klischeehafte Maximen, ohne jede Relevanz für die Besonderheiten einer Depression oder

Krise. Andererseits war ihm völlig klar, dass solche Argumente unzähligen Menschen als existenzieller Halt für ein glückliches Leben gedient hatten. Während seines Vortrags in der Holden Chapel beobachtete er in der Tat, dass sein Publikum, eine Gruppe der Young Men's Christian Association Harvards, vor etwas, das er oft »geistige Gesundheit« nannte, geradezu strotzte, eine psychologisch-moralische Haltung, die die Schlussfolgerungen von Thomas von Aquin und Kant in der Praxis bestätigte.

Die YMCA Harvards war 1886 als eine evangelikale Gesellschaft gegründet worden. Die meisten Mitglieder von James' Publikum glaubten, die Bibel sei das Wort Gottes und Jesus der Herr und Erlöser. Die Frage nach dem Wert des Lebens war für diese tiefreligiösen Männer bereits vor dem Anhören eines jeglichen Vortrags hinreichend beantwortet. Den Wert des menschlichen Lebens zu leugnen, war Blasphemie und die ultimative Form dieser Leugnung – der Selbstmord – eine unaussprechliche Sünde. Aber James empfand, dass diese Affirmation des menschlichen Lebens, so emphatisch wie universell sie auch war, die Erfahrung einer wachsenden Zahl von Menschen einfach ignorierte, die sich des Werts ihres eigenen Lebens nicht mehr ganz so sicher waren.

William James, als Vater der amerikanischen Psychologie und Philosophie zu diesem Zeitpunkt schon recht berühmt, war einer dieser Menschen – »mit einer kranken Seele«, wie er es nannte. Meine eigene Seele, beginnend mit meiner Adoleszenz, war nie besonders robust gewesen, und in jenem verregneten Frühjahr hatte sich das noch verschlimmert. James wusste etwas, das die Frommen oft vergessen: dass an den Wert des Lebens zu glauben, für viele Menschen ein ständiger Kampf ist. Er hatte in den 1870er-Jahren eine Überdosis von

Chloralhydrat genommen, »nur so aus Spaß«, wie er seinem Bruder Henry schrieb, um zu sehen, wie nah er der Morgue, der Leichenhalle, kommen konnte, ohne tatsächlich dort zu landen. James war mit seiner Neugierde nicht allein. Ein Jahrzehnt später ging sein Kollege Edmund Gurney, Begründer der Society for Psychical Research, beim Experiment mit Leben und Tod zu weit und erprobte eine, wie sich dann herausstellte, tödliche Dosis von Chloroform. Als Reaktion auf Gurneys Tod schrieb James wieder einmal an seinen Bruder. »[Dieser Tod] lässt, was hier verbleibt, merkwürdig unbedeutend und vergänglich erscheinen, als ob das Gewicht der Dinge, so wie ihre Anzahl, ganz auf der anderen Seite läge.«

Die andere Seite. So wie: Nein. Das Leben ist nicht lebenswert.

Nein ist, wie sich herausstellt, eine Antwort, die an einem Ort wie der Holden Chapel viel für sich hat. Seit der Mitte des achtzehnten Jahrhunderts fanden dort keine Gottesdienste mehr statt, und die nächsten hundert Jahre diente sie als Chemielabor und Seminarraum für die aufkeimende Harvard Medical School, wo man Leichname sezierte. *Die Klinik Gross*, ein Gemälde von Thomas Eakins von 1875, gibt uns einen Eindruck davon, wie man sich die Chirurgie zu dieser Zeit vorstellen muss. Darauf sind mehrere Ärzte zu sehen, die ein Kind oder einen jungen Mann operieren und ohne Handschuhe arbeiten, während aus dem Inneren der schwärenden Wunde am Oberschenkel ihres Patienten Eiter nach außen dringt. Die Mutter des Patienten sitzt entsetzt daneben und bedeckt ihr Gesicht beim vergeblichen Versuch, dem zu entgehen, was James nur allzu deutlich begriff: Am Ende unseres Lebens sind wir alle bloß ein Haufen stinkender Kadaver. James war die blutige medizinische Vergangenheit der Kapelle sicher bewusst, als er gemeinsam mit der YMCA über den Wert des Lebens nachdachte.

Am 11. März 2008 sah ich zu, wie mein Vater starb. Seine Leber war in einem schlechten Zustand. Seine Speiseröhre war völlig zerstört. Zu sagen, dass man ein Plattenepithelkarzinom der Speiseröhre hat, ist oft ein sehr umständlicher Weg zu sagen, dass man zu viel getrunken hat, was mein Vater getan hatte. Am Ende konnte er tragischer- und zugleich ironischerweise nicht einmal mehr schlucken. Dasselbe, was seine Leber und Kehle zerfraß, zerstörte auch seine Familie. Ich mochte ihn nicht allzu sehr. Und so überraschte ich mich selbst, als ich die Einladung meiner Stiefmutter annahm, ihm an einem verschneiten Abend in einem Krankenhaus in Buffalo, New York, beim Sterben zuzusehen. Aber da lag er, mit geschwollenen Händen, aufgequollenem Gesicht, ohne Atem – jemand aus Dr. Gross' Klinik. Das alles kam mir wie ein grausamer Scherz vor. Vielleicht *war* das Leben lebenswert. Aber vielleicht lebte man bloß, um am Ende, umgeben von seiner verstörten zweiten Frau und seinen entfremdeten Söhnen, deren Augen völlig trocken waren, zu sterben.

Die Wahrheit ist, dass ich mir schon oft das Ableben meines Vaters vorgestellt – und gelegentlich sogar ausgemalt – hatte. In meinen Träumen, am Rande des Todes, würde er schließlich erkennen, wie kurz das Leben tatsächlich war, dass man es durchaus auch komplett versauen und die Gelegenheit verpassen konnte, tiefe und unwiderrufliche Verantwortung zu übernehmen. Der Schatten des Todes hatte diese Macht, wie ich glaubte. Und so, ganz am Ende, würde er mit mir reden, wie ein liebender Vater es mit seinem Sohn täte. Er würde mich überzeugen, dass unsere kurze Zeit zusammen nicht ein hohles, schmerzliches Versäumnis gewesen war. Er würde mir erzählen, wie man kein Trinker wurde oder kein Versager als Ehemann oder kein Ehemann, der sich aus dem Staub machte.

Natürlich geschah nichts dergleichen. Als ich ins Krankenhaus kam, war er schon weitgehend weggetreten, so still und bewusstlos, wie er die meiste Zeit in meinem Leben gewesen war. Es gab da nicht den großen Augenblick eines Finales, den Moment einer letzten Lektion. Bloß die schmerzhafte Bestätigung all meiner Ahnungen, dass das Leben ziemlich bedeutungslos war.

William James behandelte diese düstere Möglichkeit durchaus ernsthaft. Wenn wir mit rücksichtslosen Härten konfrontiert sind, erzählte er seinem Publikum in der Holden Chapel, neigen wir nicht dazu, an »die alte heimelige Vorstellung eines den Menschen liebenden Gottes« zu glauben, sondern »an eine furchtbare Macht, die weder liebt noch hasst, sondern alles ohne Sinn und Verstand auf den unvermeidlichen Untergang zusteuern lässt.« Nicht einmal die schützenden *Bukranien* können uns retten. »Dies«, fuhr er fort, »ist ein beklemmender, finsterer, albtraumhafter Blick auf das Leben. Seine eigentliche *Unheimlichkeit* [im Original deutsch, A. d. Ü.] oder Giftigkeit liegt darin, dass wir hier zwei Dinge zusammenbringen, die unmöglich zusammenstimmen können.« Auf der einen Seite klammern wir uns an die Hoffnung, dass unsere Welt sowohl vernünftig als auch bedeutsam ist; auf der anderen Seite kommen wir vielleicht zu der Einsicht, dass sie weder das eine noch das andere ist. Wir haben große Erwartungen, was unser Leben anbelangt, aber wir sterben in dem winterlichen Höllenloch von Buffalo oder werden auf OP-Tischen in der Holden Chapel aufgeschlitzt.

James hätte seinem Publikum dort erzählen können, dass

das Leben einer Vorsehung gehorche und eine bleibende, existenzielle Bedeutung durch einen gütigen und allwissenden Gott garantiert werde; dass, wie Leibniz im siebzehnten Jahrhundert dargelegt hatte, wir in der besten aller möglichen Welten leben; oder dass wir die moralische Pflicht haben weiterzumachen, selbst wenn es sich herausstellt, dass diese Welt an ihrer Wurzel böse sei. Er hätte versuchen können, meine Reise nach Buffalo schönzureden, mir entgegen allem Anschein erzählen können, dass das Leben *notwendigerweise* bedeutungsvoll sei. Mit anderen Worten, er hätte lügen können. Aber das tat er nicht. Stattdessen beantwortete er die schwierigste Frage des Lebens auf die ehrlichste mögliche Weise: »Vielleicht«, sagte James.

»Es hängt alles«, erklärt James, »von der Leber ab.« Die Leber, drei Pfund rotbraunes Fleisch, eingeklemmt unterhalb des Zwerchfells, wurde einmal als Quelle des Blutes und daher als Sitz des Lebens selbst betrachtet. Damals, zu Zeiten der *Bukranien*, schlachteten die Menschen ein Tier, nur um einen guten Blick auf eine Leber werfen zu können. Die Leber war unverzichtbar für viele antike Formen der Wahrsagerei. Seher von Babylon bis Rom untersuchten das Organ – so wie Phrenologen später die Form eines Schädels studieren würden –, um eine Zukunft vorhersagen zu können, die gerade noch für den Einzelnen kontrollierbar war. Die Leber bot, den Alten zufolge, eine Möglichkeit, die Launen des Schicksals zu ergründen. Ich habe mich manchmal gefragt, ob die Leber meines Vaters mir, hätte ich, als ich jung war, einen Blick auf sie werfen können, alles Mögliche hätte erzählen können: dass er versuchen würde, mir dabei zu helfen, meine Angst vor der Dunkelheit zu überwinden, indem er in der Garage alle Lichter löschte und mich darin einsperrte, dass sich meine Mutter nie wieder verlieben würde, dass es die größte Angst in meinem Leben sein würde, so zu werden wie er.

In den Jahren, die auf den Tod meines Vaters gefolgt sind, habe ich allmählich angefangen zu denken, dass die Dinge vielleicht nicht so dunkel und unausweichlich sind wie das hier. Ich habe allmählich verstanden, wie bestätigend James' »Vielleicht« auch sein kann. Ich musste ein Buch darüber schreiben – dieses Buch –, damit mir das wirklich klar wurde. Für amerikanische Philosophen wie William James ist es in einem ganz realen Sinne tatsächlich unsere Aufgabe, den Wert des Lebens zu bestimmen. Unser Wille bleibt der entscheidende Faktor dabei, in einer Welt einen Sinn zu finden, die diesen permanent zu vernichten droht. Unsere Vergangenheit muss keine Macht über uns haben. Das Risiko, dass das Leben vollkommen bedeutungslos ist, ist real, aber genauso auch der Lohn: die allgegenwärtige Chance, weitgehend für seinen Wert selbst verantwortlich zu sein. Die angemessene Reaktion auf unsere existenzielle Situation ist nicht, zumindest für James, absolute Verzweiflung oder Selbstmord, sondern der immer neue brennende, sehnsuchtsvolle Versuch, etwas Gutes aus den gefährlichen Optionen des Lebens zu machen. Und diese Optionen gibt es dort draußen, oft an den unwahrscheinlichsten Orten.

TEIL I

HÖLLE

IN EINEM DUNKLEN WALD,
EINE BIBLIOTHEK

Meinen Frühling in der Holden Chapel verbrachte ich mit William James. Dann fielen die Touristen im Harvard Yard ein – gaffende, knipsende, plappernde, lächerliche Touristen. Im Nachhinein weiß ich, dass sie nicht lächerlicher sind als ein ängstlicher Philosoph, der auf einer Decke im begrünten Innenhof sitzt und über den elenden Zustand der Leber seines Vaters sinniert. Aber damals wurde mein Drang, sie alle umbringen zu wollen, nur noch von dem Drang übertroffen, mich selbst umzubringen. Und so floh ich an einem warmen Nachmittag im Juni aus Cambridge und begab mich auf eine letzte, verzweifelte Mission, die Väter der amerikanischen Philosophie zurückzugewinnen und James' Frage ein für alle Mal zu beantworten. Meine eintägige philosophische Pilgerreise begann mit einer Fahrt zu dem weiß verkleideten Haus mit Schindeldach in Concord, das Ralph Waldo Emerson einmal sein Zuhause genannt hatte, und ich verbrachte den folgenden Nachmittag damit, die drei Kilometer um den Walden Pond herumzuwandern. Ich kehrte erst zum Harvard Yard zurück, als die Dämmerung einsetzte und meine touristischen Plagegeister allmählich verschwanden. Im Dämmerlicht las ich Emersons Ansprache »Der amerikanische Gelehrte«, vermutlich an genau der Stelle, an der er diese Vorlesung 1837 gehalten hatte. Oliver Wendell Holmes hatte sie die »intellektuelle amerikanische Unabhängigkeitserklärung« genannt, den Aufruf an amerikanische Denker, ihr intellektuelles Schicksal selbst in die Hand zu nehmen. Nachdem ich die Rede gelesen hatte, legte ich einen Halt am Kirkland Place ein, an dem Haus, in dem Charles Sanders Peirce aufgewachsen war. Peirce hatte Emersons Appell ernst genommen und die erste wahrhaft amerikanische Philosophie entworfen und dabei ein umfangreiches Werk geschaffen, das gleichzeitig wissenschaftlich streng und unerwartet spirituell war. Dann stellte ich meinen Wagen in einem Parkhaus in der Innenstadt von Boston ab, bevor ich den Rest der Strecke zur Durgin-Park Oyster Bar im North End zu Fuß ging. Dort hatte der in Harvard lehrende Idealismus-Philosoph Josiah Royce seine Studenten in den 1890er-Jahren getroffen, um über Erlösung und Unsterblichkeit zu diskutieren, bevor er am Charles River entlang zu seinem Haus in Cambridge zurückschlenderte. Von Erlösung und Unsterblichkeit am Durgin-Park hielt ich nichts, sondern entschied mich dafür, mich um meinen Verstand zu trinken. Am Ende der Nacht stolperte ich nach Hause und versuchte meine Frau davon zu überzeugen, dass ich nicht betrunken war.

Ich suchte nach Hilfe an all den üblichen Orten, an all den falschen Orten. Thoreau zufolge geben wir uns nicht wenig Mühe dabei, »die Möglichkeit einer Veränderung [zu] leugnen. ›Nur so geht es‹, sagen wir. Es geht aber«, versichert er uns, »auf so vielerlei Weise, als wir Radien von einem Zentrum ziehen können.« Ist das Leben lebenswert? James hatte seine Antwort in der Holden Chapel gefunden, aber ich musste Harvard und Boston ganz und gar hinter mir lassen. Nur den Weg hatte ich praktisch vergessen. Ich bin so dankbar, dass ich ihn schließlich doch gefunden habe.

Wenn man von Boston aus in Richtung Norden fährt, nachdem man die 495 verlassen und die Interstate 95 erreicht hat, rauscht alles ziemlich schnell an einem vorbei, und man erreicht New Hampshire, bevor man es gemerkt hat. Aber dann werden die Dinge langsamer. Die Route 16 in die White Mountains hinein ist eine seltsame, kleine Strecke, die Art von Straße, die sich nicht entscheiden kann, ob sie nun eigentlich für Autos geeignet sein will oder für Einspänner oder doch besser als Zugtrasse. Sie ist zwischen zwei Zeitaltern steckengeblieben, so wie die Kleinstädte, die sie durchquert. Sie wurde zu einer Zeit gebaut, als die sogenannten Brahmanen von Boston, die vornehmsten Familien der Stadt, zu denen viele der Cambridge-Intellektuellen gehörten, nach Norden zogen, um der Sommerhitze zu entgehen. Die Zeichen ihrer Wanderung sind immer noch zu sehen: Viktorianische Villen oben auf idyllischen Steilufern, eindrucksvolle Bahnstrecken – inzwischen sind sie stillgelegt – und Pfosten zum Anbinden von Pferden neben verrammelten 7-Elevens. Die 7-Elevens sind wiederum ein anderes Zeichen – sie weisen darauf hin, dass diese Migration vorüber ist.

Wenn man die Route 113 erreicht und nach rechts abbiegt, kommt man der Sache schon näher. Wenn man durch die winzige New-Hampshire-Stadt Chocorua durchfährt und William James' Sommerhaus passiert, weiß man, dass man zu weit gefahren ist. James hat das Haus 1886 gekauft, als er schließlich als Philosoph in Harvard genügend Geld verdient hatte, um sich einen solchen Rückzugsort leisten zu können. Aber das ist nicht das, wonach Sie suchen. Legen Sie den Rückwärtsgang ein und fahren Sie die 113 weiter bis zu dem Dorf Madison. Sie kommen an einer Reihe von Läden vorbei, in denen Antiquitäten verkauft werden, traurige, kleine Läden, die dazu dienen,

Leuten zu helfen sich in der Gegenwart über Wasser zu halten, indem sie ihre Vergangenheit verkaufen und ihre Erinnerungen Fremden anvertrauen.

Nach einer Weile krümmt sich die Route 113 nach links und führt an der Borough Hall vorbei. An dieser Stelle wachsen Tannen und Fichten bis an den Seitenstreifen heran, was es unmöglich macht, mehr als hundert Meter voraus- oder zurücksehen zu können. Dieser geschützte Wald ist eine willkommene Mahnung daran, dass nicht alle alten Dinge den Bach runtergehen. Biegen Sie links auf die Mooney Hill Road und fahren Sie den Hügel hoch. Dies ist die weniger befahrene Straße der amerikanischen Philosophie. Tatsächlich wirkt sie so, als wäre sie überhaupt nicht befahren worden, jedenfalls nicht von irgendjemandem ohne Allradantrieb. Fahren Sie weiter. Sie denken vielleicht, Sie hätten sich verfahren. Und in gewisser Weise stimmt das auch – das Gebiet der Philosophie, dem Sie sich nähern, ist seit mehr als einem Jahrhundert weitgehend unerforscht geblieben.

Bei jeder Weggabelung der Straße nehmen Sie den Abzweig nach links. Ein paar Kilometer auf einer verlassenen Schotterstraße können wie eine Ewigkeit wirken, und so werden Sie erleichtert sein, wenn Sie ein kleines Schulhaus mit nur einem Klassenzimmer vor sich auftauchen sehen. Jetzt biegen Sie rechts auf die Janus Road und nehmen die letzte Steigung. Wenn Sie nach rechts schauen, werden Sie einen klaren Ausblick auf die Sandwich Range der White Mountains haben, wobei Mount Washington rechts hinter Ihnen liegt. Wenn Sie nach links schauen, sehen Sie zunächst nichts als weiße Kiefern, aber dann werden Ihnen zwei Steingebäude im georgianischen Stil ins Auge fallen. Eins davon ist ein sehr großes Haus. Das andere liegt im Wald, einen kurzen Fußweg von der

Villa entfernt. Es hat lauter Fenster und hat nichts mit der Holden Chapel gemein. Das ist die Hocking-Bibliothek. Sie haben West Wind erreicht.

»Reisen ist das Paradies der Narren«, sagte Emerson einst, »[denn] mein Riese folgt mir, wohin ich auch gehe.« Das stimmt ganz allgemein, aber wenn ich an bestimmte Orte reise, lässt mich mein Riese lang genug allein, damit ich nachdenken kann. William Ernest Hocking fand – oder besser schuf – mit West Wind einen dieser seltenen Orte.

Wie viele amerikanische Philosophen hatte Hocking ursprünglich gar nicht vor, einer zu werden. Er wurde 1873 in Cleveland geboren und verbrachte seine Jugendjahre in Joliet, Illinois. Seine Mutter stammte aus der Pratt-Familie aus Southbridge, Massachusetts, die davor aus der Plymouth Colony gekommen war und noch davor von der *Mayflower*. Sein Vater, ein Kanadier, studierte Medizin in New York und Maryland, bevor er Anfang der 1870er-Jahre mit der Familie gen Westen zog. William Hocking, das erste von fünf Kindern, wuchs in einer Familie von überzeugten Methodisten auf und erlebte, was er später eine »Konversionserfahrung« nannte, die seinen jugendlichen Glauben an den Allmächtigen untermauerte. Nachdem er die Highschool 1889 abgeschlossen hatte, arbeitete er vier Jahre lang als Aufseher und Kartenmacher und versuchte, genug Geld zu sparen, damit er an der Universität von Chicago studieren konnte. Die Finanzkrise von 1893 machte diese Pläne jedoch zunichte, und er entschied sich stattdessen für das Iowa State College of Agriculture and Mechanic Arts (heute die Iowa State University).

Hocking hatte Architekt oder Ingenieur werden wollen – zumindest war das der Plan, bis er im dritten Highschooljahr im zarten Alter von vierzehn Herbert Spencers »Die ersten Prinzipien der Philosophie« las. Den größten Teil seiner Laufbahn verbrachte Spencer damit, Darwins Evolutionstheorie zu verbreiten, eine Theorie, die im kommenden Jahrhundert die amerikanische Philosophie radikal beeinflussen sollte und bis heute den religiösen Glauben fundamental in Frage stellt. Als Hockings Vater entdeckte, dass sich sein Sohn in die »Ersten Prinzipien« vertiefte, tat er, was jeder vernünftige Methodist tun würde: Er bestand darauf, dass sein Sohn das Buch wieder in die Bücherei zurückbrachte. Aber Hockings Vater hatte nicht gesagt, dass er es nicht erneut ausleihen dürfte. Also tat er genau das in der nächsten Woche. Und diesmal versteckte er seinen Spencer auf dem Heuboden der Scheune und verlor prompt seinen Glauben. Diese Glaubenskrise war Hockings erster Vorstoß in das metaphysische Denken. Seine Lektüre von William James' »Die Prinzipien der Psychologie« Anfang der 1890er-Jahre war sein zweiter.

Als der jugendliche Hocking die »Psychologie« las, war James schon auf einem guten Weg eine Schule des Denkens zu begründen, die als amerikanischer Pragmatismus bekannt geworden ist. Dieser Pragmatismus meint, dass Wahrheit auf der Grundlage ihrer praktischen Konsequenzen zu beurteilen ist, ihrer Fähigkeit, die menschliche Erfahrung zu bewältigen und zu bereichern. James' Pragmatismus war gerade so gut begründet und praktisch genug, dass er einen Beinahe-Ingenieur davon überzeugen konnte, dass Philosophie keine komplette Zeitverschwendung war.

Auf dem Weg zur Philosophie spielte Hocking mit der Idee, nur Religion zu studieren. Er war einer der jüngsten Besucher des »Weltparlaments der Religionen« in Chicago 1893, das gleichzeitig mit der »Kolumbianischen Weltausstellung« abgehalten wurde. Niemand weiß das so genau, aber es ist gut möglich, dass er dort seinen zukünftigen Lehrern Josiah Royce und George Herbert Palmer bei den Veranstaltungen begegnet ist, denn beide hielten dort Vorträge. Was wir aber wissen, ist, dass Hocking 1899 nach Cambridge kam, um in Harvard Philosophie zu studieren, und zwei Jahre später seinen Bachelor machte.

Er war einer der letzten Studenten, der mit den »Philosophischen Vier« arbeitete: James, Royce, Palmer und George Santayana. Hocking, damals sechsundzwanzig, verpasste diese Gelegenheit nicht. Auf seine Studentenjahre zurückblickend, schrieb Hocking: »Ich hielt sie und halte sie für die stärkste philosophische Fakultät der Welt ... sie war stark, weil die einzelnen Männer stark waren, und doch unterschiedlich genug, sodass die meisten Studenten in dem einen oder anderen der Zentralgruppe jemanden entdecken konnten, der seine Probleme direkt ansprach.«

Hockings Spencer-Lektüre hatte ihn von der Vorstellung eines gütigen und allmächtigen Gottes abgebracht, und er suchte verzweifelt nach einem intellektuell vertretbaren Ersatz. Er war gekommen, um bei James zu lernen, aber der berühmte Psychologe und Philosoph war gerade in Europa, als Hocking zu studieren begann. Während er darauf wartete, dass James zurückkehrte, lernte Hocking Deutsch und Französisch, setzte sein Studium der Mathematik und der Naturwissenschaften fort und besuchte Seminare über Metaphysik und Ästhetik bei Royce und Santayana. »Ich arbeitete gierig und glücklich«, schrieb er später, »und litt bloß, weil ich nur sechs Seminare zur gleichen Zeit besuchen durfte.«

Hocking war allerdings nicht der typische Bücherwurm. Im Frühjahr 1900 plante er seine erste Reise nach Europa, um die Internationale Weltausstellung in Paris zu sehen. Er war pleite – »mittellos«, um seinen Ausdruck zu verwenden –, sodass er und sieben andere Harvard-Studenten um die Hilfe eines Mr Buffum ersuchten. Buffum war, wie Hocking ausführte, »ein nicht allzu seriöser Viehtreiber-Vermittler… am Kai von Boston«, der Studenten als Viehtreiber für die SS *Anglican* anheuerte. Sie reisten am 14. Juni von Charleston ab, dem wichtigsten Hafen Bostons. »Wir wurden zusammengewürfelt«, schrieb Hocking, »mit acht erfahrenen Viehtreibern, sodass wir vier Teams aus jeweils vier Mann bildeten, und jedem Team wurden 125 texanische Rinder zugewiesen.« Die Reise dauerte zwölf Tage, und sie kamen am Victoria Dock in London an. Den Studenten wurde dann für sieben Wochen Urlaub gewährt, um das Beste der europäischen Kultur kennenzulernen. Die Verbindung von echtem Leben mit Hochkultur verkörperte einen wichtigen Strang der amerikanischen Philosophie, den Hocking sich für den Rest seines Lebens bewahren wollte.

Kurz nach Hockings Rückkehr nach Harvard im Herbst 1900 kehrte auch William James zurück. James hatte an dem Manuskript über »Die Vielfalt religiöser Erfahrung« gearbeitet, einem Buch, das den Versuch unternahm, einen Raum für religiöse Erfahrung in einer Welt zu bewahren, die zunehmend von der Wissenschaft dominiert wurde. Als Student im Grundstudium besuchte Hocking die Seminare, die James abhielt, während er an der »Vielfalt« feilte. Eines Abends wandte sich der auf die sechzig zugehende James, nachdem er seinen Studenten einen Teil des Manuskripts vorgelesen hatte, an Hocking: »Hocking, warum haben Sie mit einem ständigen Stirnrunzeln auf Ihrem Gesicht dagesessen?« Hocking gab später zu, dass er dieses Stirnrunzeln überhaupt nicht bemerkt hatte – er war nur sehr konzentriert gewesen, oder noch besser, »begeistert«. Nachdem er 1904 sein Studium in Harvard mit einem Doktortitel abgeschlossen und zwei Jahre am Andover Theological Seminary unterrichtet hatte, zog Hocking nach Kalifornien, um Mitglied der Fakultät in Berkeley zu werden. Aber statt sich ganz der Philosophie zu widmen, verbrachte er die meiste Zeit in San Francisco und half beim Wiederaufbau nach dem großen Erdbeben von 1906 und verfeinerte seine Fähigkeiten als Architekt, die er brauchte, um in den White Mountains ein Anwesen entwerfen und aufbauen zu können. 1908 erhielt er einen Ruf nach Yale, um zu unterrichten, und als sein Mentor Josiah Royce 1916 starb, übernahm er Royces philosophischen Lehrstuhl in Harvard, der weit und breit als die prominenteste Position in diesem Feld angesehen wurde. Am Ende seiner vierzigjährigen Karriere in Harvard war Hocking eine der Ikonen der amerikanischen Philosophie geworden. 1944 wurde er der sechste Amerikaner, der die berühmten Gifford Lectures in Schottland abhielt, nachdem vor ihm nur Josiah Royce, William James, John Dewey, Alfred North Whitehead und Reinhold Niebuhr diese Ehre zuteilgeworden war.

Bei meiner ersten Fahrt zum Hocking-Anwesen wusste ich viel mehr über seine Lehrer als über Hocking selbst. Ich war nach

Chocorua gefahren, um eine Konferenz über Leben und Werk von William James organisieren zu helfen. Heutzutage werden die meisten philosophischen Kongresse in riesigen, unscheinbaren Hotels in riesigen, unscheinbaren Städten abgehalten, sodass diese kleine Versammlung von Philosophen in der Chocorua Public Library mein Interesse weckte. Ich wusste, dass die Konferenz gut sein würde, aber nicht gut genug, um meine dauernden Ängste beschwichtigen zu können, dass Philosophie selbst eigentlich nicht von Bedeutung war. Also fand ich mich selbst erneut woanders wieder – diesmal bedachte ich die geschmacklichen Vorzüge von »Schnecken« in einer deutschen Bäckerei an der Kreuzung der Routes 16 und 113. Der Laden hatte nicht einmal einen Namen, nur ein Schild draußen, auf dem COFFEE TO GO stand.

Hier stieß ich auf Bunn Nickerson. Bunn war einer dieser Typen, von denen man hofft, dass man selbst so ist, wenn man dreiundneunzig wird. Er war scharfsinnig und sehnig und nicht vergleichbar mit den meisten Philosophen, die ich kennengelernt hatte. Er ging langsam, wie die meisten alten Philosophen, obwohl sein Humpeln nicht eine Folge von ewig langer Inaktivität war, sondern von bäuerlicher Arbeit und dem Skifahren rührte.

Ich weiß nicht mehr, warum ich mit Bunn ins Gespräch kam (in meiner Profession lernt man, vorsichtig zu sein). Ich weiß noch, dass ich peinlich berührt war, als er mich fragte, was ich für meinen Lebensunterhalt tat.

»Ich lehre Philosophie«, sagte ich und wappnete mich für das beklommene Schweigen, das normalerweise auf dieses Geständnis folgte.

Es stellte sich heraus, dass Bunn mit Philosophen aufgewachsen war oder, genauer gesagt, in einem kleinen Haus am

Rande des Grundstücks eines Philosophen, also auf »Dr. Hockings« Land. Heutzutage haben Philosophen ihre Theorien und den einen oder anderen Studenten. Die meisten von ihnen haben kein »Land«. Bei Bunn klang es wie das Reich eines Philosophenkönigs, und das war gar nicht so weit von der Wahrheit entfernt: Die Hocking-Farm umfasste, wie ich dann herausfand, ein Herrenhaus aus Stein, sechs kleine Sommerhäuschen, zwei große Scheunen und einen Fischteich mit drei Biberbauten, alles auf vierhundert Hektar Feld und Wald gelegen. Und eine *Bibliothek*. Bunn musste gesehen haben, wie mein Gesicht aufleuchtete, als er das Wort aussprach. In einem Akt der Großzügigkeit, den ich nie verstanden habe, bot er an, mich dorthin zu fahren. Sie sehen zu können, kam mir wie ein sehr guter Grund vor, den Rest der Konferenzplanung zu schwänzen, also kletterte ich in den blauen Dodge-Pick-up des alten Mannes, und wir rumpelten den Hügel hoch Richtung »Dr. Hockings Land« – oder, wie Bunn es nannte, »West Wind«.

WIE ICH WEST WIND FAND

Heutzutage haben die meisten Akademiker keine eigene Bibliothek mehr, die der Rede wert wäre, und so meiden sie ein Problem, dem sich viele Intellektuelle im neunzehnten Jahrhundert in der Dämmerung ihres Lebens stellen mussten – was machte man mit einem intellektuellen Zuhause, nachdem es dauerhaft verlassen worden war? Natürlich können die Bücher einer größeren Universitätsbibliothek gespendet werden. Die Widener Library steht voller Exemplare, die einmal berühmten Ehemaligen Harvards gehört haben. Wenn dies allerdings geschieht, sind die Bücher zwischen Millionen anderer in den Magazinen verloren, werden durch die standardisierte Katalogisierung der Library of Congress voneinander getrennt. Die Bücher sind streng geordnet, und die einmalige Geschlossenheit der ursprünglichen Sammlung ist verloren. Um dieses Schicksal zu vermeiden, gaben Schriftsteller zu Hockings Zeiten oft ihre Bibliotheken an ähnlich gesonnene Freunde und Studenten weiter.

Als Bunn und ich West Wind erreichten, wirkte die Hocking-Bibliothek verlassen. An den Bäumen um die Gebäude herum hingen Schilder BETRETEN VERBOTEN, aber Bunn schien das nicht zu stören. Er erklärte, dass die Mitglieder der Hocking-Familie immer noch Zeit auf diesen Ländereien verbrachten, besonders in den Sommermonaten, aber an jenem frischen Herbsttag war niemand da. Bunn stieg aus seinem Pick-up, trabte von mir weg den Hügel herunter, um seine alten Lieblingsorte aufzusuchen, und lud mich, während er in Richtung Bibliothek winkte, dazu ein, »mich umzusehen«. Das Gebäude war aus grobem Granit in verschiedenen Schattierungen errichtet worden, so stabil (und beinahe so groß) wie ein Haus. Von außen konnte ich nicht erkennen, ob es wirklich zweistöckig war, aber ich konnte die Oberlichter im Dach ausmachen, die vermutlich den Raum mit einem prächtigen Leselicht erfüllten. Die Bibliothek war auf jeden Fall groß genug, um nahezulegen, dass ihr Besitzer nie die Vorstellung gehegt hatte, sie könnte verlassen werden. In die Fassade waren große Bogenfenster und jeweils drei Fenstertüren eingelassen. Ich spähte hinein und wurde an William James' Liebe zu Goethes »Faust« erinnert. In der Eröffnungsszene klagt Faust, umgeben von zerlesenen Folianten, über die Hinfälligkeit menschlichen Wissens:

Habe nun, ach! Philosophie,
Juristerei und Medizin,
Und leider auch Theologie
Durchaus studiert, mit heißem Bemühn.
Da steh' ich nun, ich armer Tor,
Und bin so klug als wie zuvor!

James hatte in seiner Jugend über Goethe gebrütet; er besaß Fausts vielseitige Fähigkeiten – er hätte Maler werden können, Biologe, amtlicher Inspektor, Romancier, Theologe –, aber James empfand ebenso wie Faust, dass die menschlichen Fähigkeiten, selbst wenn sie eindrucksvoll waren, dennoch bedauerlich begrenzt blieben. »Alle natürlichen Güter verfallen«, schrieb James. »Reichtümer sind flüchtig; Ruhm ist ein Hauch; Liebe ein Betrug; Jugend und Gesundheit und Vergnügen vergehen.« Als ich das erste Mal in die Hocking-Biblio-thek spähte, dachte ich, dass dies wahrscheinlich ein Ort war, an dem »alle natürlichen Güter verfallen«. Selbstverständlich sehnte ich mich danach hineinzugehen. Ich nahm an, dass ich wohl warten sollte, bis eines der Familienmitglieder mich hineinließ, aber ich begann mich zu fragen, ob die Familie je zurückkäme. Vielleicht interessierten sie sich einfach nicht für alte Bücher. Ich konnte nicht bis zum Sommer warten, um mir die Bücher anzusehen. Vielleicht war dies jetzt meine einzige Chance. »Wer darauf verzichtet, eine sich darbietende einzige Gelegenheit zu ergreifen«, schrieb James, »verliert den Preis ebenso sicher, als wenn er den Versuch machte und keinen Erfolg hätte.«

Dann entdeckte ich durch das Fenster auf einem Regal die Bände des »Century Dictionary«. Es war 1891 zuerst erschie-nen und ein Meisterwerk lexikografischen Details, hatte mehr als siebentausend große Quartoseiten und besaß zehntausend Holzstichillustrationen. Als dieses Lexikon ein Jahr später im »American Anthropologist« besprochen wurde, stimmte der Kritiker dem wachsenden Empfinden jener Zeit zu – als er sagte, es sei »das bemerkenswerteste literarische Denkmal des 19. Jahrhunderts«. Einige der besten Köpfe Amerikas hatten jahrelang an dieser ersten Ausgabe mitgearbeitet, einschließ-lich eines der Begründer der amerikanischen Philosophie, Charles Sanders Peirce. Ich hatte schon immer eine seltsame Faszination für Peirce gehegt – die Art von Faszination, die einen dazu bringt, eine Dissertation zu schreiben. Nachdem die Dissertation fertig war, beschloss ich, ein Buch über ihn zu schreiben. Peirce war zwanghaft, brillant und nur ein wenig verrückt. Er war der Sohn des Harvard-Mathematikers Ben-jamin Peirce und schnappte sich das Exemplar von Whatelys

»Elemente der Logik«, das seinem Bruder gehörte, als er vierzehn war, und las es in einem Rutsch durch. Obwohl er eine Ausbildung als Chemiker und Geodät hatte, betrachtete Peirce eigentlich Logik und Metaphysik als seine lebenslange Berufung. Er blieb immer ein Außenseiter für die Mainstreamphilosophie, eine seltsame Rolle für den vielleicht originellsten Philosophen des neunzehnten Jahrhunderts. Sein Werk zur Logik und Mathematik nimmt das von Gödel und Russell vorweg. Seine Schriften über Wissenschaftstheorie nehmen es leicht mit denen von Popper und Kuhn auf. Und seine Aufsätze im *Journal of Speculative Philosophy* Ende 1860 schaffen die Grundlagen für drei Jahrzehnte des amerikanischen Pragmatismus. James und Royce sahen zu ihm auf, um Inspiration und Anleitung zu finden. Im Februar 1903 versuchte William James den Präsidenten Harvards, Charles Eliot, davon zu überzeugen, dass Peirce aufblühen würde, wenn er eine feste Stelle in der philosophischen Fakultät erhielte: »Er ist einer von unseren drei oder vier herausragenden, amerikanischen Philosophen«, brachte er vor, »und es scheint mir, dass sein Genie eine offizielle Anerkennung verdient.« Eliot war nicht überzeugt – Peirces Ruf als Unruhestifter eilte ihm voraus. Seinen Leistungen zum Trotz gehörte Peirce nie irgendwo dazu – er mischte sich, oft sehr effektiv, andauernd in die Forschungen anderer Leute ein. Er zerlegte die sorgfältig gedrechselten Argumentationsketten seiner Kollegen mit der nervtötenden Leichtigkeit des Junggenies. Im Laufe seines Lebens perfektionierte er die Kunst der Selbstdemontage und vereitelte die anhaltenden Versuche seiner Freunde, ihm eine feste Stellung und ein sicheres Einkommen zu verschaffen. Also fand er eine Teilzeitbeschäftigung, die besser zu seinem Genie passte, indem er Einträge für das »Century Dictionary« zu einigen Forschungsgebieten schrieb: zur Logik, Metaphysik, Mathematik, Mechanik, Astronomie, Gewichten und Maßen. Als ich diese verstaubte Ausgabe entdeckte, musste ich sie durchblättern, obwohl ich mich ein wenig so fühlte, als würde ich einen Hausfriedensbruch begehen. Aber dies war kein unbefugtes Eindringen, dachte ich. Wenn die Türen unverschlossen sind, handelt es sich lediglich um Eindringen. Ich würde einen kurzen Blick hineinwerfen und die Dinge so lassen, wie ich sie vorgefunden hatte.

Wenn ich darüber nachdenke, weiß ich, dass dies lauter Ausreden für ein ziemlich schlechtes Benehmen sind. Aber es hätte viel schlimmer ausgehen können. Im vorigen Jahr hatte ein Verwandter Hockings die leere Bibliothek ohne Erlaubnis der Familie durchforstet. Nur dass dieser Typ im Heroinrausch war. Und er machte sich daran, vierhundert seltene Bücher zu stehlen – unter ihnen eine Erstausgabe von Thomas Hobbes' »Leviathan«, 1651 erschienen – und sie zu seinem Haus in Berkeley, Kalifornien zu transportieren. Im Eingang der Bibliothek, neben dem Lexikon, lag ein brauner Briefumschlag mit der Aufschrift INVENTAR. Ich überflog es schnell und entdeckte eine Reihe sehr teurer Bücher:

René Descartes. *Discourse on the Method* (Erste Englische Ausgabe 1649). – (Vom FBI zurückgegeben)
John Locke. *Two Treatises of Government* (1690). – (Vom FBI zurückgegeben)
Immanuel Kant. *Kritik der reinen Vernunft* (Riga: 1781). – (Vom FBI zurückgegeben)

Dies waren Erstausgaben – Hunderte von ihnen –, geschrieben von den europäischen Philosophen, die solche amerikanischen Intellektuellen wie William James erst inspiriert und dann frustriert hatten. Hocking sammelte sie aus einem Grund: Er suchte nach den Ursprüngen der amerikanischen Philosophie. Zu der Zeit wusste ich nicht, was das FBI mit philosophischen Klassikern zu tun hatte, aber es stellte sich heraus, dass die Bundesregierung überraschend gut darin ist, gestohlene Bücher über die Staatsgrenzen hinweg aufzuspüren. Anscheinend gingen die Hockings zur Polizei von Madison, die sich an das FBI wandte, das eine beträchtliche Anzahl der teuren Bände wieder auftrieb. Einige sind allerdings nach wie vor verschollen. Als der Dieb festgenommen und ein Jahr später vor Gericht gestellt wurde, heißt es in den Gerichtsakten, er habe »ausgesagt, dass er mehrere Versuche unternommen habe, die Hocking-Familie davon zu überzeugen, dass sie besser auf die Bücher aufpassen müsste, aber die Familie habe sich geweigert, dem nachzukommen … Der Beklagte behauptete, dass er die Bücher nur an sich genommen habe, um sie zu schützen, und keine Pläne gehabt hätte, sie für Geld zu veräußern.« Gleichwohl nahm er Bücher im Wert von mehr als einer Viertelmillion Dollar an sich und verkaufte einige von ihnen. Ich legte die Inventarliste vorsichtig zurück an ihren Platz und wandte mich dem Lexikon zu. Es hatte noch den ursprünglichen Einband, braunes Leder, das nach mehr als hundert Jahren des Gebrauchs eine dunkle Patina angenommen hatte. Die Seiten waren überraschend brüchig für ein Buch, das noch relativ jung war, eine Zerbrechlichkeit, die dem Schimmel geschuldet war und den vielen kalten Jahreszeiten, denen wärmere Perioden gefolgt waren.

Ich schaute mir nach dem Zufallsprinzip einige der Einträge an – »Mädchen-Blässe«, »Dienstmädchen«, »maieutisch« –, gerade genug, um zu begreifen, dass das, was Eingang in die

Lexika fand, sich seit den Zeiten von Peirce und James radikal verändert hatte. Es gab eine Zeit, da konnten Philosophen wie Peirce die Sprache, die wir benutzen, ganz genau bestimmen. Sie hatten die Macht, die Realität zu definieren. Aber sie hatten sie nicht mehr, und dies war, zumindest für mich, keine kleine Tragödie. Während des letzten Jahrhunderts hatte sich die Mainstreamphilosophie in die oberen Stockwerke des Elfenbeinturms zurückgezogen, und während sie sich spezialisierte und professionalisierte, verlor sie zu einem großen Teil den Kontakt mit den existenziellen Fragen, die James und Peirce bewegt hatten. Über dem Lexikon, auf einem unbehandelten Eichenregal, stand eine Reihe in Leder eingebundener Bände: Das *Journal of Speculative Philosophy*, in dem Peirce seine Spuren hinterlassen hatte. Es war der Erstdruck der ersten vollständigen Ausgabe von 1867 bis 1893, alle fünfundzwanzig Bände. Ich wollte nur einen Blick darauf werfen, und dann würde ich wirklich wieder gehen. Ich wollte Hockings Signatur sehen, und so zog ich vorsichtig den ersten Band aus dem Regal.

Hockings Name stand nicht auf der ersten Seite des Buches. Stattdessen stand dort »Charles S. Peirce« in kleiner, neurotischer Handschrift. Der Band glitt mir aus den Händen. Als professioneller Philosoph fange ich sehr selten an zu hyperventilieren, während ich meine Forschung betreibe, aber Peirce war ein berüchtigter Einsiedler gewesen. Die meisten seiner Bücher waren verkauft oder am Ende seines Lebens nach Harvard gebracht worden, aber irgendwie war dieser kleine Schatz – Peirces eigenes Exemplar seiner ersten und berühmtesten Veröffentlichung – hierher gelangt.

Die letzten Jahrzehnte des neunzehnten Jahrhunderts werden oft als das Goldene Zeitalter der amerikanischen Philosophie betrachtet. Diese Ära fiel mit einem ähnlich aufregenden Übergang in der europäischen Philosophie zusammen, der von der Geburt der Phänomenologie geprägt ist, einer Schule des Denkens, die, nicht unähnlich der amerikanischen Philosophie, meinte, dass philosophische Fragen sich aus der Erfahrung heraus stellen müssen und dass ihre Antworten danach beurteilt werden müssen, ob sie in der Lage sind, andere Leben zu bereichern. Aus der Phänomenologie entwickelten sich allmählich der Existenzialismus und die postmoderne Philosophie. Alle goldenen Zeitalter vergehen allerdings irgendwann – in diesem Falle mit dem Tod einer Anzahl großer amerikanischer Denker. William James starb 1910, Charles Sanders Peirce 1914, Josiah Royce 1916, George Herbert Palmer 1933, Edmund Husserl, der deutsche Vater der Phänomenologie, 1938. Und so nahm sich William Ernest Hocking, der bei ihnen studiert und sie alle überlebt hatte, ihrer Bücher an.

Viele Bände in dieser Bibliothek stammten aus dem siebzehnten und dem achtzehnten Jahrhundert und waren sehr kostbar, aber noch viel mehr enthielten die Randnotizen ihrer ursprünglichen Besitzer, und diese waren absolut unbezahlbar. Als Hocking 1966 starb, wurde sein Sohn Richard – auch ein Philosoph – der Verwalter der Sammlung. Er hatte mehrfach versucht, die ganze Sammlung Harvard zu vermachen, aber ohne viel Glück. Harvard – wie der Verwandte aus Berkeley – hätte sich das Beste herausgepickt, hegte aber keinerlei Absicht, die Bibliothek insgesamt zu erhalten. Aber gerade ihre Einheit machte diese Sammlung, laut Richard, so besonders. Als Richard 2001 starb, blieben die Bücher einfach im dunklen Wald am Ende der Janus Road in New Hampshire.

Richards drei Töchter versuchten tapfer, sich um die Sammlung zu kümmern, aber sie lebten über ganz Nordamerika verstreut und mussten sich um den gesamten Landbesitz sorgen, ganz zu schweigen von ihren eigenen Leben.

Bücher bestehen bloß aus Papier, zerstampftem und getrocknetem Holzstoff. Im Reich der Nager und Termiten sind sie recht wertvoll: Sie sind schmackhaft, und wenn man sie in kleine Stücke zerfetzt, werden aus ihren Seiten gemütliche, kleine Nester. Ein Jahrzehnt lang wurde die Hocking-Bibliothek eifrig benutzt – allerdings nicht von Menschen. Stachelschweine und Käfer hatten sich angesiedelt und sorgten dafür, dass diese große Menge Papier nicht völlig verdarb. »WER AUCH IMMER auf die Welt der Insekten schaut«, schrieb Emerson in »Zitat und Originalität«, »auf Fliegen, Aphiden, Stechmücken und unzählige Parasiten... muss die extreme Befriedigung bemerkt haben, die sie durch das Saugen erlangen, was die hauptsächliche Tätigkeit in ihrem Leben zu sein scheint. Wenn wir in eine Bibliothek oder eine Nachrichtenredaktion gehen, sehen wir dieselbe Funktion auf einer höheren Ebene, die mit einer Art Inbrunst ausgeübt wird, mit derselben Ungeduld angesichts von Unterbrechungen, was darauf verweist, wie süß diese Handlungen sind.« Hungrig blickte ich ein letztes Mal auf das Inventar und dann wieder in das *Journal of Speculative Philosophy*. Der »Leviathan« von 1651 war selten. Die »Two Treatises of Government« von 1690, eine anonym geschriebene erste Ausgabe, die als Grundlage für die amerikanische politische Freiheit gedient hatte, war noch seltener. Im letzten Jahr waren Erstausgaben beider Werke verauktioniert worden. Hobbes' Meisterwerk hatte $ 32 000 eingebracht; Lockes Traktat wurde von einem Antiquar in Dallas für $ 41 000 verkauft. Als Student hatte ich diese Auktionen aus der Ferne beobachtet und im Internet herumgeschnüffelt, um zu sehen, was Philosophie tatsächlich wert sein konnte. Die Bücher im Inventar in West Wind, die Klassiker der modernen Philosophie, hätten in der British Library oder in Yale oder in der Huntington Library in San Marino, Kalifornien, unter Glas liegen können. Aber es gab, meinte ich, nur eine Ausgabe des *Journal of Speculative Philosophy*, in dem der Name von C. S. Peirce stand. Es war unersetzlich. Und es lag unter einer dünnen Staubschicht in der Hocking-Bibliothek. Bald würden sich die Termiten darüber hermachen.

Als Kind vergrub ich Dinge im Garten, damit ich sie Jahre später wieder ausgraben konnte. Die Hocking-Bibliothek stellte sich als die größte Zeitkapsel heraus, die ich jemals geöffnet hatte. Es war ein großer Raum, der durch Zwischenwände aus Walnussholz in verschiedene Arbeitsnischen eingeteilt war. In Wahrheit gab es keine echten Wände. Nur Bücherregale und Fenster. Ich schätzte den Bestand auf ungefähr zehntausend Bücher. Zu meiner Rechten und Linken an entgegengesetzten Enden des Gebäudes befanden sich zwei große Marmorkamine, groß genug, sodass ich in ihnen hätte stehen können, ohne mich allzu sehr bücken zu müssen, und solide genug, dass sie das ganze Gebäude mindestens bis Oktober oder November hätten warmhalten können. Orientteppiche, die nicht zueinanderpassten und schon ganz verschlissen waren, bedeckten die breiten Eichendielen der Bibliothek. Die Schaukelstühle aus der ersten Generation von Stickley – mit ihren robusten Walnussleisten und den Sitzen aus muffigem Pferdehaar – sahen so aus, als hätten sie seit vielen Jahren keinen Besucher mehr beherbergt. Eine enge Wendeltreppe – eher eine Leiter, wenn ich es recht bedenke – führte zu einem Loft darüber.

An gegenüberliegenden Wänden hingen zwei riesige Porträts – eins von Hocking, dessen kantiges, markantes Kinn gerade so gereckt war, dass man begriff, es ging ihm ums Geschäft, um das intellektuelle und sonst auch, das andere von seiner Frau Agnes. Sie blickten auf mich hinunter mit einem Ausdruck, den ich mir nur als stille Missbilligung erklären konnte. Hocking hatte Agnes O'Reilly 1905 geheiratet. Sie war die Tochter des gefeierten Dichters und Journalisten John Boyle O'Reilly, der Ende des neunzehnten Jahrhunderts Redakteur von Bostons irischer Zeitung The Pilot gewesen war. Davor hatte er im Gefängnis gesessen. O'Reilly war eine Zentralfigur in der irischen nationalistischen Bewegung in den 1860er-Jahren gewesen und von den Engländern zu zwanzig Jahren Straflager in Westaustralien verurteilt worden. Er floh 1869, kehrte schließlich nach Irland zurück und ging dann nach New England.

Ich war an Philosophen mit kantigem Kinn gewöhnt, aber Agnes' Schönheit jagte mir regelrecht Angst ein. Sie erinnerte mich an jemanden, obwohl ich sie damals nicht einordnen konnte. Ihr Porträt war nicht vollständig; die Ärmel ihres Kleides waren nur ein paar Striche der Untermalung. Später erinnerte ich mich an Hockings Bemerkung in »The Meaning of God in Human Experience« (dt.: Die Bedeutung Gottes in der menschlichen Erfahrung), 1912 erschienen, dass »der Idealismus hauptsächlich deshalb nicht funktioniert … weil er unvollendet ist.« Aber dann fiel mir die nächste Zeile wieder ein: »Unvollendetheit ist nicht selbst schon ein Makel … es gibt zulässige und unzulässige Formen der Unvollendetheit.« Dieses Porträt war von der zulässigen Sorte. Agnes' Gesicht war sorgfältig bis ins Detail ausgeführt. Besonders ihre Augen – ruhig, grau und allwissend. Ich fragte mich, ob der Mann aus Berkeley an jenem Februarabend, als er die Bücher einpackte, ihren Blick aufgefangen hatte. Wenn das geschehen wäre, hätte er wahrscheinlich nicht die Frechheit besessen, den Raub wirklich abzuschließen.

Ich konnte mir nicht vorstellen, von Agnes Bücher zu stehlen. Oder auch nur die blauweiße Quingvase, die auf dem Tisch mir gegenüber stand, auf der einen Seite von Büchern über englisches Gewohnheitsrecht und auf der anderen Seite von alten Übersetzungen buddhistischer Texte und von Hindu-Texten flankiert. Die Vase sah alt und wertvoll aus, als hätte sie zwischen diesen Regalen, zwischen östlicher Tradition und westlichen Institutionen, ihren angemessenen Platz gefunden.

Ich wandte mich vom englischen Gewohnheitsrecht ab und war schließlich von etwas überzeugt, was ich oft schon vermutet hatte – dass klassische, amerikanische Philosophie tatsächlich ein Amalgam von europäischem Denken, asiatischer Philosophie und der Philosophie der Neuen Welt war. Die Aufgabe der klassischen, amerikanischen Philosophie war es, ihre intellektuelle Unabhängigkeit zu erklären, während sie in der entfernten Vergangenheit zugleich fest verankert blieb. »Wo befinden wir uns und wo finden wir zu uns selbst?«, fragt Emerson in seinem Essay »Erfahrung«. Immer auf einer Treppe, antwortet er: »Es gibt Stufen hinter uns, die wir erklommen zu haben scheinen; es gibt Stufen vor uns, und zwar viele von ihnen, die höher und außer Sichtweite führen.« Die Aufgabe des Lebens ist es, die Vergangenheit hinter sich zu lassen, nie dort zu bleiben, von wo man aufgebrochen ist, einen Ort für sich selbst zu finden.

Dies war das Dilemma, dem sich Emerson als Schriftsteller in Concord, Massachusetts in den 1840er-Jahren ausgesetzt sah: Wie man sich die fremde, oft feindselige intellektuelle Tradition auf eine Art aneignen konnte, die sie erneuerte; wie man mit und ohne ihre Anleitung voranschritt. Die Vergangenheit zu verklären war für Emerson offenkundig inakzeptabel, weil das zu einer Welt ohne Entwicklung oder Originalität führte, aber die Geschichte zu ignorieren war gleichermaßen gefährlich. In den oft wiederholten Worten von George Santayana: »Wer sich weigert, aus der Geschichte zu lernen, ist dazu verdammt, sie zu wiederholen.« Hocking hatte sich diesen Punkt ersichtlich zu Herzen genommen. Er bedeutete, von jeglicher traditionellen Weisheitslehre zu lernen, die vielleicht Einsichten in die Chance auf menschliche Erlösung gewährte. Hocking, ein Pragmatiker, hielt an der Idee fest, dass Philosophie die menschliche Erfahrung verändern konnte, aber er war auch ein Idealist, der hoffte, dass die Erfahrung ein Tor zu einer anderen, dauerhafteren, bedeutungsvolleren Realität war. Später fand ich heraus, dass diese Hoffnung ihn dazu bewogen hatte, einen aktiven Austausch zwischen östlichen und westlichen Denkern in die Wege zu leiten: 1939, 1949 und 1959 organisierte er die Ost-West-Philosophen-Konferenz an der Universität von Hawaii, wo sich ihm D. T. Suzuki und Hu Shih anschlossen, zwei der ersten Denker, die das Studium des Chinesischen Buddhismus im Westen popularisierten. Ich entdeckte, dass die Regale in West Wind voller registrierter Erstausgaben waren. Einige der älteren Kommentare zum Hinduismus und Buddhismus stammten allerdings aus dem späten neunzehnten Jahrhundert – zu alt, als dass Hocking ihr ursprünglicher Besitzer hätte sein können. Ich fragte mich, wem diese Bücher wohl einst gehört haben mochten.

Als ich die Bücherregale musterte, musste ich daran denken, dass amerikanische Denker keine unkritischen Bewunderer der östlichen philosophischen Tradition gewesen waren. »Gott sei Dank«, schrieb Thoreau einmal, »dass keine hinduistische Tyrannei der Gestaltung der Welt vorstand, sondern dass wir freie Menschen des Universums und zu keiner Kaste verurteilt sind.« Thoreau wollte kein metaphysisches System befürworten, das seine Fähigkeit einschränkte, seinen eigenen Weg zu gehen. Zur gleichen Zeit fühlte er sich beinahe gegen seinen eigenen Willen zu der östlichen Idee hingezogen, dass Freiheit – die wahrhaft bedeutsame – auf der eigenen Fähigkeit beruhe, mit der Welt im Allgemeinen mitgehen zu können, statt sich ihr entgegenzustellen. Thoreau fühlte sich aus diesem Grund wiederholt vom Buddhismus angezogen. Ich wusste, dass er ein Exemplar von Burnouts französischer Übersetzung des »Lotus Sutra« besaß, und heimlich hoffte ich, dass diese Übersetzung ihren Weg bis nach New Hampshire gefunden hatte. In der »Sutra« steht, kurz gefasst, dass alle Menschen, wie auch immer ihr Schicksal im Leben aussieht, eine angeborene, buddhistische Natur besitzen, eine eigene, ihnen innewohnende Fähigkeit zur Weisheit und, noch wichtiger, zum Mitgefühl. Dies bedeutet, dass wir alle, jeder von uns auf seine oder ihre eigene Weise, ein Leben in Freiheit führen können – frei von Leiden und Angst. Das klang in Thoreaus Ohren ziemlich gut und auch in denen Hockings, wenn man die Fülle von buddhistischen und taoistischen Kommentaren in der Bibliothek als ein Anzeichen darauf sehen konnte. Zu meiner Enttäuschung war Thoreaus »Lotus Sutra« nirgendwo zu finden. Aber schließlich stieß ich, eigentlich durch Zufall, auf das, was ich unbedingt hatte finden müssen.

Sie standen Seite an Seite auf dem Regal, das dem Schreibtisch am nächsten war, als hätte jemand – vielleicht Hocking selbst – den Nachmittag damit verbracht, sie durchzuarbeiten: Henry Clarke Warrens »Buddhismus in Übersetzungen« und Paul Carus' »Buddhismus und seine christlichen Kritiker«. Diese Arbeiten, die Ende 1890 veröffentlicht worden waren, erschienen nach Thoreaus Zeit, aber sie wurden zu Hauptstützen für die nächste Generation amerikanischer Intellektueller, die den Buddhismus nutzen wollte, um die Vorstellungen von Freiheit und Erlösung zu durchdenken. Warren war ein Einsiedler, aber Carus, selbst ein amerikanischer Philosoph und ein enger Freund von Hocking und James, war wirklich ein seltener Vogel: ein Philosoph, der die Menschen tatsächlich *mochte*. Unabhängig von Josiah Royce und dem sehr jungen Hocking besuchte er ebenfalls 1893 das »Weltparlament der Religionen«, einen der ersten Kongresse in der Geschichte, der den interreligiösen Dialog propagierte. Nach dem Parlament erneuerte Carus sein Studium nicht-westlicher Religionen und veröffentlichte 1897 »Buddhismus und seine christlichen Kritiker«, eine unvoreingenommene Behandlung der beiden Weltreligionen, denen gegenüber Carus kein Zugehörigkeitsgefühl empfand. Er war in seinen eigenen Worten ein »Atheist, der Gott liebt«, und reihte sich gern bei amerikanischen Denkern wie Emerson, Thoreau und Dewey ein, die dachten, dass die exklusive Zugehörigkeit zu einer besonderen, institutionalisierten Religion die unabsichtliche Folge haben könnte, dass das, was James »die Vielfalt religiöser Erfahrung« nannte, ausgedünnt werden würde.

»Wm. James.« Das Gekritzel auf dem Vorsatzblatt des Carus-Buches war unmissverständlich. Heute bin ich so erleichtert, dass der Mann aus Berkeley sich nur die offenkundig teuren Bücher geschnappt und die Bände übersehen hatte, die schlichtweg unersetzlich gewesen wären. Dies waren die Bücher, die James in den 1890er-Jahren las, als er »Die Vielfalt religiöser Erfahrung« schrieb, in dem er auf der Spur war von »den Erfahrungen von einzelnen Menschen in ihrer Abgeschiedenheit, die von sich selbst so glauben, dass sie in Beziehung zum Göttlichen stehen.« Mit anderen Worten, er suchte nach einem Anzeichen, dass jeder von uns nicht, trotz aller Beweise für das Gegenteil, in einem gleichgültigen Universum untröstlich allein war. Seit dem Tod meines Vaters hatte ich der »Vielfalt« nicht allzu viel Beachtung geschenkt. Ich konnte nur über Buffalo nachdenken und die aufgeschnittenen Leichen in der Holden Chapel; bei der Rede von Gott in der »Vielfalt« drehte sich mir der Magen um. Aber das sollte sich bald ändern.

Allein in einer leeren Bibliothek, in einem einsamen Wald, in einem beinahe vergessenen Gebiet der amerikanischen Philosophie, fühlte ich mich sofort zu Hause. Oft sind sichere und gut geordnete Häuser auch eng und bedrückend. Ich wusste alles über diese Art von Häusern. Ich hatte selbst so eins in Boston. Mein Gefühl, was die Hocking-Bibliothek anbelangte, war etwas anderes – geräumig, aber äußerst intim. Durch irgendeine seltsame Wendung des Schicksals war ich dabei, etwas Dauerhafteres, Bedeutsameres zu erleben als mein bisheriges unwesentliches Leben als Gelehrter. West Wind war nicht, trotz seines äußeren Anscheins, ein Ort, an dem die Güter verfielen. In den Jahren nach seiner Vorlesung von 1895 in der Holden Chapel entwickelte James die Vorstellung, dass es doch Wege geben könnte, dem Gespenst der Bedeutungslosigkeit des Lebens zu entkommen. Soziale Organisation, beruflicher Anschluss, sportliche Kameradschaft, körperliche Ertüchtigung, experimenteller Drogengenuss – James entdeckte, dass all das funktionierte, um die sonst allzu enge Vorstellung vom eigenen Selbst zu erweitern. Aber sie funktionierten nicht gut genug, und deshalb war er weiterhin fasziniert von religiöser Erfahrung und Spiritualität. In der Vorbereitung der »Vielfalt« war er wie Carus völlig uninteressiert daran, eine bestimmte religiöse Doktrin zu propagieren; dagegen war er geradezu besessen von seinem Interesse an der Art, wie bestimmte Mystiker (vom Heiligen Johannes über Meister Eckhart bis zu Eckharts Student Heinrich Seuse) die Realität des Unsichtbaren kennengelernt hatten. James' Interesse am Mystizismus führte ihn auch zu Carus' Buch über den Buddhismus.

Als ich die fleckigen Randnotizen durchging, die James in dem Buch hinterlassen hatte, dachte ich über seine wiederkehrende Obsession für religiöse Erfahrung nach, darüber, wie sehr sie mit der Hoffnung auf Erlösung verbunden war. Erlösung kann man als Thema in allen Weltreligionen finden, aber James war nicht in erster Linie an seinem Platz in irgendeinem besonderen theologischen System interessiert. Er verstand diesen Begriff eher allgemein, eher erfahrungsgemäß: Erlösung ist eine einzigartige, tief sitzende Antwort für einen Einzelnen, der sich völlig verloren fühlt. James hatte selbst oft diese Empfindung, und er fühlte sich zu dem buddhistischen Gedanken hingezogen, dass existenzielle Entfremdung nicht unvermeidlich ist, nur weil man ein Mensch ist. Er wollte, recht verzweifelt, von sich selbst erlöst werden. Ich strich mit den Fingern über eine Passage, die er in Carus' Buch unterstrichen hatte: »Er, der *arúpam* erreicht hat, das Formlose (oder das Spirituelle), gibt damit all die Verdrießlichkeit des Selbst auf, da Eifersucht, Bosheit, Hass, Stolz, Neid, Begierde, Prahlerei – all diese und verwandte Ambitionen – ihre Bedeutung verloren haben. Er ist voller Energie, aber ohne Leidenschaft; er strebt, aber er klammert nicht; er verwaltet, aber er betrachtet sich nicht als Besitzer; er erwirbt, aber er begehrt nicht.«

Philosophen sind im Allgemeinen unbeeindruckt von »spirituellen« Erklärungen, und einige von uns verbringen ihre Laufbahnen damit, Launenhaftigkeit, Stolz und Prahlerei zu kultivieren. Aber die Hocking-Bibliothek war kein Ort für »all diese und verwandte Ambitionen«. Ihre schattigen Nischen und Winkel, mit halb aufgefressenen Schätzen gefüllt, gewährten dem Besucher gerade genug Platz, um sich selbst oder zumindest die letzten Überbleibsel seiner Selbstgefälligkeit zu verlieren. Es war möglich, umgeben von den schimmeligen Resten großer Bücher und Stachelschweinkot, sich mit der existenziellen Fragilität auszusöhnen, die die meisten von uns die längste Zeit zu ignorieren versuchen.

Als Student hatte ich von James' Interesse an der spirituellen Sphäre erfahren, das ich voller Misstrauen als ein merkwürdiges Nebenprodukt seiner viktorianischen Erziehung betrachtet hatte. Aber an diesem schnell sich verdunkelnden Herbstnachmittag begann ich, es mir anders zu überlegen. Über den Alkoven hinweg blickte ich auf einen anderen Band, der einfach James gehört haben musste: eine verschlissene Originalausgabe des »Year-book of Spiritualism for 1871« (dt.: Jahrbuch des Spiritualismus für 1871). Und genau so war es auch: erworben, als James dreißig war. Jahre, bevor er die »Vielfalt« schrieb, mitten in dem, was vielleicht sein schwerwiegendster Depressionsschub gewesen war, war er zunehmend von der Realität des Unsichtbaren fasziniert. Da er ein guter Pragmatiker war, hatte er dennoch einen Beweis für diese Realität haben wollen. Mehr als zwei Jahrzehnte lang besuchte er regelmäßig Treffen mit Spiritisten, die in Cambridge lebten, und war eines der Gründungsmitglieder der American Society for Psychical Research, einer Organisation, deren Mitglieder entweder von der Existenz der spirituellen Welt überzeugt oder zumindest zutiefst daran interessiert waren. James' Faszination für Geister war kein Fetisch oder Krimskrams. Es war ernsthafter, stärker philosophisch begründet. Zusammen mit Freunden wie Henry Bowditch wollte James einen Beweis dafür, dass wir, wenn wir sterben, nicht völlig verschwunden sind.

Die American Society for Psychical Research wurde 1884 in Boston gegründet. Ihr Ziel war es, alles Übernatürliche zu erforschen. Das war nicht irgendeine durchgeknallte Organisation, aber ganz normal war sie auch nicht. Einer ihrer Gründer, G. Stanley Hall, war nach Harvard gekommen, um Ende der 1870er-Jahre bei James zu promovieren, und erhielt den ersten Doktortitel in Psychologie in den Vereinigten Staaten. Mit James' Unterstützung organisierte Hall, dass eine Gruppe von Forschern die Wahrscheinlichkeit von Geisterkontakten, Wünschelruten, multiplen Persönlichkeiten und Telepathie untersuchten. Um 1890 herum hatte sich Hall von der Organisation getrennt und war zu dem Schluss gekommen, dass Parapsychologie nichts anderes als eine üble Pseudowissenschaft war. Aber andere, wie etwa James und Bowditch, machten weiter bis in die Jahrhundertwende hinein. 1909 ließ James fünfundzwanzig Jahre Geisterjagd Revue passieren:

»Manchmal bin ich geneigt gewesen zu glauben, dass der Schöpfer beschlossen hat, diesen Bereich der Natur auf ewig als *rätselhaft* zu belassen, um unsere Neugier, unsere Hoffnungen und Zweifel alle in gleichem Maße zu erwecken und zu bestärken, sodass, obwohl Geister und Hellseherei, Klopfzeichen und Botschaften von Verstorbenen immer zu existieren scheinen und nie vollständig wegerklärt werden können, sie auch niemals dafür empfänglich sein werden, ihre Existenz erschöpfend zu bestätigen.«

Trotz der Verwirrung und der Rätselhaftigkeit – oder vielleicht gerade deswegen – besuchten James und seine Forschungskollegen die Séancen und Gedankenexperimente, die regelmäßig während der 1880er- und 1890er-Jahre durchgeführt wurden. Anders als die meisten Medien dokumentierten und veröffentlichten die Mitglieder der Gesellschaft allerdings ihre Befunde. Keine dieser Ergebnisse waren auch nur ansatzweise beweiskräftig, aber sie trugen ihren Teil dazu bei, die Grenzen der Wissenschaft zu erweitern und ein Gebiet zu erkunden, das die Wissenschaft nicht so recht erklären konnte.

James wurde 1872 in Harvard angestellt, um Anatomie zu unterrichten, im selben Jahr, in dem er das »Year-book of Spiritualism« erwarb. Als Physiologe war er nicht zufrieden. Er beklagte, dass der tatsachenbezogene, objektive Zugang des Anatomen in seinem Verständnis der menschlichen Natur etwas Entscheidendes vermissen ließ. »[Eine] Tatsache«, schrieb er, »spielt zu oft die Rolle eines *Beruhigungsmittels* für den Geist, wenn man diese Wissenschaften studiert. Man hegt vielleicht eine sehr enge Betrachtungsweise, wenn man eine Tatsache nach der anderen registriert, so wie man über Trittsteine läuft, und niemals die Einbildung seiner ›wissenschaftlichen‹ Funktion in Frage stellt.« Aber für James ging dabei etwas Wichtiges verloren: das Gespür, dass ein menschliches Wesen mehr war als eine Ansammlung verschiedener materieller Gegebenheiten. Eine Person ist mehr als bloß ein Bündel von Sinneseindrücken und nervösen Reaktionen. Mehr als bloß ein Körper, der aufgeschnitten und entsorgt werden kann. James hoffte, dass es etwas Ätherisches, Transzendentes gab – sogar vielleicht etwas Geisterhaftes –, das frei war von den Beschränkungen unseres körperlichen Lebens. Das führte ihn dazu, Anfang der 1880er-Jahre mit Lachgas zu experimentieren, im Glauben, dass Psychotropika vielleicht Pforten in andere Erfahrungswelten öffnen könnten. Es führte ihn ebenso wiederholt zurück zur religiösen Erfahrung.

Später sollte James sogar einen sehr persönlichen und noch gewichtigeren Anteil am Spiritualismus der spätviktorianischen Ära entwickeln. Im Juli 1885 steckte sich sein achtzehn Monate alter Sohn Herman an Keuchhusten an und starb. Die ganze Familie war am Boden zerstört. James wollte glauben, dass der Junge nicht ganz fort war. Im September besuchte James Leonora Piper, ein Medium, das in Boston zu einer Sensation geworden war, weil es angeblich Geister beschwören konnte. James fand Pipers »Geisterkontrolle« zutiefst mangelhaft, aber dennoch kam er zum Schluss, dass die Frau sehr wohl das haben konnte, was er »übersinnliche Kräfte« nannte. Am Ende seines Lebens gab er widerwillig zu, dass Beweise »für die Rückkehr als Geister immer noch fehlten«. Deshalb ließ er »die Sache offen«, in der Hoffnung, dass die Wissenschaft eines Tages mehr als nur eine Ahnung vom Übernatürlichen entwickeln und verstehen würde, was James »die dramatischen Möglichkeiten der Natur« nannte, die Möglichkeit, dass die Verstorbenen niemals ganz unwiderruflich fort sind. Unter den wachsamen Augen von Agnes Hocking und während ich James' Gekritzel über Geister und alte asiatische Traditionen las, fragte ich mich, ob für mich dieser Tag schließlich gekommen war. Denn William James befand sich direkt vor mir, genau ein Jahrhundert nach seinem Tod.

Bunn fuhr mich an jenem Abend in seinem blauen Dodge Pick-up nach Hause, allerdings weiß ich nicht mehr, worüber wir gesprochen haben. Das Wichtigste, was ich von dem Dreiundneunzigjährigen in Erinnerung habe, ist, dass ich ihn für einen Geist hielt, als er seinen Kopf durch die Eingangstür der Bibliothek steckte. Und das war er ja auch beinahe. Er starb im nächsten Frühjahr, bevor ich ihn wiedersehen konnte.

Während Bunn in dem Pick-up wartete, während sich die Dunkelheit am Ende meines ersten Besuchs in West Wind herabsenkte, suchte ich die Regale ab und zog mit einem wachsenden Gefühl der Panik nur die Bücher heraus, die einfach gerettet werden mussten: James' Exemplare von Kant, Hegel, Schopenhauer, Nietzsche, Berkeley, Condillac, Clarke und Wolff. Einige von ihnen, wie die Erstausgaben von Clarke und Wolff, waren mehr als dreihundert Jahre alt und anders als alles, was ich bis dahin in den Händen gehalten hatte. Pergament ist ein anderes Wort für Tierhaut – einst wurden philosophische Bücher in dieses Material eingebunden. Ich bückte mich, um James' Erstausgabe von Samuel Clarkes »A Demonstration of the Being and Attributes of God«, 1705 erschienen, in die Hand zu nehmen und berührte sanft die kalte weiße Oberfläche, als wäre es eine heilige Reliquie. Der Begriff »philosophischer Corpus« hatte mir bis dahin nie eingeleuchtet. Ich drehte das Buch um. Zärtlich. Es war ein kleiner Körper: Haut, die um etwas Schönes und Unerklärliches gespannt war. Ich steckte es mir unter den Arm und wandte mich den hinteren Ecken der Bibliothek zu. Versteckt auf einem der hinteren Regale stand Josiah Royces Bibliothek: Descartes, Spinoza, Fichte, Mill, Dilthey, Lotze, Tarde, Boole. Diese Bücher waren voller Randnotizen. Ich warf einen kurzen Blick auf eine von Royces Anmerkungen – etwas auf Griechisch über Gott und Streit –, dann aber griff ich mir die Bücher, die ich tragen konnte. Über die Randnotizen würde ich später nachdenken. Dies war nicht irgendeine Auswahl von Büchern. Es war die Brücke zwischen europäischer und amerikanischer Philosophie. An jenem Nachmittag in der Dämmerung hatte ich das unerschütterliche Gefühl, dass mir das Allerwichtigste in West Wind entging, und im Laufe der nächsten drei Jahre entdeckte ich, dass diese Vorahnung richtiger war, als ich hätte wissen können.

Statt sie zu stehlen, stapelte ich die Bücher neben dem »Century Dictionary« im Eingang auf. Auf diese Weise wären sie alle auf einmal zu finden, wenn ich wieder zu ihnen zurückkehrte. Dann fiel mir wieder ein, wie leicht es war, hier unbefugt einzudringen. Sie würden auf mich warten – oder auf jeden anderen, der auf die Bibliothek stieß. Ich trug sie wieder vom Eingang weg und verbarg sie in drei rostigen grauen Aktenschränken hinter Hockings riesigem Eichentisch. Nur ich würde sie dort wiederfinden. Zu dem Zeitpunkt hatte ich schon völlig vergessen, wem diese Bücher tatsächlich gehörten. Der Mann aus Berkeley reagierte auf diese bequeme Vergesslichkeit, indem er die Bücher stahl. Ich versteckte sie bloß, sodass niemand anderes sie nehmen konnte. Eine Stunde später, als Bunn und ich den Hügel hinab in die Dunkelheit unter uns rumpelten, begriff ich, wie albern das war. Es gab überhaupt keine Garantie dafür, dass ich je wieder zu der Bibliothek zurückkehren würde. Vielleicht würde die Hocking-Familie sie schließlich ausräumen und die Aktenschränke auf den Müll befördern. Vielleicht würden sie mir nie mein unbefugtes Betreten verzeihen. Vielleicht errichteten sie ein Tor am Fuß der Janus Road, um Schnüffler wie mich abzuhalten. Vielleicht würde noch ein wohlmeinender, amerikanischer Philosoph die Bibliothek entdecken, aber nicht die Bücher. Vielleicht würde ich, auf der Rückfahrt zu meiner unglücklichen Ehe, in den tödlichen Unfall verwickelt werden, den ich mir so oft vorgestellt hatte. Vielleicht würde ich den Weg zurück überhaupt nicht mehr finden.

»BLÄTTERSCHAREN, STERBEBLEICH«

»Bewusstsein«, nach William James, »ist in dauerndem Wandel begriffen.« Bewusstsein ist nichts Statisches, Einheitliches, sondern ein Prozess – ein »Strom«, wie er es nennt –, der trotz unserer Anstrengungen, ihn einzudämmen, immer weiter fließt. Ich wäre gern in New Hampshire geblieben, hätte gern die Zeit angehalten an einem Nachmittag in einer vergessenen Bibliothek, aber wie James schreibt, »kein psychischer Zustand, der einmal vorüber ist, kann wiederkehren und identisch sein mit dem, was er zuvor war.« Die Dinge verschwinden, und man stellt oft fest, dass man nach etwas sucht, selbst wenn man gar nicht mehr genau weiß, was es ist, wonach man sucht.

Monate waren seit meinem ersten Besuch in West Wind vergangen, und ich wollte unbedingt wieder dorthin, selbst wenn das nur in meinem Kopf geschah. »Wir suchen in unserem Gedächtnis nach einer verlorenen Idee«, lehrt uns James, »genau wie wir in unserem Haus nach einem verlegten Gegenstand suchen … wir suchen auf, was uns als die wahrscheinliche Nachbarschaft erscheint.« Wir suchen nicht nach der Erinnerung selbst, sondern nach ihren bekannten »Begleitern«.

An einem frostigen Märznachmittag machte ich auf dem Nachhauseweg vom Harvard Yard einen kurzen Abstecher in eine Bäckerei, die »The Biscuit« hieß, und wartete darauf, dass sie die »Schnecken« brachten. Während ich wartete, musste ich an die Worte des französischen Renaissancephilosophen und Essayisten Michel Montaigne denken, als er über die Ehe schrieb: »Die Ehe ist wie ein Käfig; man sieht die Vögel außerhalb, die verzweifelt versuchen, hineinzukommen, und diejenigen, die sich ebenso verzweifelt bemühen, wieder herauszugelangen.« Montaignes Käfig ergab schmerzhaften Sinn. Die Ehe war etwas, das man voller Erwartungen begonnen und dann voller Verdruss erlitten hatte, jedenfalls bei mir. Ich saß in der Falle – meine einzige Hoffnung war, dass ein Augenblick der Transzendenz oder ein perfekter Recall mich in Windeseile davontragen würde. Schließlich kamen die »Schnecken« – genau wie die aus dem namenlosen Coffee Shop in New Hampshire –, perfekte Teilchen in Goldbraun, überzogen mit einer Mischung aus Pekannüssen und Sirup. Ihr buttriges Aroma und das meines nicht so frischen Kaffees stiegen mir in die erwartungsvolle Nase. Und dann – nichts. Die »Schnecke« brachte mich nicht zurück in die Hocking-Bibliothek. Sie öffnete nicht ein Portal, damit ich dem Ennui meines urbanen, akademischen Lebens entkommen konnte. Ich warf die halb gegessene »Schnecke« in den Müll, hielt an einer Bar und nahm die umständlichste Route, die nur möglich war, zurück zu unserem Apartment auf der Commercial Street.

Der deutsche Philosoph aus dem neunzehnten Jahrhundert, Arthur Schopenhauer, argumentierte, dass Menschen, selbst wenn sie sich verlieben, ein bisschen wie Stachelschweine sind. Wir sehnen uns nach Intimität, nach der Art von Vertrautheit, die zeitweilig unsere Ängste beschwichtigt, dass wir völlig allein im Universum sein könnten, aber diese Nähe bedeutet, dass wir unterschiedslos die erstechen, die wir lieben. Meine Ehe war ein wenig so. Von Anfang an, als ich in unserem ersten Collegejahr meine Frau kennenlernte, wollten wir beide, manchmal verzweifelt, einander nahe sein. Aber wir verbockten es ziemlich. Wir waren zärtlich, vielleicht zu zärtlich, was bedeutet, dass wir oft zu Mitleid oder Mitgefühl gerührt waren, zu einem Grad der Verletzbarkeit, wie eine Wunde, die nicht heilen wollte. Mehr als ein Jahrzehnt lang hackten wir aufeinander herum. William Thackeray behauptete einmal, dass »erste Liebe erstickt oder ertränkt werden sollte, wie all die blinden Kätzchen.« Da *alle* Katzen blind geboren sind, ist die Schlussfolgerung ziemlich klar – junge Liebe wächst sich selten zu etwas Reifem und Gesundem aus. Ich war ein guter Sohn und ein anständiger Bruder gewesen, aber diese Erfahrungen der Liebe trugen schmerzlich wenig dazu bei, mich auf die romantische Liebe vorzubereiten. Nachdem unsere Seminare Freitagnachmittag zu Ende waren, gingen sie und ich zu denselben chinesischen Familienrestaurants. Wir gingen so oft dorthin, dass die Inhaber begannen, sich unsere Namen, Geburtstage und Bestellungen zu merken – Moo goo Gai Pan, mit Hühnchen; Mu-Shu-Gemüse, kein Öl. Eines Abends, in einem seltenen Augenblick, der fast an Leidenschaft grenzte, blieben wir bei dem Weg nach draußen auf dem Trottoir stehen und gaben uns einen ganz und gar nicht oberflächlichen Kuss. Die Inhaber eilten hinter uns her nach draußen. Sie waren entsetzt, ein Paar zu sehen, das sie lange für Geschwister gehalten hatten und das sich jetzt auf diese Art küsste. Wir waren keine Geschwister, wir benahmen uns nur so – attackierten uns aus dem Hinterhalt, neckten uns, brachten einander auf Normalmaß. Ich zumindest hatte keine Ahnung, was eine erotische Liebesbeziehung war. Ich wünschte oft, jemand würde uns aus unserem Elend befreien. Aber niemand tat das, und so tappten wir wie zwei blinde Kätzchen durch das nächste Jahrzehnt.

Drei Wochen später, mitten in einem weiteren ehelichen Gezänk, ausgelöst von meinem stümperhaften Versuch, romantisch zu werden, fielen mir Royces Marginalien aus der Bibliothek plötzlich wieder ein:

συμβαίνει δ᾽Ἐμπεδοκλεῖ γε καὶ ἀφρονέστατον εἶναι τὸν θεόν μόνος γὰρ τῶν στοιχείων ἓν οὐ γνωριεῖ, τὸ νεῖκος, τὰ δὲ θνητὰ πάντα ἐκ πάντων γὰρ ἕκαστον.

Etwas Merkwürdiges, erinnerte ich mich, das Aristoteles in *De Anima* über Empedokles' Ansicht über Gott und Zwietracht gesagt hatte: »Gott ist wirklich närrisch: denn Er ist völlig allein darin, dass er das Eine nicht weiß, das jedes Lebewesen kennt, nämlich Zwietracht.« Zwietracht und Zweifel – sie waren, was mein Leben, meiner Empfindung nach, schon so lange war. Ich hatte mit beiden, was Peirce eine »Bettbekanntschaft« nannte; sie waren nächtliche Begleiter. Als ich mich an jenem Abend ausstreckte und mit weit geöffneten Augen in die Dunkelheit starrte, während mich die üblichen fünfzig Zentimeter auf unserer breiten Doppelbettmatratze von meiner Zwietracht trennten – konnte ich nicht umhin zu denken, dass Gott ganz sicher nicht das Bett mit uns teilte. Er hatte keine Ahnung, was für ein Schlamassel aus unserer Ehe geworden war. Ein Leben, dem ich unbedingt entrinnen wollte. Am nächsten Morgen wachte ich auf, stieg ins Auto und fuhr zurück nach New Hampshire. Ich nahm niemanden mit. Ich sagte es niemandem. Ich fuhr einfach los. Es war die erste selbstständige, freie Aktion – außer die Bibliothek zu betreten –, auf die ich mich seit Jahren eingelassen hatte.

Die Fahrt dauerte viel kürzer, als sie hätte dauern sollen, und ich trieb Ken Schneider auf, den Pastor einer örtlichen

Kirche, der mich zurück nach West Wind brachte. Schneider stellte mich der Hocking-Familie vor – Williams Enkeltöchtern, Jennifer, Jill und Penny –, und in den folgenden Tagen begannen sie, mich großzügig in ihre Hoffnungen und Pläne einzuweihen, die Bibliothek zu retten. Die Hocking-Schwestern hatten viel gemeinsam: ihr ergrauendes Haar, ihren Mangel an Make-up und anderen Maskeraden, ihre Bescheidenheit, ihre Genügsamkeit, ihren Respekt vor allem Künstlerischen, ihre Angst vor Veränderungen und ihre offenkundig komplizierte Liebe füreinander. Aber jede von ihnen war besessen von einem anderen Aspekt West Winds. Jennifer war besonders besorgt über sein Ökosystem, so besorgt, dass ich manchmal ein komisches Gefühl hatte, wenn ich mit ihr über die Bücher sprach. Sie war fest entschlossen, dass das wilde Land unberührt bleiben sollte. Ich stellte mir vor, dass sie heimlich darüber nachdachte, dass die Bücher doch nur ein Friedhof für eine unermessliche Zahl von Bäumen waren. Jill, die ich für diejenige von den Dreien hielt, die sich am meisten für Bücher interessierte, machte sich Gedanken über das intellektuelle Erbe von West Wind. Irgendwie hatte sie sich fälschlicherweise angewöhnt zu glauben, sie sei nicht intelligent genug, selber Philosophin zu werden, eine Vorstellung, die sie kultiviert haben musste, weil sie von ihrem Großvater, ihrem Vater und einem Haufen anderer männlicher Philosophen umgeben gewesen war, als sie aufgewachsen war. Aber sie hatte Träume, das Anwesen als Rückzugsort für Künstler nach dem Vorbild der Bread Loaf Writers' Conferences am Middlebury College zu öffnen. Penny hatte bescheidenere Ziele: Sie wollte die Familienerbstücke ordnen und die Dächer reparieren, die sie schützen sollten. Sie war die Hüterin der Hocking-O'Reilly-Familiengeschichte, einer dermaßen komplexen Familiengeschichte, dass sie jahrelang mein Vorstellungsvermögen überstieg. Während eines Lunchs mit Teegebäck und Mini-Sandwiches, während wir die Presidential Range überblickten, kamen wir auf einen Rettungsplan für West Wind zu sprechen. Während des kommenden Herbstes würde ich an den Wochenenden in der Bibliothek arbeiten. Das Katalogisieren und Übertragen der Marginalien würde Monate, vielleicht Jahre in Anspruch nehmen, und ich wollte sichergehen, dass wir nichts übersahen. Jennifer, die De-facto-Hausmeisterin, würde mich in das Gebäude hereinlassen (oder, wie sich herausstellte, mir sogar den Schlüssel geben). Ich würde Kontakt zu einer Reihe von Universitätsbibliotheken aufnehmen, um herauszufinden, ob sie bereit wären, die Sammlung zu beherbergen – die University of Maine lag praktisch direkt an der Straße und wirkte wie ein natürlicher Ort dafür. Die Schwestern sagten mir, dass sie überrascht und erleichtert waren, dass jemand, selbst nichts weniger als ein Philosoph, Interesse daran hatte, sich um die Bücher zu kümmern. Allzu große Nähe verhindert manchmal gewisse Perspektiven: Sie hatten schon so lange in West Wind gelebt, dass der Ort für sie ein ganz gewöhnlicher Ort geworden war, und sie waren geradezu schockiert, dass irgendjemand diese Bibliothek so dermaßen aufregend fand. Ich war andererseits schockiert, dass bislang kein Gelehrter dorthin gekommen war; die archivierte Korrespondenz von William Ernest Hocking sieht wie ein einziges, großes Stichwortverzeichnis des intellektuellen Lebens im zwanzigsten Jahrhundert aus, mit insgesamt mehr als siebentausend Adressaten. Er war gut befreundet mit James, Royce, Palmer, Husserl, Robert Frost, Alfred North Whitehead, Richard Feynman, Dean Acheson und Bertrand Russell gewesen (vielleicht ist »Freund« nicht der richtige Ausdruck, um den notorisch groben Russell zu beschreiben, aber sie waren sich nahe). Und er war mehr als gut befreundet mit der Autorin Pearl S. Buck gewesen, die den Nobelpreis gewonnen hatte. Also, ja, ich interessierte mich für West Wind.

In den folgenden Monaten begann ich, meine Frau mit einem Raum voller Bücher zu betrügen. Wiederholt machte ich die Fahrt nach New Hampshire. Meine Frau und meine Mutter – in diesem Fall unisono, was mich jedes Mal erzürnte – verlangten zu wissen, wo ich hinfuhr. Ich hätte ihnen die Wahrheit sagen können. Stattdessen entschloss ich mich zu lügen, erfand Tagungen, an denen ich teilnehmen musste, und Freunde, die ich besuchen wollte. Bis zu diesem Punkt war mein Leben so sehr Routine gewesen, so vorgezeichnet, so normal, so *gut* – aber meine kurze Begegnung mit meinem verstorbenen Vater im vorigen Jahr hatte jenes Leben zu einem unmissverständlichen Ende gebracht. Nichts am Leben ist normal. Und nichts am Leben muss zwangsläufig gut sein. Das hängt völlig vom Lebenden ab. Auf die Frage – ist das Leben lebenswert? – gibt es keine festgeschriebene, öffentliche Antwort. Jede Antwort ist schmerzlich persönlich und deshalb, dachte ich, notwendigerweise privat. Ella Lyman Cabot, eine enge Freundin Hockings und eine der wenigen Frauen, die bei James und Royce in Harvard in Philosophie Hauptseminare besuchten, schrieb einmal: »Wir leben allein, unsere tiefsten Gedanken und die reinsten in unserem innersten Bewusstsein bleiben ungeträumt von der gemeinen Masse.« Die Gedanken, die ich in West Wind gehabt hatte, waren meine und ganz allein meine. Also log ich.

West Wind wurde meine Zuflucht, aber auch der Ort meiner Strafe. Schuldgefühle und Ängste – die tief verwurzelte calvinistische Sorte, die kein bestimmtes Objekt hat – verhinderten, dass ich aß und schlief. Jennifer, eine der liebenswertesten Frauen, die ich je kennengelernt habe, beobachtete, wie ich immer mehr in einen kränklichen Zustand abglitt, und versicherte mir, dass ich, wenn ich käme, um an den Büchern zu arbeiten, mit ihr abendessen und in dem warmen Farmhaus oder in dem nicht ganz so warmen, aber immer noch trockenen Gutshaus schlafen könnte. Stattdessen ließ ich die Mahlzeiten aus, marschierte die Wiese hinter der Bibliothek hinauf und baute mir ein Zelt auf. Bei den Gelegenheiten, bei denen ich absichtlich mein Zelt vergaß, streckte ich mich auf dem Boden aus. Ich hätte sagen können, dass dies meine Liebe zur amerikanischen Philosophie zum Ausdruck brächte, meine Sehnsucht, ein wenig von Thoreaus Erfahrungen in Walden zu schöpfen, in den »Wald zu ziehen, um mit Überlegung zu leben«, und all das. Aber die Wahrheit ist, dass ich mir nichts sehnlicher wünschte, als einfach zu fliehen, um endlich etwas außerhalb des Gesichtskreises meines empfindungslosen Lebens zu erfahren. Und ein wenig Selbstzerstörung erledigte diese Aufgabe sehr gut, zumindest eine Zeitlang.

Ich wurde krank auf jenen Hügeln in der feuchten Frühjahrskälte, und als der Sommer heranrollte, holte ich mir in den Wäldern hinter dem Hocking-Haus eine Borreliose. Borreliose ist einer gescheiterten Ehe nicht unähnlich: Ihr Ausbruch setzt so unmerklich und langsam ein, so allmählich, dass man sich, wenn man schließlich die Diagnose erhält, kaum noch an eine Zeit erinnern kann, in der man nicht schrecklich krank war. In Wahrheit können sich viele Patienten mit Borreliose an überhaupt gar nichts mehr erinnern. Borreliose ist durch eine Dysfunktion der Großhirnrinde gekennzeichnet, was zu dem »Gehirnnebel« führt, bei dem Kurzzeit- und Langzeitgedächtnis verlorengehen. Ich kann mich daran erinnern, dass meine Knie wie verrückt pulsierten. Die meisten meiner Glieder kribbelten und wurden schließlich taub. Als ich mich endlich in Behandlung begab, war mir so schwindelig und ich war so desorientiert, dass ich das Undenkbare tun musste – meine Frau um Hilfe bitten. Sie fuhr mich schweigend zur Mass General-Notaufnahme, wo ein Ärzteteam mir die Diagnose einer »milden Form von Meningitis« stellte und mich, nach ein paar Tagen im Krankenhaus, mit einer massiven Dosis Antibiotika wieder nach Hause schickte. Die Heilung für diese Krankheit, wie das Heilmittel für die meisten verlöschenden Beziehungen, ist noch schlimmer als die Symptome selbst. Zwölf Wochen Doxycyclin – drei Monate Durchfall, Übelkeit, Bläschen im Mund, Sonnenallergie und noch mehr Schwindel. Nicht dass irgendeins dieser Symptome mich davon hätte abhalten können, zur Bibliothek zu fahren. Schließlich entdeckte meine Frau eine Kreditkartenabrechnung mit einer Reihe von Tankbelegen von Tankstellen in New Hampshire, bohrte nach, weil ich sie belogen hatte, und bot dann an, mich bei zukünftigen Fahrten dorthin zu begleiten. Aber ich fand immer eine Begründung, sie höflich von meiner Zuflucht fernzuhalten.

Eines Abends Ende September, allein auf einem Hügel in West Wind, begann ich über Charlotte Perkins Gilman nachzudenken. Gilman, Feministin des neunzehnten Jahrhunderts und Autorin von »Die gelbe Tapete«, einer autobiographischen Geschichte von unterdrücktem und vergessenem Genie, wurde routinemäßig aus dem amerikanischen philosophischen Kanon getilgt. Sie war eine ernsthafte Autorin in Zeiten, in denen ernsthafte Autoren eigentlich keine Frauen sein sollten. 1888 verließ sie ihren Mann und ihr konventionelles Leben in New England und floh mit ihrer Tochter im Schlepptau nach Pasadena, Kalifornien, wo sie sich einen Namen als Vortragsrednerin machte. Irgendwann im Frühjahr 1891 verliebte sie sich, wie sie es später nannte, »in wirklich leidenschaftlicher Liebe« in Adeline Knapp. Das war nicht die Art von Freundschaft, über die man in der Öffentlichkeit sprach. »Ich habe jetzt«, schrieb Gilman, »jemanden, der mich liebt und den ich liebe.« Ein Jahr später tat Gilman, was nur wenige Frauen ihrer Zeit zu tun wagten – sie ließ sich scheiden und schickte ihre Tochter zurück zu ihrem Exmann, der sie aufziehen wollte. Diese Art von Freiheit wirkte, zumindest von außen, wie schierer Wahnsinn. Aber für Gilman war dies absolut sinnvoll – sie hatte sich verliebt und dachte nicht daran, sich die Sache lieber auszureden. Und dies schien ein sehr guter Grund zu sein, so gut wie jeder andere, um eine Ehe zu beenden, die wahrscheinlich ohnehin schon tot war. Es war, soweit ich das einschätzen konnte, wahrscheinlich die beste Entscheidung in ihrem eher schwierigen Leben.

An irgendeinem Punkt in jener Septembernacht in West Wind beschloss auch ich, meine Frau zu verlassen und schließlich zuzugeben, dass ich mich in eine andere Frau verliebt hatte, die ich kaum kannte. Diese Liebe wurde nicht erwidert, aber das spielte kaum eine Rolle. Meine Entscheidung, frei, aber anscheinend irrsinnig, verursachte bei mir sogar noch mehr Schuldgefühle. Aber sie erlöste mich, zumindest zeitweilig, von der Angst, die mich seit mehr als einem Jahr gequält hatte. Mein Vater hatte uns verlassen, als ich vier Jahre alt war, und ich wurde von meiner wirklich außergewöhnlichen Mutter aufgezogen, die mir vieles gab, unter anderem eine tiefe Angst vor Scheidungen. Im Nachhinein wurde mir klar, dass diese Aversion eines der wenigen Dinge war, die meine stillschweigend trostlose Ehe zusammengehalten hatten. Aber als mein Vater starb, war diese halbneurotische Angst mit ihm gestorben. Von außen sah die Ehe gar nicht so schlecht aus, aber wie Thoreau einmal gesagt hatte, den »Leben stiller Verzweiflung« sieht man das selten an. Hoch in den Bergen von New Hampshire schien diese Entscheidung durchaus vernünftig zu sein, aber als ich mich am Sonntagabend auf den Heimweg begab, begann ich, meinen Entschluss anzuzweifeln, also schloss ich einen Odysseus-Vertrag mit mir selbst ab, den ich nicht brechen konnte. In einem Pfandhaus außerhalb von Derry verkaufte ich meinen Ehering für 278 Dollar, gerade genug Geld, um eine Kiste mittelmäßigen Pinot Noir zu kaufen, den ich brauchte, um zeitweilig die ganze Qual zu vergessen. In jener Nacht kam ich nicht bis nach Hause, sondern flitzte stattdessen zurück zum Hocking-Anwesen. Wind war aufgekommen, und so beschloss ich, zum ersten Mal in der Bibliothek zu schlafen.

Die Nacht war objektiv erschreckend: Pechschwarz (trotz der Anstrengungen meines Vaters, als ich ein Kind war, habe ich erst vor Kurzem gelernt, meine Angst vor der Dunkelheit zu kontrollieren), das Geräusch von herumtrappelnden Pfoten in den Wänden, über mir dräuende Porträts im Stile Dorian Grays. Die Nagetiere und Geister sollten mich ruhig holen, dachte ich. Ich konnte nicht erkennen, wie sie mein Leben noch schlimmer machen konnten, als es ohnehin schon war. Ich lauschte dem aufkommenden Sturm draußen und dachte seltsamerweise zum ersten Mal über die Bedeutung von »West Wind« nach. Zunächst dachte ich, dass es vielleicht etwas mit Pearl S. Buck zu tun haben könnte, deren erster Roman »East Wind: West Wind« hieß. Ich stellte mir vor, dass Buck ein ähnliches Gutshaus besaß, näher an der Küste, und es als ein subtiles Zeugnis ihrer unaussprechlich engen Freundschaft zu Hocking East Wind genannt hatte. Aber der Zeitpunkt ergab keinen Sinn, weil Hocking und Buck erst in der Dämmerung ihres Lebens Liebende geworden waren. Außerdem konnte ich mir nicht vorstellen, dass das Familienhaus der Hockings nach einer anderen Frau benannt war. Also beschloss ich, dass West Wind vermutlich auf das berühmte Gedicht von Percy Shelley »Ode an den Westwind« anspielte:

O wilder West, Hauch aus des Herbstes Wesen,
Du Wind, aus dessen unsichtbarem Reich,
Wie Geister aus des Zaubrers Kreis sich lösen,

Die Blätterscharen fliehen, sterbebleich,
Schwarz, fieberrot und wie ein Safranvlies.
Du lenkst gebieterisch, dem Tode gleich

Die Blätter überm Dach flüsterten. Noch mehr waren drinnen – »Blätterscharen, sterbebleich«, gebunden mit brüchigen Rücken und dünnen Umschlägen. Die Bibliothek würde in jenem Winter wieder kalt werden, und die meisten Bücher – die, die wir nicht schon in Trockenräumen untergebracht hatten – würden gefrieren. Was für ein hoffnungsloses Gedicht. Was für ein hoffnungsloser Ort.

Am Montag, wieder bei der Arbeit, fragte mich eine Kollegin, eine Frau mit grauen Augen namens Carol Hay, deren Büro direkt gegenüberlag, wie mein Ausflug gewesen war. Sie war die einzige Person, der ich es wirklich erzählen wollte. Aber ich log und sagte, er wäre großartig gewesen.

TÄUSCHUNG UND SELBSTSTÄNDIGKEIT

An einem trübsinnigen Morgen im September stand ich im Regen auf dem matschigen Seitenstreifen der Route 16 und rezitierte Sätze aus Emersons »Selbstständigkeit«, die mir jetzt mehr als ein wenig selbstgerecht vorkamen. Mein Subaru war aufgebockt auf einer wackelig wirkenden Apparatur, die ich gerade zum ersten Mal verwendet hatte. Alle konnten Reifen wechseln – nur ich nicht.

»Vertraue dir selbst: Jedes Herz vibriert mit dieser eisernen Saite.«

Emerson konnte mich mal am Arsch lecken.

Mein Montierhebel steckte im Matsch, ungefähr zehn Meter vom Auto entfernt – genau da, wo ich ihn hingeschleudert hatte. Die Muttern an dem platten Reifen waren von einer pneumatischen Zange festgeschraubt worden. Wie sollte ein einfacher Sterblicher wie ich sie wieder aufschrauben? Ich hatte mich immer gesehen als jemand, der die Zähigkeit besaß, die Emerson gefallen hätte. Ich hatte meine Schulzeit damit verbracht, zu schwimmen, zu rudern, zu laufen und ganz allgemein den Beweis zu erbringen, dass ich jemand war, der den Vätern der amerikanischen Philosophie wertvoll erscheinen musste – ich hatte mir ihren Subtext eines krassen Individualismus zu Herzen genommen. Aber nun hatten mich ein paar eisenharte Muttern gezwungen, meine Rolle in dieser Geschichte in Frage zu stellen. Ich sah auf meine feuchten Hände hinab. Sie waren rot und von meinen gescheiterten Versuchen, die Schrauben zu lockern, voller Blasen. Der Schmerz in meinen Händen sagte mir, ich solle meinen Fuß gebrauchen. Natürlich verbog sich der verdammte Hebel bloß. Und dann brach er. Und dann wurde er so weit wie möglich weggeschleudert.

Bei Emerson ist es so, dass man dazu tendiert, sich in den ungünstigsten Momenten an ihn zu erinnern: »Ein Mann muss sich selbst aller Opposition zum Trotz durchsetzen; als ob alles außer ihm bloß ein Schein- und Eintagsleben führen würde.« Mein platter Reifen führte kein Eintagsleben und war auch nicht bloßer Schein. Ich war es. Das Selbst, auf das ich mich angeblich verlassen sollte, konnte nicht einmal sein eigenes Auto reparieren. Ich rief den AAA an, einen Service, über den meine Mutter in weiser Voraussicht einen Vertrag für mich abgeschlossen hatte. AAA rief eine Kfz-Werkstatt in der Nähe an, und der Mechaniker schickte seinen Assistenten, der sich langsam auf den Weg zum Seitenstreifen an der Route 16 machte.

Ich schüttelte meinem Retter in dem schwachen Versuch, uns wie Gleiche erscheinen zu lassen, die Hand. Seine Hand war rau und schwer und sagte mir, dass er schon sehr viele Menschen gerettet hatte. Meine Hand sagte ihm vermutlich, dass ich ein Philosoph war, der unter Borreliose litt.

»Das schafft man nicht mit Gewalt. Man muss bloß gleichmäßigen Druck ausüben«, sagte er und löste die letzte Schraube mit einer mühelosen Drehung.

»Was bin ich Ihnen schuldig?«, fragte ich.

»Keine Sorge, Mann. Das ist im Service enthalten.«

Ich grub in meinen Taschen und zog eine Handvoll durchnässter Scheine heraus, die ich ihm aufnötigte – meine Rettung musste zumindest etwas wert sein –, und dann fuhr ich langsam den restlichen Weg nach West Wind. Emerson war in dieser Hinsicht sehr emphatisch: »Ich sage dir, du musst dich selbst retten ...« Das schien allerdings nicht in meiner Macht zu liegen.

Zu diesem Zeitpunkt war ich schon seit mehr als einem Jahr regelmäßig nach New Hampshire gefahren. Mit dem Katalogisieren lief alles viel besser als mein Leben zu Hause in Boston. Als ich schließlich die Route 113 erreichte und zur Bibliothek abbog, hatte ich mich wieder etwas beruhigt. Ich hasste Emerson eigentlich nicht: Ich bewunderte ihn so sehr, dass man fast schon von Neid sprechen konnte. Wie James war er mit persönlichen Verlusten vertraut. Er hatte seine erste und glühendste Liebe, Ellen Louisa Tucker, geheiratet, aber sie starb schon nach fünf Jahren. Emerson war völlig niedergeschlagen und sehnte sich für den Rest seines Lebens nach ihr, pflegte die Erinnerung an ein Mädchen in den Zwanzigern, das sich mit Tuberkulose angesteckt hatte. »Der Trauernde liest seinen Verlust in jedem Gegenstand seines Hauses, in jedem Kleidungsstück, im Gesicht jedes Freundes«, schrieb Emerson. »Die Toten kehren nicht zurück.«

Aber sie verlassen uns auch nicht völlig. Monatelang ging Emerson jeden Tag zu Ellens Grab. Am 29. März 1832 schrieb er genau einen Satz in sein Tagebuch: »Ich ging zu Ellens Grab und öffnete den Sarg.« Aber nach einer Weile riss Emerson sich wieder zusammen und kehrte ins Leben zurück. 1835 war er glücklich wiederverheiratet, und im Laufe des nächsten Jahrzehnts konnte er den »Amerikanischen Gelehrten« und »Selbstständigkeit« veröffentlichen – zukunftsweisende, oft übersprudelnde Ansprachen, die den Ton für die klassische amerikanische Philosophie vorgaben.

Emerson lehrt seine Leser, sich aktiv und frei im Leben zu

bewegen, wenn sie mit Härten konfrontiert werden – unbelastet von der Vergangenheit, die droht, ihr Leben heimzusuchen. Ich hatte begonnen, Emerson zu lesen, als mein älterer Bruder Matt – den ich verehrte – eine Sammlung seiner Essays aus der Universität mit nach Hause brachte. Mein stures, vierzehnjähriges Selbst fand die Essays gleichzeitig cool und unverständlich genug, dass ich sie unbedingt knacken wollte. Ich habe sie nie wirklich »geknackt« in dem Sinne, dass ich sie voll und ganz verstanden hätte, aber ich schlug sie immer wieder auf, wegen der Anflüge von Klarheit, die sie mir gelegentlich schenkten. Im Laufe der Zeit begriff ich, dass man genau aus diesem Grund Emerson las und ebenso auch Thoreau und Margaret Fuller und den ganzen Rest. Der Grund, die amerikanischen Transzendentalisten zu lesen, bestand nicht darin, an jedem ihrer Worte zu kleben, sondern von ihnen inspiriert zu werden. Diese frühe amerikanische Philosophie handelte von Inspiration, davon, sich aus den lähmenden und alles tötenden Wegen der Vergangenheit zu befreien.

Als ich an jenem Tag zur Bibliothek kam, war es bereits später Nachmittag, und weil es Herbst in New Hampshire war, war es schon beinahe dunkel. Im Erdgeschoss leuchteten fast überall die Arbeitslampen – eine seltsame Mischung aus Original-Tiffanylampen und nackten Glühbirnen, die von den Balken hingen. Mit dem Segen der Hockings hatte ich viele Abende im Erdgeschoss verbracht und solche Schätze katalogisiert wie den Band, der jetzt auf dem Lesetisch neben dem Kamin lag. Ich hatte ihn in der vorigen Woche aus dem Regal gezogen, aber noch keine Gelegenheit gehabt, ihn näher in Augenschein zu nehmen. Er war eingebunden in etwas, das man im Handel mit alten Büchern »Dreiviertel-Kalb« nennt, ein glatt aussehender Ledereinband, der immer noch benutzt wird, um wertvolle Bücher zu restaurieren. Es sah so neu und glänzend aus, dass ich das Buch bei meiner ersten Runde beinahe übersehen hätte. Die archivwürdigen Materialien in West Wind konnte man normalerweise am Grad der Verwitterung erkennen, den sie aufwiesen, aber diesmal hatte mich jene Filtermethode in die Irre geführt.

Ich setzte mich auf einen der Stickley-Sessel, schlug die erste Seite des marmorierten Pappbandes auf und blickte auf die Inschrift: »Henry Lee, Esq. Vom Autor mit den besten Wünschen. Dezember 1875.« Die Handschrift war zittrig, aber leicht zu erkennen. Im Alter bekam Emerson zunehmend Probleme mit seinem Gedächtnis, aber er konnte noch sehr lange mit der Hand schreiben. Ich blätterte weiter: »Letters and Social Aims« (Werke und Gesellschaftliche Ziele). 1875. Erste Ausgabe. Dies war ein hübsches, kleines Buch, allerdings keineswegs Emersons bestes. Viele Leute meinten vielmehr, es sei sein schlechtestes. Manche glaubten sogar, er sei gar nicht der eigentliche Autor, sondern behaupteten, dass sein literarischer Nachlassverwalter James Elliot Cabot eine Art monströses »Frankenbuch« geschaffen habe, als er für diese Ausgabe Emersons unveröffentlichte Essays überarbeitet und zusammengestückelt hatte. Was mich an diesem speziellen Buch faszinierte, war nicht so sehr sein Inhalt, sondern der Weg, auf dem es vermutlich bis nach West Wind gelangt war. Es gab eine Reihe möglicher Szenarien, die ich mir vorstellen konnte und die alle die interessante und im Allgemeinen in Vergessenheit geratene Tatsache unterstrichen, dass amerikanische Philosophie oft den Schlüsselmomenten der amerikanischen Geschichte entsprang.

Die Stammbäume der Emersons und Lees reichten weit zurück – so weit zurück, dass ihre lang anhaltende Beziehung einst während der amerikanischen Revolution geschmiedet worden war. Es ist unmöglich, amerikanische Philosophie zu verstehen, ohne zu begreifen, dass und wie sie diesem Konflikt entsprang. Emersons Großvater William hatte das Old Manse 1769 in Concord gebaut, ein Gebäude, das nun an die erste Schlacht der Revolution gemahnt. Er war der Kaplan des Provinzkongresses gewesen, als dieser in Concord 1774 zusammentrat, und dann übernahm er den Posten des Militärkaplans für die Kontinentale Armee, als der Krieg ausbrach. Als er auf dem Feldzug an Lagerfieber starb, war Emersons Vater, ebenfalls William, ein Junge von erst sieben Jahren. Lees Wurzeln in der Revolution waren sogar noch bedeutender. Er konnte seine Familie bis zu Anne Hutchinson und John Cotton zurückverfolgen. Hutchinson war die puritanische Frau, die es gewagt hatte, den puritanischen Priestern der Massachusetts Bay Colony 1636 zu widersprechen. Cotton war der Priester, der sie dazu inspirierte. Die freidenkerische Hutchinson hatte die drakonische Arbeitsethik ihrer puritanischen Anführer satt. Die Siedler mussten nicht länger strikt der britischen Krone dienen, aber in jenen Anfangsjahren verlangten die Puritaner noch größeren Gehorsam von ihren Gefolgsleuten. Hutchinson war es leid, solche Befehle zu befolgen. Inspiriert von Cottons Predigten, argumentierte sie öffentlich, dass man nicht allein durch gute Werke die Erlösung erreichte, sondern vermittelt über die Annahme der Gnade, eine persönliche Konversion, die absolut nichts mit der Kirchenhierarchie der Puritaner zu tun hatte. Sie wurde für ihren Glauben – in ihren Tagen wahrhaft radikal –, dass Erlösung Hand in Hand mit politischer und persönlicher Freiheit einherging, in die Verbannung geschickt. Ihre Ideen sickerten durch die nächsten fünf Generationen der amerikanischen Denker hindurch. Viele Jahre nach Hutchinsons Tod brachte eine ihrer Nachkommen Henry Lees Großvater Joseph zur Welt. Zu diesem Zeitpunkt war die Lee-Familie nicht mehr allzu sehr an ideologischen oder theologischen Angelegenheiten interessiert. Ihre Revolution wurde nun nicht mehr der Bibel wegen ausgefochten, sondern wegen wirtschaftlicher und politischer Interessen. Joseph Lees Familie war einer der mächtigsten Schifffahrtclans in Amerika zu einer Zeit, als die britischen Kolonialsteuern besonders erdrückend waren. Am 16. Dezember 1773 beschlossen Joseph und mehrere Hundert seiner besonders enthusiastischen Kumpel, englischen Tee in den Bostoner Hafen zu kippen. Als die Boston Tea Party zur Revolution führte, gestattete Lee, dass seine Handelsschiffe als Kaperschiffe wieder in den Dienst gestellt wurden, und so kam es zu den Beverly-Freibeutern der Amerikanischen Revolution.

Wie muss es gewesen sein, solche Vorfahren zu haben? Mehr als bloß ein wenig einschüchternd, dachte ich. Das unausgesprochene Ziel amerikanischer Denker des neunzehnten Jahrhunderts war es, sich dem revolutionären Geist ihrer Familien gewachsen zu zeigen. Keine kleine Herausforderung, wenn man an den relativen Frieden, die relative Stabilität denkt, die Anfang 1800 existierten. In den 1830er-Jahren beschlossen Emerson und Lee, jeder auf seine Art, gegen die *eine* amerikanische Institution zu rebellieren, die sich nicht schon im vorigen Jahrhundert bereits einer radikalen Veränderung unterzogen hatte – Harvard. Harvard hatte sich nicht durch die Revolution verändert; zunächst wurde es von einem Haufen altmodischer Calvinisten und dann von einer überraschend konservativen Gruppe von Unitariern dominiert.

Beide Gruppierungen missbilligten unerschütterlich den liberalen Unitarismus, der allmählich Fahrt aufgenommen hatte. Emerson, der hier der Ablehnung institutionalisierter Religion durch seine Vorfahren folgte, argumentierte, dass Erlösung erlangt werden konnte, indem man intuitiv das Göttliche in der Natur erkannte. Er war schon ein vorschriftsmäßiger Erwachsener, als diese Debatte begann, und errichtete seine hoch respektable Karriere auf der Basis seines Ikonoklasmus'. Lee war zur gleichen Zeit noch ein ungebührlicher Teenager und griff auf andere Formen des Protests zurück.

Lee trat im Alter von sechzehn 1834 in Harvard ein. Damals war das College kein allzu seriöser Ort. Die Studenten terrorisierten ahnungslose Dozenten und feierten heftige Partys, und auch Lee bildete keine Ausnahme. In seinem ersten Jahr initiierte sein Jahrgang von Erstsemestern, was man seither die Harvard Rebellion von 1834 nennt. Eines Tages bat ein Griechischdozent namens Dunkin einen Erstsemester, John Bayard Maxwell, seinen Stoff aufzusagen. Der Student weigerte sich und wurde wegen Insubordination suspendiert. Als Reaktion darauf setzten seine Seminarkameraden Dunkins Zimmer in Brand. Von da an eskalierten die Dinge immer weiter. Der Präsident von Harvard wurde *in effigie* verbrannt, Wächter wurden arg verprügelt und alle Dozenten körperlich eingeschüchtert. Mitten in diesem Chaos sperrte Lee einen der Dozenten in seinem Schlafraum ein – schloss die Tür von außen zu, machte es dem Dozenten unmöglich zu entkommen. Für diesen relativ harmlosen Streich wurde Lee suspendiert und in das Gutshaus von Ezra Ripley verbannt, dem Priester in der nahe gelegenen Stadt Waltham.

Dort begegneten sich Emerson und Lee zum ersten Mal, im Haus von Ezra Ripley. Ripley, ein etwas merkwürdiger Zeitgenosse, wurde von den traditionellen Mitgliedern der Harvard-Gemeinschaft respektiert, aber anders als die meisten von ihnen hieß er Debatten zwischen konservativen und liberalen Denkern willkommen. Emerson war vierunddreißig, als der junge Lee nach Waltham »verbannt« wurde, und sie lernten sich bei einem von Emersons Besuchen kennen. Zu der Zeit war ihr Umgang eher flüchtig, aber Emerson sah in Lee mehr als einen typischen Krawallbruder. In den nächsten drei Jahren schrieb Emerson und hielt dann zwei der kritischsten Vorträge über die Fehler und das Versagen von Harvard und darüber hinaus über das Versagen des amerikanischen Erziehungssystems: »Der amerikanische Gelehrte« und die Rede an der theologischen Fakultät der Universität Harvard. In diesen Vorträgen gab er auf poetische Weise der allgemeinen Stimmung von Lees Jahrgang von 1834 Ausdruck: Amerikanische Bildung und Religion müssten den Dogmatismus der Vergangenheit hinter sich lassen und ihre Lektionen den Zukunftsplänen und innovativen Ideen der jüngeren Generation anpassen.

»Der amerikanische Gelehrte«, 1837 vorgetragen, wurde zunächst breit bewundert. »Wir werden auf unseren eigenen Füßen stehen«, versprach Emerson, »wir werden mit unseren eigenen Händen arbeiten, und wir werden unsere eigene Meinung vertreten … Zum ersten Mal wird es eine Nation von Menschen geben, weil jeder davon überzeugt ist, er habe Anteil an einer *göttlichen* Seele, die auch alle anderen Menschen inspiriert.« Anne Hutchinson wäre stolz gewesen. Zu gleichen Teilen egalitär und progressiv, war »Der amerikanische Gelehrte« gerade ehrerbietig genug, um die muffigen Harvard-Vertreter nicht abzuschrecken. Aber die Rede an der theologischen Fakultät der Universität Harvard war dann etwas anderes. Die Ansprache, im Sommer 1838 gehalten, hielt nicht damit hinterm Berg, was die Rolle des Klerus dabei anbelangte, Erlösung zu erlangen – sie spiele keine. Gleich zu Anfang sagte Emerson: »Lasst mich euch ermutigen, euren Weg alleine zu gehen. Weist die großen Vorbilder zurück, sogar jene, die in der Vorstellung der Menschen heilig sind, und traut euch, Gott ohne Vermittler und ohne Schleier zu lieben.« Für die Harvard-Aufpasser war das Blasphemie, und sie verkündeten, Emerson werde nie wieder eine Vorlesung auf dem Boden des Colleges abhalten. Diese Ankündigung sollte beinahe umgesetzt werden: Zweiunddreißig Jahre lang wurde er nicht mehr eingeladen. Erst 1870 wurde er wieder gebeten, die Vorlesungsreihe abzuhalten, die den Graduiertenstudiengang in Harvard eröffnete. Und wer begrüßte ihn anlässlich seiner Rückkehr? Der einstige Rabauke Henry Lee.

Lee blieb ein Unruhestifter, aber er war während des Bürgerkrieges berühmt geworden, als er Unionstruppen in Boston aufstellte, nachdem Präsident Lincoln 1861 zur Verteidigung von Washington aufgerufen hatte. Mit diesem Ruf und einem üppigen Familienvermögen ausgestattet, wurde er eingeladen, dem Aufsichtsrat der Harvard University 1867 beizutreten; er nahm an und behielt den Posten bis 1879. Er beaufsichtigte die Errichtung der Memorial Hall, des mächtigen, neugotischen Gebäudes im Zentrum des Campus, und unterstützte die Organisation der University Lectures, bei denen ein sehr dankbarer Emerson und ein junger philosophischer Neuling namens Peirce mitwirkten. Nur wenige Tage, bevor der betagte Emerson zurückkehrte, um in Harvard zu lehren, wurde er zu James Elliot Cabot nach Brookline eingeladen, wo Henry Lees Kinder »Alice in Wonderland« als Stück aufführten.

Wie war Lees Exemplar von »Letters and Social Aims«

nach West Wind gelangt? Emerson gab Lee das Buch wahrscheinlich 1875, und als Lee 1905 starb, überließ seine Familie das Buch wahrscheinlich Richard Cabot (James Cabots Sohn). Richard Cabot und William Ernest Hocking hatten gemeinsam in den 1890er-Jahren Royces Seminare besucht und waren beste Freunde geworden. Richard Cabot stellte William auch Agnes O'Reilly vor, die er später heiraten sollte. Cabot war der Namensvetter und Pate von Hockings Sohn Richard – der Vater von Jill, Penny und Jennifer und der aktuelle Besitzer von West Wind. Als Richard Cabot in den 1930er-Jahren starb, wurde das Buch zu einem Teil von Hockings Zeitkapsel. Als ich jetzt zurückblickte, kam mir zu Bewusstsein, dass Philosophie einmal in gar nicht so weit zurückliegender Vergangenheit etwas gewesen war, das nicht nur auf akademischen Kongressen und in obskuren Zeitschriften diskutiert wurde. Man sprach über sie beim Abendessen, zwischen Familien. Sie gehörte zum täglichen Leben.

Je mehr Zeit ich auf dem Anwesen der Hockings verbrachte, desto mehr kam es mir so vor, als ob alle Straßen in der amerikanischen Philosophie nach West Wind führten. Wenn ich mich in der Bibliothek umsah, war es allerdings unmöglich, mich nicht völlig allein zu fühlen. Niemand interessierte sich für diese weitschweifige Geschichte. Niemand interessierte sich mehr für Selbstständigkeit oder dafür, dass Philosophen möglicherweise auch politische oder existenzielle Helden sein konnten. Philosophie war nicht mehr etwas so ungeheuer Persönliches.

Emerson und der Rest dieser Kohorte ermunterten ihre Leser, sich den unvermeidlichen Tragödien des Lebens mit prometheischer Tapferkeit zu stellen. Nach meiner Katastrophe mit dem Montierhebel, ganz zu schweigen von der offenkundigen Tragödie vom Rest meines Lebens, dachte ich, all dies sei nur ein Hirngespinst. Das Leben war tragisch – damit hatten sie immerhin recht gehabt –, und an einigen wenigen, seltenen Abenden, gemütlich eingerichtet in einer der Nischen im Erdgeschoss mit Hockings Notizbüchern über den Idealismus, im warmen Licht der Tiffanylampen badend, hatte ich mich beinahe völlig auf ihre selbstbewusste Geschichte über Selbstständigkeit und Erlösung eingelassen. Dies würde nicht solch ein Abend werden. Stattdessen erhob ich mich aus dem Schaukelstuhl, schlich durch die Bibliothek, sah auf, um Agnes' Portrait meine Reverenz zu erweisen, und ging direkt nach oben.

Im Dachgeschoss zog ich an der Kordel einer der Glühbirnen an der Decke, die sich allerdings als ganz unbrauchbar fürs Herumschnüffeln erwies. Also holte ich meine Stirnlampe aus der Tasche und bahnte mir den Weg in die Dachtraufen, wo Penny Hocking viele Sommertage verbracht hatte. Dort hatte ihre Mutter Katherine gewissenhaft eine Schachtel nach der anderen mit Familienkorrespondenz verstaut, wobei viele der Briefe Anfang des neunzehnten Jahrhunderts an Orten wie Chicago, Albuquerque und San Francisco geschrieben worden waren – in Teilen des Landes, die damals Frontgebiete gewesen waren. Ich hatte die vage Vorstellung, dass diese mit den Büchern darum rivalisierten, was wohl der wertvollste Teil der Bibliothek war, jedenfalls in Geldwerten gesprochen, aber ich war ja kein Autografensammler oder ein typischer Geschichtsenthusiast, und diese Briefe waren für die gegenwärtige Generation der Hockings etwas sehr Persönliches. Also mied ich sie. Ich wollte nicht noch mehr auf privates Terrain vordringen, als ich es ohnehin schon getan hatte.

Aber bei meinem letzten Besuch hatte mich das Regal neben den Schachteln mit den Briefen irritiert, also stellte ich die Strahler an und ging auf die Suche. Stirnlampen sind ein einzigartig modernes Hilfsmittel. Ich war, zum ersten Mal für einen ganzen Tag, der Herr meines eigenen, hell erleuchteten, wenn auch bemitleidenswert kleinen Reiches. Ich konnte mit zielgenauer Akkuratesse entscheiden, was ich sah und was nicht. Die sichtbare Welt war meine und zwar meine allein. Die nicht gesehene Welt war nicht von Belang, weil ich es so beschloss. Mein Reich im Dachgeschoss kam mir sicher und geschützt vor, wie eine private Insel mitten im Meer. Ich schoss meinen Lichtstrahl um ein paar Ecken, und dann gerieten die »O'Reilly Books« in mein Spotlight.

Als Agnes' Vater John Boyle O'Reilly, der irische Revolutionär und – so wie es die Engländer sahen – Terrorist, in eine sonnenverbrannte Strafkolonie in Australien verbannt worden war, hatte er alles riskiert, um wieder zu fliehen. Ich hatte dieses Regal viele Monate lang übersehen und gedacht, es hätte nichts mit der Geschichte des Transzendentalismus und des amerikanischen Pragmatismus zu tun. Mein Blickwinkel hatte mich davon abgehalten zu erkennen, was jetzt schlicht und einfach offenkundig war: Die meisten dieser Bücher waren nicht von O'Reilly geschrieben worden. Sie stammten von einem seiner engsten amerikanischen Freunde: Walt Whitman.

Aufgereiht wie Wachposten standen da frühe Ausgaben der »Leaves of Grass«, der »Grasblätter«; ich erkannte den braunen Ledereinband der Ausgabe von 1860. Das war die dritte Auflage. In den Jahren, die der Erstausgabe von 1855 folgten, hatte Whitman beschlossen, dass sein Werk zu schmal sei. Er hatte recht gehabt mit der umfangreichen Ausgabe, die ein paar Jahre später erschien: »Ich bin groß, ich enthalte Vielheiten.« Schnell blätterte ich sie durch: »Ich bin größer, besser, als ich dachte / Ich wusste nicht, dass ich so viel Gutes besaß.« Ich hatte mich schließlich mit James' dunkler Meditation in der Holden Chapel versöhnt, und vielleicht konnte ich sogar Emersons Vorschlag akzeptieren, ich solle selbstständiger sein, aber Whitmans Schwung – das konnte ich nicht ertragen. William James sollte, gleichermaßen bewundernd wie verblüfft, den berühmten Dichter einen Mann mit optimistischem Temperament nennen. Whitman schrieb sogar anonyme Rezensionen über seine eigenen Werke – funkelnde, ehrerbietige Kritiken. Er ersuchte um eine Empfehlung für die »Leaves of Grass« von Emerson und schmückte die Rückseite späterer Ausgaben mit dem Lob seines »Meisters«: »Ich grüße Sie am Beginn einer großen Karriere.« Emerson war perplex, konnte aber Whitmans Findigkeit kaum kritisieren – schließlich hatte Whitman Emerson wahrscheinlich bloß beim Wort genommen: »Das Genie borgt sich großmütig.« Nachdem sein Ruf erst einmal konsolidiert war, saß Whitman für Dutzende von Daguerreotypieporträts und händigte sie aus wie Visitenkarten. Viele dieser Fotos – inzwischen gerahmt und unter Glas – wurden zu Erbstücken, die von einer Generation zur nächsten als Beleg dafür weitervererbt wurden, dass die Familie sich einst für Dichtung und Ideen erwärmt hatte. Selbst die Hockings waren nicht immun gegen diese Art von Zurschaustellung.

Der Rahmen war rechteckig und größer, als ich erwartet hatte – er stand auf dem Fußboden, aufs Geratewohl an das Regal gelehnt. Ich zog ihn aus dem Dunkel hervor und wischte den Dreck vom Glas. Da war Whitman und spähte hervor wie Rip Van Winkle. Unter dem Porträt war eine Mitteilung:

Camden New Jersey
March 26, 1885

Dear Boyle,
Ich schicke Dir etwas Post mit dieser kleinen Rolle mit
Aufnahmen – such Dir aus, welche Du für Dich haben
willst. Schicke eine an Bagenal, denn ich habe seine Ad-
resse nicht… Mir geht es gut wie immer – bin aber sehr
lahm – Bin seit einem Jahr nicht mehr irgendwo draußen
gewesen…

Walt Whitman

Meine Entdeckungen in West Wind konnten mich nicht mehr
schockieren, aber die Vorstellung, dass derart wertvolle Dinge
so einfach vor die Hunde gehen konnten, war absolut beun-
ruhigend. Dann wieder konnte West Wind manchmal ärger-
lich sein: »Mir geht es gut wie *immer*«, schrieb Whitman. Wie
konnte man gleichzeitig »sehr lahm« sein und sich »gut wie
immer« fühlen? Entweder war man ein Superheld oder ein
Lügner.

Ein reifer und gesunder Whitman hatte John Boyle O'Reilly
vier Jahre früher kennengelernt, im Februar 1881, bei dem Auf-
takttreffen des St. Botolph Clubs, einer literarischen Gesellschaft, die nach dem Vorbild der Century Association in New
York geschaffen worden war. Ihre Mitgliederliste liest sich wie
ein *Who's Who* Bostons: Henry Cabot Lodge, John Singer Sar-
gent sowie Henry Houghton und George Mifflin vom gleich-
namigen Verlagshaus waren alle im Club. St. Botolph war eine
elegant-großkotzige Angelegenheit voller aristokratischem
Ostküstenflair, die Whitman davon überzeugte – wenn das

bei ihm noch nötig war –, dass er schließlich einer der New-England-Literati geworden war. Er war gerade dabei, das abzuschließen, was viele Gelehrte als die letzte, echte Ausgabe der »Leaves of Grass« ansehen. Die schmale Ausgabe war als Band mit zwölf Gedichten gestartet, aber drei Jahrzehnte später waren es beinahe vierhundert. Als Emerson 1882 starb, suchte Whitman nach anderen Champions, und O'Reilly, der schnell zu einer Kulturikone in Boston geworden war, schien geeignet.

Im Dachgeschoss der Hockings hatte jemand Zeitungsausschnitte zwischen die Whitman-Bände geschoben, und mit überraschender Klarheit dokumentierten sie die Beziehung zwischen ihrem gefeierten Verwandten und seinem noch berühmteren Freund. O'Reilly hatte dem Dichter Tag für Tag in seiner Bostoner Schreibstube einen Besuch abgestattet, während Whitman seine letzten Ergänzungen vornahm. Whitman hieß seinen Gast willkommen und bewunderte – nein, beneidete – die mutige Flucht des Iren und sein Entkommen in die Neue Welt. Für Whitman klang das sehr romantisch.

Ich nahm ein Buch von einem Stapel neben dem O'Reilly-Regal – einen Band von Horace Traubels »With Walt Whitman in Camden« (Mit Walt Whitman in Camden). Traubel war Whitmans Nachlassverwalter gewesen, eine professionelle Rolle, die gleichermaßen respektvoll wie parasitär ist. Nachdem Whitman gestorben war, dokumentierte Traubel in quälender Ausführlichkeit die Gespräche, die sie in den letzten Lebensjahren des Autors geführt hatten. Dies hatte Whitman Unsterblichkeit und Traubel ein Minimum an Bekanntheit beschert. Ich blätterte bis zu seinem Bericht von einem Gespräch vor, das er mit Whitman Ende der 1880er-Jahre geführt hatte. Traubel erklärte, dass »mich irgendetwas veranlasste, John

Boyle O'Reilly zu erwähnen. Daraufhin legte W. (Whitman) gleich los«:

›Oh! Er ist nicht der typische Ire: eher Spanier: poetisch, feurig… Sie kennen in etwa seine Lebensgeschichte: Er hat mir Einblicke darin gewährt: kurze, plastische, rührende Eindrücke… Die waren zum Beispiel so: Das war, als er im Gefängnis saß: Die Gefangenen bekamen nur verdorbenes Essen oder zu wenig oder so etwas: O'Reilly wird losgeschickt, um eine Beschwerde vorzubringen: Er macht es: Der Wärter antwortet nicht – beachtet ihn überhaupt nicht: hebt bloß seine Hand, so‹« – W. zeigt, wie – »›schlägt Boyle – schlägt ihm auf den Mund – brutal – bringt ihn zum Taumeln oder schlägt ihn nieder… Was muss das für O'Reilly bedeutet haben? Er war noch ein Junge… O'Reilly hat ein denkwürdiges Leben gehabt: Dies ist nur ein Beispiel: Er steckt voller ähnlicher, dramatischer Selbstbeobachtungen.‹«

Dramatische Selbstbeobachtungen? Der amerikanische Dichter ließ Unterdrückung und Einkerkerung wie eine Lagerfeuergeschichte erscheinen. Whitman wird oft, gemeinsam mit Emerson und Thoreau, für seine schlichte, manchmal sogar raue Sprache gepriesen, für die Art, wie er seine Leser ersucht, zum harten Kern der menschlichen Erfahrung zurückzukehren, für den Nachdruck, mit dem er, in den Worten Thoreaus, »dem Leben das Mark aussaugt«. Aber vielleicht konnte Whitman O'Reillys Geschichte gar nicht verkraften, ohne sie schönzureden, ohne sie erbaulicher zu machen, als sie tatsächlich gewesen sein muss. Es ist möglich, dass O'Reilly es sogar mochte, auf diese Weise idealisiert zu werden – vielleicht war das leichter, als sich an die Realität seines früheren Lebens erinnern zu müssen –, aber vielleicht hat er es auch insgeheim gehasst. Ich hatte nicht viel von O'Reillys Lyrik gelesen, aber ein paar Verse aus »The Cry of the Dreamer« waren haften geblieben. Ich suchte auf dem Regal nach dem Band:

I am sick of the showy seeming
Of a life that is half a lie;
Of the faces lined with scheming
In the throng that passes by.
From the sleepless thought's endeavour
I would go where the children play;
For a dreamer lives forever
And a thinker dies in a day.

Das Blendwerk eines Lebens,
Das eine halbe Lüge ist, bin ich so leid;
All die Gesichter, verzerrt von Ränken
In der Masse, die vorübertreibt.
Von der Gedanken rastloser Plag
Möchte ich fort und dorthin, wo die Kinder spielen,
Denn ein Träumer lebt für immer
Und ein Denker nur für einen Tag.

Ich wusste nicht genau, wann er das geschrieben hatte, aber jetzt stellte ich mir vor, dass er es genau nach einem seiner Berichte voll »dramatischer Selbstbeobachtungen« getan hatte. O'Reilly hatte Whitman eine theatralische Geschichte geschenkt, die der Dichter nach Herzenslust ausschmücken konnte, aber mit der Erinnerung an ihre brutale Realität blieb der Ire ganz allein zurück.

Die Entfernung von Boston nach Bunbury in Australien betrug 18 614 Kilometer. 1867 hatte O'Reilly, nachdem er von den britischen Gerichten verurteilt worden war, die *Hougoumont* bestiegen, ein englisches Gefangenenschiff, das nach Westaustralien segelte, und war auf diesem Weg schließlich nach Bunbury gekommen. Als er zwei Jahre später wieder entkam, glückte ihm dies im Wesentlichen aus eigener Kraft – von Bunbury gelangte er in einen kleinen Ort namens Dardanup, von dort nach Java, nach Mauritius, in die Britische Kolonie St. Helena, nach Liverpool, nach Philadelphia und schließlich nach Boston. Dies ist der Stoff für transzendentalistischen Ruhm: ein perfekter Fall von Selbstständigkeit. Bei jeder erneuten Wendung versuchten die Behörden, O'Reilly wieder gefangen zu nehmen, ihn wieder einem Leben in Knechtschaft zu überantworten, ihn erneut für seine Teilnahme an den Aufständen der Irisch-Republikanischen Bruderschaft gegen die britische Herrschaft zu bestrafen. Dieser Ire wusste konkret, was Emerson bloß in der Theorie zu spekulieren vermochte, »dass die Welt einen wegen seines Nonkonformismus mit den Peitschenhieben ihres Missvergnügens bestraft«.

Viele Philosophen und Schriftsteller bewundern diese Sorte von Individualismus, wollen aber keineswegs daran teilhaben. Einer der großen Mythen der amerikanischen Philosophie berichtet, dass Emerson, als Thoreau ins Gefängnis geworfen wurde, weil er gegen den Mexikanisch-Amerikanischen Krieg protestiert hatte, ihn besuchte und schockiert war, seinen jungen Freund hinter Gittern vorzufinden. »Henry«, fragte Emerson, »was machst du hier drinnen?« Der Legende nach antwortete Thoreau: »Waldo, die Frage ist doch, was machst du da draußen?« Emerson war der Ansicht, dass es sinnlos war, gegen ein einzelnes Ereignis oder eine Entwicklung zu protestieren, bevor nicht die ganze Gesellschaft eine vollständige geistige Wandlung durchlaufen hatte, aber Thoreau, der es, wie O'Reilly, leid war, das Perfekte zum Feind des Guten werden zu lassen, kam dies wie eine offenkundige philosophische Ausrede vor. Dieses Gespräch hat vermutlich so nie stattgefunden, aber es ist sinnbildlich für die Dynamik zwischen Whitman und O'Reilly: Whitman bewunderte die mutige Flucht des Gefangenen, aber versagte davor, die politische Realität zu begreifen, die einen überhaupt erst dazu bringt, in Gefangenschaft zu geraten. Als Reaktion auf O'Reillys Unterstützung für die Kämpfe um die irische Selbstverwaltung in den 1880er-Jahren schimpfte ihn Whitman aus, weil er »sich viel zu sehr mit dem Wahlrecht der Iren aufhalte«, denn Whitman begriff einfach nicht, dass allein schon wählen zu können mit einem persönlichen und nationalen Trauma verbunden war, das sich die meisten weißen, amerikanischen Denker des neunzehnten Jahrhunderts kaum vorstellen konnten. O'Reilly war sich der Drohungen und Körperstrafen, die eingesetzt wurden, um Aufstände zu unterdrücken, schmerzlich bewusst, ein Schmerz, der umso drängender wurde, je mehr seine intellektuellen Freunde seine tiefsten Überzeugungen missverstanden.

Ich blätterte vor zu Traubels Bericht vom Anfang der 1890er-Jahre, um zu sehen, ob Whitman irgendetwas Kluges zu O'Reillys Tod beizutragen hatte. Hier lief Whitman zu romantischer Bestform auf – oder, wie man es auch sehen könnte, zur schlimmsten Form des Romantisierens: »Ich bin immer noch nicht darüber hinweg – es war eine bestürzende Geschichte! Und was für ein Kerl! Was für ein hübsches Spiel von Licht und Schatten in diesem Mann! Er hatte die feine Mundpartie, die dunklen Haare und Augen – dieser irisch-spanischen Mischung, die er war. Wenn ich ihn musterte, habe ich mich nicht mehr gefragt, warum man es den Iren zugutehielt, dass seine Züge spanische waren oder eine starke spanische Mischung. Schlaflosigkeit ist eine ›seltsame Laune der Natur‹.«

»Eine seltsame Laune der Natur«, in der Tat. Genau die Dinge, vor denen man in den Schlaf fliehen möchte, sind die, die die Schlaflosigkeit in Gang halten. Schlaflosigkeit ist immer schon mein verlässlichster nächtlicher Gefährte gewesen – ein Bettgefährte, der vorhat, das Versagen meiner Tage bis in die frühen Morgenstunden wieder und wieder zu durchlaufen. Aber ich war nie aus dem Zimmer gekommen und hatte um eine Schlaftablette gebeten, was in meiner Familie als verabscheuungswürdig galt. O'Reilly war der Familienvater einer ähnlichen Familie. Seine Frau litt unter etwas, was man damals »Nervenschwäche« nannte, eine weitverbreitete Diagnose für krankhaft unglückliche Frauen im neunzehnten Jahrhundert. Man verschrieb Chloralhydrat, um ihre Nerven zu beruhigen und sicherzustellen, dass sie ausreichend Schlaf bekam. Ihr Ehemann hasste es, dass sie solch ein dämpfendes Mittel nehmen musste, wo sie doch einen klaren Kopf haben und geistesgegenwärtig sein sollte.

Ich blätterte weiter die Zeitungsausschnitte durch und stieß schließlich auf einen Nachruf vom 10. August 1890: »John Boyle O'Reilly, Herausgeber des *Pilot*, starb heute in den frühen Morgenstunden in seinem Sommerhaus in Hall an einer Überdosis Chloralhydrat. Er litt unter Schlaflosigkeit und nahm das Medikament, um schlafen zu können.« Das sorgte für das Ende meiner Schnüffelei an diesem Abend; mir reichte es. Aber ich hatte genug gelesen, um schon jetzt zu wissen, dass ich kein Auge zutun würde. Der Reporter hatte sorgfältige Arbeit geleistet und beschrieb, wie O'Reillys Frau Mary ihren

Mann, tief und fest schlafend, am Wohnzimmerfenster vorgefunden hatte, den Kopf auf seine Hände gestützt und auf das Meer hinausblickend. Als sie ihn nicht wecken konnte, rief sie den Arzt, der ihm seine letzten Worte entlocken konnte: »Medizin meiner Frau.« Dann starb er. Ich wünschte, der Reporter hätte einige der Details übersehen. Es wäre leichter gewesen, zu glauben, dass John Boyle O'Reilly an Herzversagen gestorben war (was viele Bostoner Zeitungen tatsächlich in den Tagen nach seinem Tod schrieben).

Ich kraxelte aus den Dachtraufen hervor, und das Sichtfeld meiner Stirnlampe schwankte wild vor sich hin, völlig außer Kontrolle. Als ich an der Schnur zog, versank das Dachgeschoss im Dunkeln. Bei meinem Abstieg auf der Leiter verstauchte ich mir den Knöchel und fiel kopfüber auf das große Chesterfield-Sofa im Erdgeschoss, wobei ich mir den Ellbogen an der Lehne stieß. In diesem Moment beschloss ich, dass es Zeit war, den ganzen Tag zu vergessen. Im Kofferraum meines Wagens lag eine Flasche Bourbon. Ich hatte nie in der Bibliothek getrunken (es kam mir wie ein Sakrileg vor), und so setzte ich mich auf den Rand der Heckklappe und trank die Flasche aus. Dann schnappte ich mir etwas von der schmutzigen Wäsche, die sich auf meinem Rücksitz angesammelt hatte, und kehrte zur Bibliothek zurück. Ich warf die Kleidung auf den Boden vor einem der riesigen Kamine, zog das sauberste Hemd aus dem Wäschestapel, stopfte alles andere in das Hemd und band die Hemdsärmel zusammen. Ich streckte mich auf dem Chesterfield-Sofa mit meinem Behelfskissen aus. An irgendeinem Punkt in der Nacht gelang es mir einzuschlafen, trotz Träumen von Selbstständigkeit und Chloralhydrat.

WALDEN UND VEREISTE SEEN

Ich öffnete die Augen. Langsam konzentrierte sich mein Blick auf die weißen Lettern neben meinem Kopf: AMERICAN ACADEMY OF ARTS AND SCIENCES. Es war ein Hemd, das man mir während meines Jahres als Postdoc-Stipendiat in Harvard gegeben hatte. Die American Academy liegt an einer kleinen, waldigen Ecke von Cambridge neben der theologischen Fakultät, die Norton Woods heißt, und bietet seit vielen Jahren Aufenthaltsstipendien für einige Akademiker, die besonders viel Glück gehabt haben und die man »Gastwissenschaftler« nennt – frisch promovierte Akademiker aus dem ganzen Land, denen man eine exorbitante Summe zahlt – so kam es mir jedenfalls seinerzeit vor –, um das Jahr mit Lesen und Schreiben zu verbringen. Die Akademie wurde ursprünglich eingerichtet, um in der Neuen Welt einen Raum für die wissenschaftliche Forschung zu schaffen und eine Institution zu etablieren, die mit der Royal Society in London konkurrieren konnte. Dies war der Ort, wo das amerikanische intellektuelle Leben Wurzeln schlagen sollte.

Meine Blicke wanderten an den weißen Lettern vorbei und blieben auf etwas haften, das wie winzige Erdklumpen auf meinem Behelfskissen aussah. Dann begriff ich, dass es Nagerköttel waren, und ich erinnerte mich daran, dass Mäusekot das Hantavirus übertragen kann. Genau das, was ich jetzt brauchte: eine Atemwegserkrankung und Nierenversagen. Ich schnappte mir ein Stück Seife aus meinem Seesack und rannte über die Wiese hinter der Bibliothek. Als ich den Teich erreichte, hatte ich mich meines Hemdes und meiner Hose bereits entledigt. Ich hatte völlig vergessen, dass ich mich auf dem Grund und Boden anderer Leute befand und dass es Oktober in New Hampshire war. Das Wasser erinnerte mich sehr schnell an Letzteres. Das Wort »erfrischend« trifft es wohl nicht ganz. Ich war ein guter Schwimmer, aber nicht bei diesen Wetterbedingungen. Dennoch tauchte ich noch tiefer und ließ den eiskalten See seine Arbeit verrichten. Als Kind war ich einmal durch das Eis auf unserem Schlittschuhteich in der Nachbarschaft gebrochen. Er war nicht lebensgefährlich tief, aber ich erinnerte mich daran, bis zur Taille im Wasser gestanden zu haben und noch mehr eingebrochen zu sein, als ich versuchte, mich wieder aus dem Wasser zu kämpfen. Von allem, was ich bisher erlebt hatte, kam das dem, was man Hölle nannte, am nächsten. Interessanterweise sind die tiefsten Kreise von Dantes *Inferno* nicht heiß, sondern unwirklich kalt. Das leibhaftige Böse ist bis zur Hüfte eingeschlossen im vereisten See von Cocytus, der nur wenig kälter war als ein Teich in New Hampshire kurz vor dem Winter. Bald begann sich das Wasser beinahe gemütlich anzufühlen, was für mich das Zeichen war, den Teich zu verlassen. Ich ließ den Blick über den Teich schweifen und beendete meine Mundspülung. Irgendwo wusste ich, dass mein Verhalten absurd war. Das Teichwasser, das ich schluckte, würde mir Giardia bescheren, bevor es mich gegen das Hantavirus impfte, das ich in der vorigen Nacht vielleicht eingeatmet haben mochte.

Thoreau hatte ähnliche Krisen in seiner selbst gebauten Hütte am Ufer des Waldensees erlebt. Er war klug genug, sie nicht alle schriftlich festzuhalten, aber ein paar fanden doch ihren Weg zu mir, als ich amerikanische Philosophie studierte:

»Was bin ich gegenwärtig? Ein von Krankheit befallenes Nervenbündel, das zwischen Zeit und Ewigkeit steht wie ein welkes Blatt, das noch zitternd an seinem Stängel hängt. Einen elenderen Gegenstand kann man sich nicht vorstellen.« Das stammte aus dem Januar 1843, zwei Jahre, bevor er sich die fünf Kilometer aus Concord nach Walden aufmachte. Es gab zweifellos sehr ehrenwerte Motive hochintellektueller Art, warum er in den Wald ging, aber es gab ebenso auch ein paar ganz simple dafür, die ich leichter nachvollziehen konnte. Es hieß immer wieder, er sei körperlich abstoßend gewesen. Louisa May Alcott scherzte Emerson gegenüber, dass Thoreaus Gebaren »mit größter Sicherheit erotische Avancen vereiteln und ihm seine Tugend für alle Ewigkeit bewahren wird.« Nathaniel Hawthorne wurde sogar noch etwas deutlicher: Thoreau sei »hässlich wie die Sünde, mit seiner langen Nase und seinem schiefen Mund«. Vielleicht war Thoreaus Rückzug nach Walden eine Flucht, um sich in Ruhe und Frieden einen Vollbart wachsen zu lassen.

Ich schlüpfte mit meinem schrumpeligen Körper aus dem Wasser und nach einem Blick nach unten hoffte ich inständig, dass Jennifer und ihre Tochter Joanna nicht beschlossen hatten, einen Morgenspaziergang ganz in der Nähe zu unternehmen. Ich zog mir die Hose an (für alle Fälle), humpelte wieder den Hügel hoch und stieg in meinen Wagen, um mich an den heizbaren Sitzen zu erfreuen.

Während ich auftaute, rätselte ich über Thoreaus Selbsthass. Gewiss besaß er die Vorstellungskraft und Perspektive, um zu wissen, dass unzählige Menschen viel elendere Leben führten als er selbst. Thoreau musste nie Sorge tragen, zu verhungern und auf einem Gefangenenschiff verprügelt zu werden. Seine Probleme waren die eines Privilegierten, die neurotischen

Schwierigkeiten, mit denen man sich herumschlägt, wenn eigentlich überhaupt nichts vollkommen falsch läuft, die anhaltenden Ängste, die Menschen selbst in einer Welt beheizter Sitze befallen. Thoreau lebte am Beginn einer solchen Welt und verkörperte die seltsame Unzufriedenheit, die still und heimlich und auf geheimnisvolle Weise geradezu zu ihrem Signum geworden ist. Das Problem war nicht, dass das Leben hart, sondern dass es zu leicht geworden war. Die Menschen, und nicht bloß die Könige, hatten endlich freie Zeit und mussten deshalb herausfinden, wie sie sie am besten nutzten. Diese Wahlfreiheit brachte ihnen keineswegs ein Ende der Angst. Man konnte zwischen so vielen Dingen wählen! Ich war gerade in dieser Woche mit dreißig unwilligen Studienanfängern Viktor Frankls »Der Mensch vor der Frage nach dem Sinn« durchgegangen und hatte ihnen versucht zu erklären, was Frankl mit dem »existentiellen Vakuum« meinte – das unendliche Arsenal von Möglichkeiten, das wir Menschen aus der ersten Welt ausprobieren können. Zunächst dachten die Studenten, dass sich das mit dem Vakuum ziemlich cool anhörte.

»John«, fragte ein aufgeregter Student, »Sie meinen, ich kann tun, was immer ich will?«

»Genau, das stimmt. Alles.«

Er grinste.

»Aber das heißt auch, dass Sie ganz allein für Ihre Wahl verantwortlich sind. Vollkommen, absolut und untröstlich allein, wenn Sie beschließen, was Sie wählen wollen.«

Das Lächeln verschwand. Die Moderne leidet keinen Mangel an Dingen, die dazu geschaffen worden sind, um uns von unserer *Angst* abzulenken: Smalltalk und Facebook und Collegeseminare und Dates und gemeinsame Urlaubsreisen und Jobs und Geld und Heirat und das ganze *Zeug*. Genauso vollzieht sich eben das zivilisierte, bürgerliche Leben. Für viele Menschen funktioniert das mit einer solch reibungslosen Präzision, dass seine Mechanik nicht bloß adäquat erscheint, sondern absolut notwendig. Natürlich ist nur wenig wirklich notwendig, und Thoreau wusste das. Er hatte eine Ahnung, dass frenetische Geschäftigkeit nicht das Wesen des menschlichen Lebens ausmachen sollte, dass bloßes Geplauder einen nur schrecklich einsam macht, dass gut bezahlte Jobs etwas anderes sind als »Berufungen«. Und dass lange Beziehungen nicht notwendigerweise das Gleiche sind wie erfüllte (er hat nie geheiratet).

Als ich an jenem Morgen in meinem Auto saß, beschloss ich, dass ich nie wieder in die Stadt zurückziehen wollte. Ich würde Thoreaus Vorbild folgen und in West Wind bleiben. Mein Leben würde ein Experiment nach der Art der Thoreauschen Selbstkultivierung werden, eine Aufgabe, die mir immer handhabbarer und realistischer vorgekommen war als der Versuch, Emersons »Selbstständigkeit« umzusetzen. Ich musste kein Held sein, aber konnte ich nicht zumindest ein etwas besserer Mensch werden, indem ich die Belanglosigkeiten des Alltags mied? »Einfachheit, Einfachheit, Einfachheit!«, lehrte Thoreau. »Laß deine Geschäfte zwei oder drei sein, sage ich dir, und nicht hundert oder tausend; statt eine Million zu zählen, zähle ein halbes Dutzend und führe Buch auf deinem Daumennagel.« Was genau »haben« die Leute, wenn sie »ihr Auskommen haben«?, fragte Thoreau. Sie verdienen Geld; sie geben Geld aus; sie kaufen Sachen; sie verbrauchen Sachen. Thoreau dachte, dass sie ganz allgemein ihr Leben vergeuden.

Amerikanische Philosophie – von Jonathan Edwards im achtzehnten Jahrhundert bis zu Cornel West in diesem – handelt von den Möglichkeiten von Wiedergeburt und Erneuerung. »Wir müssen lernen«, insistiert Thoreau, »wieder wach zu werden und uns wach zu erhalten, nicht durch mechanische Mittel, sondern durch das unaufhörliche Erwarten des Sonnenaufgangs, welches uns nicht verlassen darf im tiefsten Schlaf.« Thoreaus Forderung in *Walden* ist von so vielen amerikanischen Denkern in so unterschiedlicher Weise wiederaufgegriffen worden, dass ich es inzwischen als eine Form des Wunschdenkens betrachte, als Mahnung daran, wie beinahe unmöglich es in unserem Leben ist, immer in sinnvoller Weise wach zu bleiben. So zu leben erfordert eine Form des aufmerksamen Optimismus, von dem ich mir nicht sicher war, wie viele von uns noch überhaupt dazu in der Lage waren.

Ich stieg gerade von den beheizten Sitzen, als Jennifer hinter der Bibliothek auftauchte. Ich muss ein ziemlicher Anblick gewesen sein. Unrasiert, barfuß, immer noch ein wenig blau angelaufen von der Kälte. Jennifer schien das gar nicht zu bemerken und lächelte breit. Ich war dankbar und tat mein Bestes, um ebenso freundlich zu reagieren. Darauf reagierte sie wiederum, indem sie mich umarmte. Bei Philosophen gilt es als eine Regel, dass man sich nicht umarmt. Die meisten von uns tauschen diese bedeutungslosen Wangenküsse aus, wodurch wir irgendwie verfeinert und europäisch wirken, oder wir ignorieren einander ganz einfach. Jennifer Wiley, die fünfzigjährige Enkeltochter von Agnes Hocking, nimmt einen in den Arm. Seit Monaten hatte ich mich nicht mehr so gut gefühlt.

»Wir können in Kürze im unteren Farmhaus mittagessen. Ich koche da unten gerade.«

Ich nickte und sagte etwas darüber, was ich in der Zwischenzeit in der Bibliothek zu erledigen hoffte, das hoffentlich einigermaßen eindrucksvoll klang.

»Okay. Hört sich gut an«, antwortete sie und drehte sich wieder um. »Ich werde heute Nachmittag mit der Sense mähen.«

Plötzlich kam mir die Idee, Jennifer beim Sensen zu helfen, wesentlich wichtiger vor, als in der Bibliothek zu arbeiten, und so fragte ich sie, ob sie vielleicht Hilfe gebrauchen könnte.

Natürlich brauchte sie die gar nicht. Retter wie Jennifer und der Mann mit dem Montierhebel brauchen keine Hilfe bei den Aufgaben des täglichen Lebens. Sie sind vollkommen unabhängig. Aber Jennifer hörte sehr wohl die unterschwellige Bitte und sagte: »Natürlich, das wäre großartig.«

Diesmal fand ich, dass mein Lächeln sogar noch besser rüberkam. Ich wandte mich zum Auto und muss ihr bedeutet haben einzusteigen.

»Es ist leichter, zu Fuß zu gehen«, sagte sie nüchtern.

Thoreau schrieb »Vom Spazieren« im Jahre 1851. Während der nächsten zehn Jahre hielt er über diesen Essay etwa ein Dutzend Mal Vorträge, mehr als über irgendeinen anderen.

Er war ihm, das geht aus vielen Berichten hervor, sein liebster. »Ganz gleich, wo ich lebe«, schreibt Thoreau, »wenn auf dieser Seite die Stadt liegt und auf jener die Wildnis, werde ich immer der Stadt den Rücken kehren und mich der Wildnis zuwenden.« Sobald ich mein Hemd angezogen und zugeknöpft hatte, machten Jennifer und ich uns auf den Weg, liefen den Feldweg entlang, und da traf mich die traurige Einsicht, dass ich West Wind bislang zu einseitig wahrgenommen hatte. Auf wurmzerfressene Bücher fixiert und beherrscht von der Jagdlust auf verstaubte Gegenstände, hatte ich mir gar nicht die

Zeit genommen, um die Landschaft, die die Bibliothek umgab, wirklich in Augenschein zu nehmen.

Wenn man zu Fuß geht, erhält man vieles, sagt Thoreau, aber eines der größten Geschenke ist Zeit. Auf meinem Weg zur Selbstoptimierung hatte ich in der Highschool angefangen zu laufen – lange, schnelle, quälende Läufe, nach denen mir für den Rest des Tages übel war. Oft lief ich zur Sporthalle und zerriss mich schier, indem ich Gewichte stemmte, und rannte dann wieder nach Hause. Bei diesen Läufen hatte ich nie genug Zeit; ich war immer etwas zu spät und rannte, um die Zeit aufzuholen. Thoreaus Spazieren, eine Aktivität, die perfekt zu Jennifer zu passen schien, diente einem völlig anderen Zweck:

> »Doch das Spazieren, von dem ich spreche, hat keinerlei Ähnlichkeit mit jenen sogenannten Übungen wie etwa dem Schwingen von Hanteln oder Stühlen, Übungen, die man macht wie ein Kranker, der seine Medizin zu vorgeschriebener Stunde einnimmt; es ist vielmehr die wichtigste Unternehmung, das Abenteuer des Tages. Wer Übungen will, begebe sich auf die Suche nach den Quellen des Lebens. Da schwingt einer Hanteln, um seine Gesundheit zu fördern, und dabei plätschern diese Quellen in entfernten Gefilden, die er nie erkundet!«

Für Thoreau ist Spazieren nicht etwas, das man tun muss. Es ist keine große Herausforderung für den Willen, aber sorgsam spazieren zu gehen, verlangt eine Aufmerksamkeit für die Gegenwart, die sehr schwer aufrechtzuerhalten ist. Thoreau dachte, dass im Spazieren etwas Heiliges liegt, und er sagte, die beste Form es zu tun, sei zu pilgern, zu schlendern oder, wie es im Englischen heißt, »to saunter«, vom französischen *sainte terre*, wie er meinte (wobei er sich irrte). Der ganze Sinn des Spazierens war, sich so zu bewegen, dass man das Land damit heiligte oder es heilig hielt. Das Ziel war dabei ausdrücklich unwichtig. Natürlich musste man eine Entscheidung treffen, wohin man gehen wollte – oder besser, wie man gehen wollte –, aber der Sinn des Spazierens lag nicht darin, zu einem ganz bestimmten Ort zu kommen. Der Sinn, wenn man das so nennen konnte, war, das Erhabene im Gewöhnlichen zu erfahren. Und diese Erfahrung, so allgemein und doch so selten, hatte ihren Wert in sich selbst, die Art von Wert, die ein Leben lebenswert erscheinen ließ.

Ich sah über das Tal hinweg auf einen Hang in der Ferne, den ich noch nie bemerkt hatte. Jennifer musterte den Hügel sorgfältig, als würde jede Lichtung eine Rolle in irgendeinem göttlichen Plan spielen. »Dort oben schlafen die Rehe«, erklärte sie. »Man kann sehen, wo sie sich betten, wenn man morgens spazieren geht.« Jennifer war die unter den Enkelinnen, die überhaupt kein Bücherwurm war. Sie verwies auf ihre beiden Schwestern, wenn es um die Philosophie ging, und ließ nie eine Gelegenheit aus, ihre Fähigkeit, mit Sprache umzugehen, herunterzuspielen. Sie war still und schweigsam. Ich fragte mich, worüber sie nachdachte, wenn sie sich auf ihre Spaziergänge machte. »Wo machen Sie Ihre Spaziergänge, Jennifer?«, fragte ich. Sie lachte. »Oh, überall. Es spielt keine Rolle.« Sie hatte wahrscheinlich ihre Lieblingstouren, aber sie wirkte wie die Art Mensch, die sich überall zu Hause fühlt, selbst – und vielleicht sogar gerade – mitten auf ihrem Weg. Sie kannte, was Thoreau »das Geheimnis des erfolgreichen Pilgerns« nannte. »Wer immer still zuhause hockt, kann dennoch der größte Vagabund sein; der Pilger dagegen, den ich meine, vagabundiert ebenso wenig wie ein mäandernder Fluss, der doch fortwährend emsig bestrebt ist, den kürzesten Weg zum Meer zu nehmen.«

Der Feldweg nahm eine Haarnadelkurve um einen Bestand kahler Apfelbäume herum und öffnete sich auf eine Wiese im Nirgendwo. Dieses Nirgendwo war verdammt schön! Dies, dachte ich, war der Grund, warum Robert Frost – der West Wind häufig besucht hatte – uns gelehrt hatte, die Straße zu wählen, die nicht oft beschritten worden ist. Ich erinnerte mich daran, dass Frost geschrieben hatte, er und William Ernest Hocking seien »nachdenkliche und langjährige Freunde« gewesen, und ich hoffte, dass ich das Gleiche eines Tages über mich und Hockings Enkeltochter sagen könnte.

Die Wiese erstreckte sich hügelabwärts bis zu der Baumreihe, die das alte weiße Farmhaus mit seinem hellgrünen Dach säumte. Jennifer wohnte ganz allein in diesem Haus. In diesem Jahr wollte sie den Winter über da bleiben, statt zurück nach Tamworth zu ziehen, einer kleinen Stadt auf der anderen Seite des Tals. Die Einsamkeit störte sie nicht. Sie verschwand in der Scheune, die an das Haus angebaut war. Ich nahm an, dass sie mit heroischen Gerätschaften für die monumentale Aufgabe des Sensens herauskäme, die auf uns wartete. Der sorgsam aufgeschichtete Stapel Feuerholz neben der Vorderveranda reichte mir bis zur Schulter – noch ein Beweis für Jennifers Thoreau-ähnliche Hauswirtschaft. Thoreau war nie Ehemann [husband] gewesen, aber er bekräftigte, dass der Ackerbau [husbandry] – die schlichte Pflege des eigenen Bodens – die passende Alternative zu der modernen Entfremdung sei. Als er nach Walden zog, wusste er, dass sein Rückzug in dieses Refugium in einem deutlichen Kontrast zu der kultivierten Existenz stand, die so viele andere Absolventen Harvards in Beschlag nahm: »Diese Sommertage, welche manche meiner Zeitgenossen den schönen Künsten in Rom oder Boston, […] wieder andere dem Handel in London oder New York widmeten, weihte ich nebst den andern Landleuten von Neuengland dem Ackerbau.« Ackerbau [husbandry]. Dieser Begriff für Landwirtschaft stammt von dem Altnordischen Verb *búa,* das »wohnen« bedeutet, an einem Ort zu sein, sich häuslich einzurichten. »Die Poesie und Mythologie der Alten«, schreibt Thoreau, »legt den Gedanken wenigstens nahe, dass der Ackerbau einst als eine heilige Kunst angesehen wurde; von uns aber wird sie mit unehrerbietiger Eile und Unachtsamkeit betrieben, denn wir suchen vor allem, große Güter zu erwerben und große Ernten zu erzielen.« Unser gegenwärtiges Zeitalter versteht Ackerbau so ähnlich wie Spazieren: Etwas, das so schnell und effektiv wie möglich erledigt werden sollte, als Mittel, um etwas zu bekommen oder irgendwo hin zu gelangen.

Als ich die Reste eines Gartens am Rande des Hauses betrachtete, überraschte mich die sorgfältige Planung, die er erfordert haben musste. Ich hatte meinen ersten Sommer in West Wind an seltenen Büchern klebend verbracht und vergeblich etwas Wesentliches zu verstehen versucht, das mir in amerikanischer Philosophie entgangen war. Und die ganze Zeit war Jennifer hier gewesen, hatte Holz gehackt und den Garten gepflegt und mir auf diese Weise Szenen aus »Walden« vorgelebt. Intellektualität wurde häufig überbewertet. Was wusste ich vom Ackerbau? Einen Moment lang dachte ich über die Frau nach, die einmal meine Ehefrau gewesen war. Wir hatten Anfang des Jahres unsere Scheidung zu Ende gebracht, und im gleichen Moment waren sie und ihr neuer Verlobter schon auf dem Weg in ihr neues Zuhause in einem Farming-Staat des Mittleren Westens, dem amerikanischen Kernland, gewesen. Sie hatte sich einen Kampfpiloten ausgesucht, was, wie mir schien, wohl am denkbar weitesten entfernt von einem Philosophen war.

Wieder einmal bewahrte mich Jennifer vor weiteren Grübeleien. »Sind Sie bereit?«, fragte sie.

Die Sense war nicht genau das, was ich erwartet hatte. Sie sah ein wenig wie eine Harke mit einem dünnen Axtrücken aus – ein stumpfes, wackeliges Ding mit einer lockeren, rostigen Klinge. Der Kieferstiel oder »Worb« – wie man ihn in Sensenfachkreisen nennt – war ungefähr einen Meter lang – viel zu kurz für mich – und fühlte sich so an, als würde er in meinen Händen einfach auseinanderfallen. Ich hatte mir etwas Furchterregendes oder zumindest Robustes vorgestellt, etwas, das geeignet war für Winslow Homers »The Veteran in a New Field«, einem Gemälde, das einen Veteranen aus dem amerikanischen Bürgerkrieg zeigt, der sich mühelos den Weg durch ein endloses, goldenes Weizenfeld mäht. Jennifer war allerdings mit ihrem Werkzeug sehr zufrieden, und ihre Einführung ins Sensen ließ die Arbeit außerordentlich leicht erscheinen. Entspannen, die Beine breit, die Knie gebeugt, die Arme gestreckt, der Schwerpunkt auf den Fußballen und sich aus der Hüfte drehen. Idealerweise streicht die Klinge bloß über den Boden, schneidet durch Gras und biegsame Pflanzen, ohne in der Erde stecken zu bleiben. Ich hatte in der Highschool Diskus geworfen, und ein bisschen kam mir das hier so vor. Aber ich war wirklich nicht gut im Diskuswerfen und, wie sich herausstellte, noch schlechter beim Sensen. Ich schien nicht loszulassen, mich mit dem ganzen Körper darauf einlassen zu können. Ich kämpfte mich hindurch, wobei ich bloß meine Arme einsetzte, die schon nach Minuten ermüdeten. Als ich merkte, wie langsam ich vorankam, griff ich mit meinem tödlichen Griff noch fester zu, verdoppelte meine Anstrengung – wieder nur mit meinen Armen – und rammte die Klinge sechs Zentimeter in die Erde. Steine waren meine größten Widersacher, und sie waren überall. An jenem Nachmittag erklang in den Hügeln von West Wind das Geräusch von Stahl, der auf Granit trifft. Jennifer lächelte bloß und bahnte sich still ihren Weg über die Wiese. Während ich mich durch die Erde hackte, tröstete ich mich ein wenig damit, dass ich wusste, Thoreau hatte selbst seine Schwierigkeiten dabei gehabt, sich um die Felder um Walden zu kümmern: »Meine Gehilfen sind Tau und der Regen, welche diesen trockenen Boden befeuchten, und die Fruchtbarkeit im Boden selbst, der zum größten Teil mager und arm ist. Meine Feinde sind die Würmer, kalte Tage, vor allem aber die Murmeltiere. Die Letzteren haben schon ein Viertel Morgen abgenagt.« Thoreau hasste die nagenden Viecher (und machte eine Ausnahme von seinem Vegetarismus, indem er eins verzehrte). Ich versetzte meiner Sense einen mächtigen homerischen Schwung, und die Klinge fiel ab.

»Du kannst es nicht erzwingen, John. Arbeite ganz einfach langsam.«

Ich beugte mich vor, um die Klinge aufzuheben. Jennifer hatte natürlich vollkommen recht. Man konnte die Dinge nicht erzwingen. Ich drehte mich um, um ihr zuzusehen, wie sie sorgfältig durch das Gras schwenkte. Sie hatte keine Eile, trieb sich nicht voran. Sie musste gerade nirgendwo anders sein. Aber dennoch kam sie irgendwie sehr gut voran. Ich wandte mich wieder meiner Arbeit zu. Man »kann nicht glücklich und stark sein«, erklärt Emerson seinen Lesern, »bis man nicht auch mit der Natur im Einklang und in der Gegenwart lebt, jenseits der Zeit.« Diese Frau war glücklich und stark. Ich hatte immer angenommen, dass Selbstständigkeit eine Sache radikaler Selbst*behauptung* wäre – dass es darauf hinauslief, sein derzeitiges Selbst für eine zukünftige, überzeugendere Form hinter sich zu lassen, dass es auf der eigenen Fähigkeit beruhte, sich von seiner Umgebung abzusetzen, sich ihr zu widersetzen. Aber Jennifers Bewegungen ließen etwas ganz anderes vermuten. Minuten später, Stunden später, sah ich wieder auf. Sie glitt und schwenkte weiterhin durch die Wiese, mied die dichten Flecken, die ihr Schwierigkeiten bereiteten, und nahm sie von einer anderen Seite erneut aufs Korn. Und dann hörte sie auf.

»Ich brauche eine Pause«, gestand sie.

Zum ersten Mal in meinem Leben bedachte ich die Möglichkeit, dass die Champions der Selbstständigkeit vielleicht diejenigen waren, die wussten, wann sie eine Pause brauchten. Doug Anderson, mein erster und am meisten verehrter Philosophielehrer, hatte mir etwas Ähnliches nahegelegt, als ich noch ein Student war, aber ich hatte ihn damals nicht ernst genommen. Er hatte sich Sorgen wegen meiner Gesundheit und meiner Zwanghaftigkeit gemacht, und ich hatte angenommen, dass er mir väterliche Ratschläge, getarnt als philosophische Lektion, erteilte. Er sagte mir, dass man »Selbstständigkeit« nie für sich lesen sollte, sondern dass Emerson einen dazugehörigen Essay namens »Kompensation« geschrieben habe. Er schlug vor, ich solle beide zusammen lesen. Das tat ich auch, aber es ergab für mich keinen Sinn. Die beiden Texte schienen sich diametral zu widersprechen. Kurz gesagt argumentiert »Kompensation« damit, dass man, wie hart man auch arbeitet, wie entschlossen man auch darum kämpft, sich aus natürlichen oder gesellschaftlichen Fesseln zu befreien, ausnahmslos damit scheitern wird. Oder zumindest irgendwann eine Pause brauchen wird. Für den Emerson von »Kompensation« war eherne Selbstbehauptung bestenfalls kontraproduktiv, weil sie etwas Grundlegendes über die menschliche Natur verkannte – und zwar, dass sie ein Teil und nicht getrennt von den Machenschaften der Natur war. Selbstständigkeit, wenn man sie richtig verstand, war immer situiert in einer größeren kosmischen Ordnung, und sei sie noch so subtil. »Menschliche Arbeit, durch all ihre Formen hindurch, vom Spitzen eines Pfahles bis zur Konzeption einer ganzen Stadt oder eines Epos, bildet eine einzige große Illustration für die perfekte Kompensation des Universums. Die absolute Balance von Geben und Nehmen.«

Jennifer und ich ließen uns auf der Vorderveranda nieder, um unsere Arbeit zu begutachten. Sie erklärte, dass ich gerade an einem Familienritual der Hockings teilgenommen hatte. Jedes Jahr unternahmen die Verwandten – die meisten Akademiker, die im ganzen Land verstreut lebten – die Pilgerfahrt nach West Wind, um an der Heuernte teilzunehmen. Sie mussten ebenso wenig nach West Wind kommen wie Thoreau nach Walden. Sie hätten in ihren Büros an der Universität von Chicago oder in Harvard oder sonst wo bleiben können. Aber sie kamen dennoch. Die Erwachsenen sensten, die Jugendlichen bauten mit ihren Forken Heuballen, und die kleineren Kinder liefen hinterher und sammelten die Reste auf. Ich wurde zurückgeworfen auf Shelleys »West Wind«, den Wind, der sterbebleiche Blätterscharen querbeet auf Gottes Schöpfung verstreute. Das Heu sah vermutlich ein bisschen so aus. Manchmal versuchte sich ein Kind, das fast schon ein Teenager war, an der Heugabel, und jemand landete im Krankenhaus, aber meist ging alles glatt. Selbst für das ungeübte Auge war klar, dass dies unfruchtbares Land war. Ganz sicher nicht ein Landstrich, den man sich aussuchen würde, wenn man Ackerbau betreiben wollte. Es war ein felsiger, dürrer Boden, der für Kiefern geeignet war, aber nicht für sehr viel anderes. Die Hockings kehrten aus Prinzip immer wieder hierhin zurück oder für etwas, das sogar noch tiefer ging als Prinzipien: die Sehnsucht nach Erfahrung.

Ich betrachtete unsere kleinen Grashaufen. »Die waren mal größer«, sagte Jennifer, die meine Gedanken lesen konnte. »Wir haben früher das Heu auf dem Scheunenboden ausgelegt, und dann sind die Kinder von oben draufgesprungen.«

Ich grinste, bis sie mir erzählte, wie ihr Cousin Waud auf einem der etwas dünneren Haufen gelandet war und sich den Arm gebrochen hatte. Noch einmal eine Fahrt ins Krankenhaus. Eine unnötige Fahrt. Ich musste nicht mit Klingen und Heuhaufen spielen. Es gab Leute wie Jennifer, die nicht bloß Ackerbau spielten, dachte ich. Sie lebten im Mittleren Westen, in abgelegenen Regionen von North Dakota und Montana. Carol, meine grauäugige Kollegin, war so jemand – oder war zumindest mit solchen Leuten aufgewachsen. Nicht viele Philosophen wachsen in Saskatchewan auf, vierhundert Meilen nördlich der Grenze nach Montana, sie aber schon. Ich zuckte zusammen, als ich dachte, was sie wohl über mein Sensen sagen würde. Einmal, nach zu vielen Bieren, hatte ich sie gefragt, ob es die Kälte war, die dafür sorgte, dass ihre Heimat so baumlos war. »Äh, nein.« Sie hatte geblinzelt. »Die Leute betreiben Landwirtschaft. Grasland wird zu Wald, wenn es nicht bewirtschaftet wird. Oder man kann es abbrennen – anscheinend haben das die Ureinwohner getan. Aber die Prärie bleibt nicht einfach von selbst Prärie.« Landwirtschaft war der anhaltende Versuch, sich in die Vorgänge der Natur einzumischen. Jennifer erklärte, dass sie in ihrer Kindheit bis ganz zum

Mount Chocorua hatten sehen können. Es hatte keine Bäume gegeben, die den Blick verstellten, weil viel mehr des Bodens, der jetzt bewaldet war, für Landwirtschaft genutzt worden war. Dies, vermutete ich, war einer der Gründe, warum die Hockings zur Heuernte nach West Wind kamen: Im Zeitalter beheizter Autositze versuchten sie sich selbst an die schlichte Arbeit der Kultivierung des Bodens zu erinnern, an die stete Mühe, die es kostet, sich ein Zuhause zu verschaffen.

Jennifer ging ins Haus, um das Essen zu bereiten, und ich wandte mich der seltsamen schwarzen Box zu, etwa von der Größe eines Toasters, die einige Meter von der Veranda entfernt stand. Sie hatte silberne Flügel – vier davon – an ihrer Oberseite und roch ein wenig nach Hühnchen. Ich hatte noch nie einen Solarofen gesehen, und ich öffnete ihn: Drinnen befand sich tatsächlich ein Hühnchen – eins dieser echten, lebenden Tiere, die man sieht, wenn man zu einer Landwirtschaftsmesse geht, aber tot. Meine Exfrau hatte Jahre mit dem Versuch verbracht, mich vom Fleischessen abzubringen, aber ich hatte mich dagegen gewehrt und weiter Fleisch gegessen, hauptsächlich aus kindischer Bosheit. Meine Freundin Carol brauchte genau einen Abend, um mich zu überzeugen. Sie hatte davon gesprochen, dass Tiere die gleiche Leidensfähigkeit besitzen wie wir und dass alles, was zu leiden vermag, ein Interesse daran hat, nicht zu leiden, und dass dieses Interesse daran, nicht zu leiden, sicher wichtiger ist als unser Interesse daran, billiges Fleisch aus Massentierhaltung zu essen, zumindest, wenn wir so viele andere Möglichkeiten haben. Wir hatten eine Weile gestritten, aber ich hatte nach ungefähr zwanzig Minuten begriffen, dass meine Position unhaltbar war. Also hatte ich aufgehört zu streiten und aufgehört Fleisch zu essen.

»Bist du bereit zum Essen?«, rief Jennifer aus der Küche.

Sie kam mit einem Messer und einem Schneidebrett nach draußen. Für einen Sekundenbruchteil dachte ich an den Sektionstisch in der Holden Chapel, dann schluckte ich schwer und versuchte mein Bestes, dass mir nicht übel wurde. Sie zerlegte präzise das Hühnchen und entfernte die Knochen. Dies war, wie Sensen, eine sakrale Arbeit. Das Hühnchen war aus einer Scheune ein Stück die Straße hinunter gekommen, wo sie das Geflügel immer noch in einer recht fairen Weise züchteten. Obwohl ich nicht überzeugt war, von seinem Fleisch zu essen, maßte ich mir kein Urteil über die Frau mit dem Messer an. In der Ebbe und Flut der Kompensation mussten manchmal kleine Tiere in sonnenbeschienenen Kästen gebraten werden, und kleine Wiesen welkten und trockneten irgendwann. Zerstörung war das unvermeidliche Nebenprodukt von Überleben. Als ich über meine persönliche Krise vom letzten Jahr nachdachte, über den Ruin meines Gefühlslebens, hoffte ich, dass das wirklich der Fall wäre. Ich dachte an den Rest der ersten Strophe der »Ode an den West Wind« und begriff, dass Shelleys Gedicht gar nicht so trostlos war.

The winged seeds, where they lie cold and low,
Each like a corpse within its grave, until
Thine azure sister of the Spring shall blow

Her clarion o'er the dreaming earth, and fill
(Driving sweet buds like flocks to feed in air)
With living hues and odours plain and hill:

Wild Spirit, which art moving everywhere;
Destroyer and Preserver; hear, O hear!

Beseelte Samen in ein Grabverlies,
Wo winterlich die Erde sie umhüllt,
Bis deine Schwester ihr Klarinc süß

Ertönen lässt und ganz mit Bläue füllt –
Die Knospen treibt wie Herden sie einher –
Den Frühlingshimmel und mit Duft dies Bild.

O wilder Geist, du über Land und Meer:
Zerstörer und Erhalter, hör, o hör!

Die ersten Sterne blinkten hinter niedrig hängenden Wolken hervor. Ich dankte Jennifer für mein Essen, Käse, Brot und lokal gezüchtete Äpfel (sie hatte gütigerweise die Speisefolge geändert, als sie bemerkte, dass ich das Fleisch nicht anrührte), und kehrte dann in die Bibliothek zurück, um noch eine Nacht auf dem Chesterfield-Sofa zu verbringen. Nachdem ich das Sofa nach Mäusekötteln abgesucht hatte, streckte ich mich aus. Überall Heu. Der Frühling würde kommen. Alles voller Heu. West Wind: Zerstörer *und* Bewahrer.

TEIL II

FEGEFEUER

DIE AUFGABE DER ERLÖSUNG

Es war beinahe Tagesanbruch, und ein leichter Regen trommelte auf das Dach über mir. Kisten voller Bücher standen um mein Behelfsbett. Ich hatte gelobt, sie schließlich alle einzupacken und sie an eine trockene Lagerstelle zu bringen, aber nach einem Tag in den Feldern mit Jennifer schien die Aussicht darauf, noch eine Stunde drinnen mit einem Ensemble toter weißer Männer zu verbringen, plötzlich nicht mehr so ansprechend. Im Dunkeln konnte ich gerade noch eben ein Foto auf dem Kaminsims ausmachen: Zwei von Hockings geliebten Lehrern, Royce und James, sitzen auf einem für Nordamerika so typischen Split-rail-Zaun auf dem höchsten Punkt einer Weide außerhalb von Chocorua, das nicht mehr als acht oder zehn Kilometer von der Hocking-Bibliothek entfernt lag. Royce, der selten seine philosophischen Studien für Ferien unterbrach, war 1903 zu Besuch in James' Sommerhaus gekommen und hatte einen neuen Versuch unternommen, ihn von der Existenz Gottes zu überzeugen. James langweilte sich, was ihn boshaft machte. Er glaubte bereits an Gott, aber Royces' Gott war zu einengend und aufdringlich für James' religiösen Geschmack. Der Legende nach rief ihr Vater, als James' Tochter diesen Schnappschuss, das Foto auf dem Kaminsims, machte, aus: »Royce, Sie werden gerade fotografiert! Passen Sie auf! Ich sage: *Scheiß auf das Absolute!*« Für James waren schöne Nachmittage dazu gedacht, spazieren zu gehen und tief Luft zu holen – und nicht fürs abstrakte Systematisieren.

Wir sind nur so kurze Zeit frei, sagt James, dass es oft Besseres zu tun gibt, als zu philosophieren. Ich erhob mich und erkannte, dass ich, wenn ich mich jetzt an die Arbeit machte und die Hobbes- und Descartes-Ausgaben einpackte und katalogisierte, wahrscheinlich immer noch genug Zeit zum Wandern hätte.

»Trivial.« Das war James' Ausdruck, mit dem er die meisten der seltenen Bücher charakterisieren würde, die ich an diesem Morgen versorgen wollte. 1895, drei Monate, nachdem er in der Holden Chapel seine Vorlesung über »Ist das Leben lebenswert?« gehalten hatte, erläuterte James George Howison, dem Gründer der philosophischen Fakultät in Berkeley, dass dieser Glaube über den Wert der Geschichte der Philosophie »von jemandem kam, der ungeeignet ist, Philosoph zu sein, weil er im Grunde die Philosophie hasst, besonders am Anfang eines Urlaubs, wenn der Duft der Fichten und des Bergfarns ihn ganz mit der Überzeugung erfüllen, dass es besser ist zu *sein*, als sein Dasein zu definieren.« Bestenfalls kann die Philosophie, so James, uns helfen, das Leben zu begreifen – es zu verstehen, ja, aber auch, uns für seine Feinheiten und Möglichkeiten zu sensibilisieren. Die Liebe zur Weisheit soll uns dazu verhelfen, erfüllter, sinnerfüllter zu leben. Aber im modernen Zeitalter, das in den Schriften von Descartes und Hobbes seinen Gipfel erreichte, hatte die Philosophie begonnen, ihre existenzielle Bedeutung zu verlieren. James hatte nicht viel Zeit für sie, besonders am Anfang eines Wanderausflugs in die Adirondacks, ein Urlaub, den er regelmäßig machte, um seine geistige Gesundheit wiederherzustellen. Große Teile des europäischen Denkens kümmerten sich nicht darum, das Leben zu *verstehen*, sondern haben es mit ihren Vernunftanstrengungen eher dekonstruiert, indem sie alltägliche Praktiken überintellektualisierten und den Reichtum menschlicher Erfahrung auf eine kleine Zahl von Einzelaspekten reduzierten. Im Verlauf dieses Prozesses, dachte James, wurde die Philosophie, die das Potenzial hatte, die bedeutsamste aller intellektuellen Bestrebungen zu werden, »trivial«.

Ich griff in meine erste Kiste des Tages nach einem Buch, das weitgehend für James' Abscheu verantwortlich war: die lateinische Erstausgabe von Descartes' berühmtestem Werk, »Dissertatio de Methodo«, das 1644 in Amsterdam erschienen war. Es gab darin einen Abschnitt von Descartes, den ich lesen wollte, bevor ich mich wieder ans Katalogisieren machte. Es war das Herzstück des Rationalismus, wohl die wichtigste Behauptung der modernen Philosophie – »*Cogito ergo sum*« (Ich denke, also bin ich). Amerikanische Philosophen, die im neunzehnten Jahrhundert wirkten, bildeten eine uneinheitliche Gruppe von Denkern, aber sie sahen ihre gemeinsame Grundlage in ihrer Kritik an dieser anscheinend harmlosen Feststellung. Das *Cogito* ist das abschließende Argument in einer sehr intensiven Untersuchung. Amerikanische Philosophen wie James schätzten Descartes' inspirierenden Geist und den Skeptizismus, der seine philosophische Erörterung vorantrieb, aber sie fanden ebenso, dass der Franzose am Ende die falsche Schlussfolgerung gezogen hatte.

Descartes schrieb den »Discours de la Méthode« als Antwort auf eine wachsende Krise in Europa. In der ersten Hälfte des sechzehnten Jahrhunderts hatte die Katholische Kirche begonnen, sich aufzulösen. 1517 hatte Martin Luther seine fünfundneunzig Thesen an die Tür der Schlosskirche in Wittenberg angeschlagen, die die Sünden der Katholischen Kirche zusammenfassten. Diese Tat setzte einen dramatischen Bruch mit der Hierarchie und dem Dogmatismus des Katholizismus in Gang, die jahrhundertelang große Teile des alltäglichen Lebens strukturiert hatten. Die theologische Krise überkreuzte sich mit der wissenschaftlichen Revolution: Die Erkenntnisse von Galileo, Newton und Kepler begannen, lang gehegte Vorstellungen über die menschliche Natur und seine Beziehung zur natürlichen Welt in Frage zu stellen. Galileo zufolge waren wir nicht mehr fraglos der Mittelpunkt des Universums. Wir drehten uns bestenfalls um etwas, das viel größer war als wir selbst, und schlimmstenfalls rotierten wir völlig außerhalb jeder Kontrolle. Anders als die dogmatischen Gewissheiten, die seit dem Mittelalter herrschten, waren die Wahrheiten, auf die die Wissenschaften stießen, flexibel oder, noch erschreckender, vorläufig und konnten jeden Moment wieder verworfen werden. Gleichzeitig sorgte die Entdeckung der Neuen Welt nicht nur für eine soziale und politische, sondern auch eine metaphysische Krise. Für die meisten Europäer war diese Entdeckung gleichbedeutend damit, Kontakt mit Leben auf einem anderen Planeten aufzunehmen. In diesem historischen Moment wurde der moderne Skeptizismus geboren und diente als Hintergrund für Descartes' philosophisches System.

Ich blätterte in der zweiten Auflage von Descartes' *Meditationen* – die einmal Royce gehört hatte –, die ich unter das Sofa geklemmt vorgefunden hatte: »Die gestrige Betrachtung hat mich in so gewaltige Zweifel gestürzt, daß ich sie nicht mehr vergessen kann, und doch sehe ich nicht, in welcher Weise sie zu lösen seien; sondern, wie wenn ich unversehens in einen tiefen Strudel hinabgestürzt wäre, bin ich so verwirrt, daß ich weder auf dem Grunde festen Fuß fassen, noch zur Oberfläche emporschwimmen kann.« Ertrinken. Übertriebene Zweifel fühlen sich ein wenig so an. Descartes begriff, dass einen das eigene Gewicht, sosehr man sich auch wehrt, herabzieht und dass man am Ende Wasser statt Luft einatmet. Wenn man auf das Meer der Zweifel hinausfährt, ist es verlockend, sich an die Handvoll von Dingen zu klammern, derer man sich vollständig und absolut sicher ist. Wenn es keine Gewissheiten mehr gibt, schustern manche sie sich von irgendwoher zusammen und verteidigen sie dann, als hinge ihr Leben davon ab. Genau das ist es, was Descartes mit seinem *Cogito*-Argument getan hat. Als Antwort auf die existenzielle Krise seiner Zeit – und den Skeptizismus, den sie auslöste – produzierte er die eine Wahrheit, die menschliches Wissen untermauern konnte. Viele Dinge können Descartes zufolge bezweifelt werden: Vielleicht sind Institutionen und Herrschaftsstrukturen bis ins Mark verdorben; vielleicht führen unsere Sinne uns in die Irre; vielleicht ist die physische Welt nur ein großes Täuschungsmanöver Gottes; vielleicht ist gar nicht Gott verantwortlich, sondern der Teufel, der wahre Herrscher des Universums, frohlockt, weil er uns zu täuschen vermag. Aber es gab eins, das er nicht bezweifeln konnte – dass er ein denkendes Etwas war. Was das Wesentlichste – oder in seinen Worten »klar und deutlich« – an einem Individuum ist, ist die Existenz seiner oder ihrer geistiger Fähigkeiten.

Ich wandte mich wieder dem »Discourse«, dem Bericht über die Methode, zu und blickte auf den kurzen lateinischen Satz hinunter. Bloß drei Worte. Die meisten amerikanischen Denker waren derselben Meinung: Das *Cogito* war brillant und stichhaltig – aber mehr als bloß ein wenig seltsam. Die grundlegende Wahrheit, die Descartes schließlich entdeckte, war schlicht und einfach das: dass er in dem Maße, in dem er denkt, als »*res cogitans*«, als denkendes Ding, existiert. Dies war die Art von Wahrheit, an die Rationalisten glauben konnten, eine, die keine empirischen Beweise erforderte. Sie wurde zu dem, was Descartes seinen »archimedischen Punkt« nannte, ein Axiom, auf dessen Grundlage er die Geisteswissenschaften neu errichten und die Existenz Gottes beweisen konnte. Er war auf das eine gestoßen, das verhindern konnte, dass seine Welt zerfiel.

Trotz der logischen Konsistenz und Originalität seiner Beweisführung gelangten Denker in der Folge von Descartes allmählich zu einer eher verstörenden Auffassung – namentlich, dass viele brillante Entdeckungen ziemlich töricht sind. Etwas kann eine Gewissheit sein und doch absolut bedeutungslos. Denker wie etwa James legten uns nahe, dass es recht unsinnig sei, brillante, aber bedeutungslose Gewissheiten zu verteidigen. Descartes war so entschlossen, menschliches Wissen und Erkennen sicherzustellen – um Ordnung und Rationalität zu gewährleisten –, dass er beinahe alles zu opfern bereit war, um seine Aufgabe zu erledigen. Amerikanische Intellektuelle des späten neunzehnten Jahrhunderts neigten dazu zu glauben, dass er genau das geopfert hatte, womit gute Philosophen sich eigentlich beschäftigen sollten: die Ungewissheiten und tiefen existenziellen Fragen des Lebens selbst. Sie wiesen darauf hin, dass sich das *Cogito*-Argument bei seiner Suche nach Ordnung einer Frage entledigt hatte, die eigentlich zentral bleiben sollte: Was gibt einem Leben Sinn? James und Dewey zufolge führte Descartes' Fixierung darauf, ein »denkendes Ding« zu sein, dazu, dass die geistigen Kapazitäten allen anderen Aspekten empfindungsfähigen Lebens gegenüber privilegiert wurden, und dazu, dass sie die grundlegenden leiblichen Prozesse von Organismen, die sozialen Beziehungen, auf denen unser Leben basiert, und die Emotionen, die uns tief berühren, ignorierte. James, Royce und Hocking wiesen außerdem entschieden darauf hin, dass Descartes' Argument seine eigene Existenz als denkendes Ding hinreichend zu beweisen vermochte, aber dass sie überhaupt nichts über den Wert der Welt außerhalb seines unmittelbaren, subjektiven Daseins aussagte. Das ist das, was die meisten Philosophen dieses Jahrhunderts das »Problem des Fremdpsychischen« nennen. Cartesianischer Rationalismus war eine Form der Inselmentalität, des übertriebenen Solipsismus. In James' Worten: »Descartes' Leben war absolut egoistisch.«

Amerikanische Philosophen des Pragmatismus hatten ein Problem mit Descartes' Schlussfolgerungen, aber auch mit seiner philosophischen Methode. Sie legten nahe, dass die Suche nach einer einzigen, absoluten Wahrheit nicht die angemessene, geschweige denn die einzige Antwort auf persönliche oder intellektuelle Ungewissheit sei. Manchmal war Ungewissheit etwas Gutes. In vielen Fällen bedeutete sie, dass man die Chance erhielt, frei zu sein.

Ich hatte den größten Teil eines Jahrzehnts damit verbracht, etwas zu verteidigen, was es eigentlich gar nicht wert war, etwas angeblich Sicheres, aber größtenteils Sinnloses: eine angeblich wohlgeordnete Ehe. Sie hätte zumindest vordergründig bis in unser hohes Alter Bestand haben können, wenn ich nicht eingesehen hätte, dass sie zu verteidigen, an ihr zu arbeiten, über sie zu diskutieren bedeutete, das Leben zu vergeuden, was sie eigentlich sichern sollte. Lange, nachdem meine Ehe ganz konkret auseinandergefallen war, verbrachte ich noch viele Jahre damit, abstrakt die Solidität der Ehe zu verteidigen, aber diese Abstraktion taugte letztlich kaum dazu, meine ganz persönlichen Gefühle der Unsicherheit und Isolation zu besänftigen.

Ich drehte und wendete den Descartes in meinen Händen und legte ihn schließlich in die Kiste. James hatte sein Schreiben an George Howison 1895 mit einem mutigen Zugeständnis beendet: »Ich bin ein Opfer der Neurasthenie und des Gefühls, dass alles hohl und unwirklich ist, das mit ihr einhergeht. Und philosophische Schriften scheinen mir dann oft das Hohlste überhaupt zu sein.« Neurasthenie war der Begriff des neunzehnten Jahrhunderts für Depression und die Reizbarkeit, die Kopfschmerzen und Mattigkeit, die mit ihr verbunden waren. Heutzutage wird sie üblicherweise biologischen Ursachen zugeschrieben, dem Schicksal unserer Physiologie; und James, der Medizinstudent, wusste, dass etwas Wahres daran war. Aber James, der Humanist, wollte nicht glauben, dass die Wirkmächtigkeit eines Lebens von Faktoren bestimmt werden konnte, die jenseits unserer Kontrolle lagen. Er verbrachte viel Zeit seines späteren Lebens damit zu argumentieren, dass die Bedeutung der menschlichen Existenz in ihrer Freiheit lag. Viele der gefeiertsten Vertreter der Philosophiegeschichte haben diese erfrischende und stärkende Idee verkannt.

Wer war der ursprüngliche Besitzer dieser Erstausgabe von Descartes gewesen? Es war, da war ich mir beinahe sicher, kein Freund der Jamesschen Freiheit gewesen. Ich hatte angefangen, die restlichen Bücher aus dem siebzehnten Jahrhundert auf Hockings Schreibtisch zu stapeln: Ein ordentlicher Stapel, der fast hundert Exemplare umfasste, die beiden wertvollsten lagen ganz oben. Ich nahm das kleinere der beiden in die Hand und öffnete es auf der Titelseite. Es war nicht wahrscheinlich, aber auch nicht unmöglich: Vielleicht hatten die Descartes-Bände einst diesem Autor gehört – Thomas Hobbes. In der Hand hielt ich »De Cive: Philosophical Rudiments Concerning Government and Society« (»Über den Bürger: Phi-

losophische Grundlagen bezüglich Regierung und Gesellschaft«) von 1651. Dies war die englische Erstausgabe dieses Werkes, das, zusammen mit dem »Leviathan«, Hobbes seinen Platz im Pantheon der großen Philosophen sicherte.

Hobbes traf Descartes 1648 in Paris. Den meisten Berichten zufolge war dieses Treffen der beiden respektvoll, wenn auch lauwarm gewesen. Respektvoll, weil Hobbes erkannte, dass Descartes ein Genie war, was Logik und Geometrie anbelangte, lauwarm, weil Hobbes Materialist war und Descartes ganz entschieden nicht, wenn es um die menschliche Seele ging. Aber wie amerikanische Denker wie Royce bemerkten, gab es große und weitreichende Ähnlichkeiten zwischen den beiden Denkern. Wie der »Discours de la Méthode« war auch Hobbes' »De Cive« (»Über den Bürger«) in einer Zeit der Krise geschrieben worden. Die Reformation, die in Descartes' Augen demonstrativ Vorstellungen von Wahrheit und Autorität in Frage gestellt hatte, weitete sich zum politischen Wettstreit des Anglo-Spanischen Krieges aus. 1588 hörte Hobbes' Mutter, dass die Invasion Englands durch die spanische Armada unmittelbar bevorstand; angesichts dieser düsteren Aussicht bekam sie solch eine Angst, dass bei ihr viel zu früh die Wehen einsetzten, und sie gebar Thomas, eine Frühgeburt. Auf die Umstände seiner Geburt zurückblickend, schrieb Hobbes: »dass die Angst und ich als Zwillinge gleichzeitig geboren wurden.« Die Religionskriege in Europa setzten 1618 mit dem Dreißigjährigen Krieg ein, und Britannien selbst zerfiel entlang konfessioneller Grenzen im Englischen Bürgerkrieg ungefähr ein Vierteljahrhundert später. Hobbes war also nicht verrückt oder pessimistisch, als er die Vorstellung entwarf – zum ersten Mal in »De Cive« – , dass das Leben im Naturzustand, in Abwesenheit einer gesellschaftlichen Ordnung, am besten als »*bellum omnium contra omnes*« zu beschreiben wäre – als Krieg aller gegen alle. In dieser turbulenten historischen Situation war Hobbes' Ziel kein völlig anderes als das von Descartes: Beide Männer waren auf der Suche nach Sicherheit.

Wie der Pragmatist aus Chicago, John Dewey, ein Freund von James, 1918 ausführte, wollte Hobbes unbedingt eine solide Grundlage finden, auf der politische und gesellschaftliche Autorität wieder errichtet werden konnte. Hobbes war Royalist, was bedeutete, dass er aus England floh, als 1642 der Bürgerkrieg ausbrach, und er schrieb diese Erstausgabe als Reaktion auf die Hinrichtung von Charles I. Die Exekution eines Königs war für Royalisten überall eine Tragödie von beispiellosem Ausmaß. Sie war nicht nur ein Signal dafür, dass die politische Krise in Britannien anhielt, sie bekräftigte außerdem einen Glauben, der sich im vorangegangenen Jahrhundert immer mehr ausgebreitet hatte – und zwar, dass Könige und Königinnen nicht von Gott erwählt waren. Für viele lief diese Exekution auf den Tod Gottes hinaus. Unter diesen dramatischen Umständen unternahm Hobbes den schwierigen Versuch, die Macht der Monarchie *rational* zu rechtfertigen. Er erkannte, dass das Grundprinzip, auf das sich moderne Politik berufen konnte, nicht mehr von dem bis dahin fraglos göttlichen Recht der Könige ableitbar war. Stattdessen musste es vom rationalen Eigeninteresse der Individuen ausgehen, die realen gesellschaftlichen und politischen Problemen ausgesetzt sind. Hobbes argumentierte, dass alle vernünftigen Individuen, so sie mit Chaos konfrontiert werden, eine rigide Ordnung den Risiken der Freiheit vorziehen sollten. Sie sollten sich darauf einigen, einen absoluten Monarchen zu installieren, den Hobbes den »Leviathan« nannte, um den Anschein von Frieden und Sicherheit aufrechtzuerhalten. Der moderne Gesellschaftsvertrag war geboren. Dewey räumte ein, dass dies ein brillanter philosophischer Schachzug war, jedoch auch einer, der für Jahrhunderte die persönliche Freiheit gefährden konnte.

Ich schlug die erste brüchige Seite der Erstausgabe des »Leviathan« auf. Heute ist die erste Seite eines Buches oft der langweiligste Teil – ein Haufen Copyrightinformationen oder irgendeine banale, abgedroschene Widmung. Aber im siebzehnten Jahrhundert war es oft die informativste. Wenn man den Stich auf dem Frontispiz von Hobbes' »Leviathan« versteht, muss man den Rest eigentlich gar nicht lesen.

Noch bevor er das Manuskript abgeschlossen hatte, begann Hobbes Abraham Bosse zu konsultieren, einen französischen Künstler, der mit dem Stich auf dem Frontispiz beauftragt werden sollte. Hobbes' Ziel war, eine These abzubilden, die erst noch auf dreihundert Seiten belegt werden sollte. Nach Dutzenden von Fehlstarts und Fehlversuchen – Änderungen, die Hobbes verstörten – kriegte es Bosse schließlich hin.

Hobbes' Leviathan wird von einem riesigen König verkörpert, der seine Arme weit ausgebreitet hat und sich über einer Landschaft erhebt, die im Vergleich zu ihm zwergenhaft klein wirkt. Dies ist kein affektierter Aristokrat des siebzehnten Jahrhunderts. In seiner rechten Hand hält der König ein Schwert. In seiner linken einen Bischofsstab. Er ist vom Hals abwärts in ein Kettenhemd gehüllt. Über ihm sind die Worte aus dem Buch Hiob eingraviert, die Gott beschreiben: »*Non est potestas Super Terram quae Comparetur*« (Keine Macht auf Erden kann sich mit ihm vergleichen). Sein Kettenhemd ist ein Ding von kunstvoller Schönheit. Wenn man genau hinschaut, sieht man allerdings, dass es gar kein Kettenhemd ist. Was wie Metallschlaufen aussieht, sind in Wirklichkeit die Profile winziger Männer und Frauen – die Untertanen des Leviathan. Hobbes argumentierte, dass sich legitime und absolute Autorität aus dem rationalen Eigeninteresse jedes Einzelnen ableite. Jeder Untertan gibt seine oder ihre (ja, es gibt auch Frauen in dem Kettenhemd) persönliche Freiheit auf im Austausch für die Sicherheit, die der Leviathan ihm und ihr garantiert. Dieses quid pro quo wurde zur Grundlage für den Gesellschaftsvertrag, der für die nächsten dreihundert Jahre den modernen Nationalstaat stützte. Und er bildete den harten Kern von Hobbes' philosophischem Projekt, das rationale Prinzipien für einen politischen Staat etablierte, der weniger anfällig für einen Bürgerkrieg war.

Ich schielte auf das Kettenhemd. All diese verängstigten kleinen Leute. Sie wurden nicht gezwungen, dem König zu gehorchen, aber ihre Angst vor Unsicherheit und Chaos nötigte sie dazu, seine Befehle zu befolgen. Den Untertanen des Leviathan waren die anderen Untertanen gänzlich egal; sie standen nicht Arm in Arm und aus einem tiefen Gefühl der Verbundenheit nebeneinander. Hobbes' »non-tuism« (wörtlich »Nicht-du-Wahrnehmung«) unterstellte, dass Menschen bewusst indifferent gegenüber den Interessen ihrer Nachbarn waren; nur Angst und Selbsterhaltung waren es, was sie zusammenbrachte. Den größten Teil meines Lebens, trotz meiner wechselhaften Liebe zur amerikanischen Philosophie, waren Hobbes und Descartes meine Gewährsmänner gewesen, wenn es darum ging, menschliches Verhalten zu erklären. Leute waren im Allgemeinen von Angst beherrscht und würden beinahe alles tun, um ihre Furcht zu bezwingen. Sie kooperierten, freundeten sich an und verliebten sich, aber wenn man es genau betrachtete, liebten sie exakt nur einen einzigen Menschen – sich selbst. Beziehungen waren bestenfalls funktional: Raffinierte Strategien, um mit individuellen Gebrechen und Neurosen umzugehen. Non-tuism ergab auch einen Sinn. Es war keinesfalls so, dass ich, wenn es um andere ging, besonders bösartige Intentionen hegte; ich hatte einfach nie besonders viel Interesse an ihnen gehabt.

Als ich von meinen Kisten mit Philosophie aufsah, erhaschte ich einen Blick auf eine kleine Marmorbüste am Rande des Simses, hinter dem Bild von James und Royce. Es war weder Hobbes noch Descartes: Es war Dante. Ein fünfzehn Zentimeter großes Denkmal des humanistischen Genies. Der Kontrast zwischen der »Göttlichen Komödie«, 1320 erschienen, und den Traktaten der modernen Philosophie blieb den amerikanischen Denkern des neunzehnten Jahrhunderts nicht verborgen. Hocking – genau wie jeder andere Denker des Goldenen Zeitalters der amerikanischen Philosophie – liebte Dante ebenso, wie er Hobbes und Descartes ablehnte. 1843 schuf Emerson die erste englische Übersetzung von Dantes »La Vita Nuova« oder »Das Neue Leben«, ein Werk, das die Transzendentalisten »die Bibel der Liebe« nannten. Der Dichter James Russell Lowell, der ein häufiger Gast in den Häusern von James und Peirce war und mit Hilfe von Charles Eliot Norton die »G ein Werk, das d« als Herzstück der akademischen Ausbildung in Harvard in den 1860er-Jahren auf den Lehrplan setzte, erläuterte die Anziehungskraft dieser Dichtung. Es war, in Lowells Worten, »ein Tagebuch über den Aufstieg der menschlichen Seele, von der Verirrung über die Buße zur Versöhnung mit Gott«. Man sollte es auf persönliche Weise lesen, mit Zartgefühl, als eine Art Gebrauchsanweisung für ein sinnvolles Leben. Persönliche Erlösung ereignete sich nicht einfach durch einen einzelnen, triumphierenden Augenblick glückseliger Einsicht, wie einige der Transzendentalisten es nahegelegt hatten. Augenblicke der Einsicht gab es gelegentlich natürlich, aber Dantes Pointe ist, dass der wahre Trick für die Erlösung darin besteht, dass es keinen Trick für die Erlösung gibt. Es ist schlicht Arbeit, schlicht und keineswegs einfach. Erlösung zeigt sich, wird offenbart auf dem langen Weg der Freiheit und Liebe. Philosophen des Pragmatismus wie Peirce und James – die nach dem Bürgerkrieg das Amt des Philosophen von Emerson übernahmen – wussten, dass diese Reise eine beschwerliche war und dass sie fast immer in der Hölle begann. Es war eine Reise, die mit Borreliose und Mäusekötteln und eiskaltem Wasser einherging, aber immer noch eine, auf der man vielleicht ein Stück vorankam auf dem Weg zum Licht.

Ich geriet wieder einmal vom Hölzchen aufs Stöckchen, aber das war mir egal. Ich ging zu Hockings Schreibtisch, setzte mich hin und begann, in einer seiner Schubladen zu wühlen. Das Buch, das ich fand, war in dickes Leder eingebunden und »gewürfelt« – gepunktet mit einem Diamantenmuster auf dem Einband. Das Leder war immer noch weich, und das Buch war so oft, so leidenschaftlich gelesen worden, dass die erhabenen Teile des Einbands eine regelrechte Patina angenommen hatten. Es war Hockings Exemplar der »Göttlichen Komödie«. Ich nahm die Büste vom Sims und legte sie zusammen mit dem Buch zu Hobbes und Descartes in die Kiste. Wenn ich mich schon mühsam durch »triviale« philosophische Recherche hindurchackern musste, konnte Dante mich doch begleiten. Im Laufe des letzten Monats hatte ich mit einem obskuren Katalogisierungssystem für die Bücher begonnen, dessen

Schema ich inzwischen vergessen hatte. Ich musste bloß den Rest der Bücher aus dem siebzehnten Jahrhundert einpacken – die, die der Dieb nicht gefunden hatte – und sie zu dem trockenen Lagerraum bringen, den die Hockings ein paar Meilen entfernt gemietet hatten. Dort konnte ich sie nach dem Erscheinungsdatum sortieren – oder war es nach Themen? – und alle die Anmerkungen und bibliographischen Informationen abtippen. Das würde eine mühsame Arbeit werden. Aber vielleicht würde ich etwas dabei lernen.

Als ich all die Bücher eingepackt hatte, war es beinahe Mittag. Elf Kisten insgesamt: hunderteinundfünfzig Bücher, hundertzehn Erstausgaben. Ich fragte mich, warum Hocking so entschlossen gewesen war, so viele der Bücher zu retten, die amerikanische Denker eindeutig kritisiert hatten. Seine Sammlung bewies, dass amerikanische Denker trotz ihrer Versuche, sich von der europäischen Tradition zu befreien, immer noch über den Schriften von Descartes, Spinoza, Leibniz, Hobbes, Wolff, Locke, Kant, Mill und Hegel brüteten. Hockings Lehrer dachten, dass man eine ganze Tradition verstehen müsste, wenn man sie kritisieren wollte. Heutzutage müssen Philosophen sich nicht unbedingt mit der Vergangenheit auskennen. Sie sollen vernünftige, philosophische Argumente konstruieren, die zeitlos sind, dem kulturellen und historischen Kontext, dem sie ursprünglich entstammten, enthoben. Diese ahistorische Methode hat dennoch oft die merkwürdige Konsequenz, dass sie Theorien produziert, die keinerlei Auswirkung auf irgendeine Zeit oder einen Ort haben. Dante war zeitlos, aber nur weil jede einzelne Figur aus der »Komödie« eine Figur aus der Vergangenheit war. Die meisten Figuren aus dem *Inferno* und dem *Purgatorio* hatten auf unzählige, schändliche Weise Mist gebaut, aber die Art, wie sie Mist gebaut hatten, war es wert, dass man darüber redete. Amerikanische Philosophen hatten die gleiche Empfindung gegenüber Descartes und dem Rest ihrer europäischen Gesprächspartner: fehlgeleitet, aber lehrreich – selbst oder vielleicht gerade in ihren Fehlern.

Ich hob die letzte Bücherkiste in den Kofferraum des Subaru Outback und machte mich auf den Weg zu ihrem neuen Zuhause.

North Conway Dry Storage liegt an einer weitgehend verlassenen Straße am Fuß des Mount Washington und sieht aus wie eine Kreuzung zwischen einem Mausoleum und einem Drogenlabor. Aber zumindest an jenem Herbsttag wäre es dort relativ warm und trocken. Ich gab den Code für das riesige kastanienbraune Tor ein, das sich langsam öffnete und wieder hinter mir schloss, als ich, den Kofferraum voller philosophischer Œuvres, hindurchrollte. Box F, Verschlag 73: Die Hockings mussten noch immer darüber befinden, was nun ihr endgültiger Plan für eine dauerhafte Schenkung der Bücher sein sollte, und so konnte ich nur hoffen, dass dies nicht die letzte Ruhestätte für die Bibliothek sein würde. Box F war ein langer, hallender und neonbeleuchteter Gang, von verschlossenen Türen gesäumt. Bei meinem ersten Besuch, fast ein Jahr zuvor, hatte dieser Raum wie etwas aus einem dystopischen Albtraum gewirkt. Jetzt allerdings war er zu einem weiteren Zuhause, weg von zu Hause, geworden. Verschlag 73 am Ende des Ganges hatte die Größe eines geräumigen Klohäuschens. Ich holte den Schlüssel seines Vorhängeschlosses, den Jennifer mir gegeben hatte, aus meiner Tasche. Jennifer war, neben vielem anderen, außerordentlich treuherzig, trotz der Tatsache, dass der Familie bereits Bücher gestohlen worden waren. Das Vorhängeschloss ließ sich abnehmen, und die Tür öffnete sich knarzend. Die Bücher füllten bereits drei Dutzend sorgfältig aufeinandergestapelte Umzugskisten. Der Gang war klimatisiert, aber Herbst in Neuengland hieß, dass der Zementfußboden immer noch recht kühl war. Im Verlauf der Arbeit eines Jahres hatte ich gelernt, mich darauf einzustellen. Ich zog zwei große, wärmegedämmte Isoliermatten aus dem Verschlag und breitete sie auf dem Gang aus. Meine Lust, eine Wanderung zu machen, ließ schnell nach, und ich beschloss, den Rest des Nachmittags zu lesen. Aber ich weigerte mich, ihn mit Descartes oder Hobbes zu vergeuden; ich grub in den Kisten herum, bis ich den zerlesenen Schatz aus Hockings Schreibtisch fand, und machte mich wieder mit Dante vertraut.

In seinen jüngeren Jahren war William James vom *Inferno* besessen, dem ersten *Satz* (einer Sonate entsprechend) der *Komödie*, da Angst und Verzweiflung perfekt zu seiner Melancholie passten. Er erkannte etwas Vertrautes in den Qualen ihrer in die Hölle verbannten Seelen: Sie waren nicht willens oder unfähig, sich von ihrer Vergangenheit zu lösen. James wuchs auf in einem stark reglementierten Hause, mit einem Vater, den er gleichzeitig anbetete und fürchtete. Henry James senior hatte im mittleren Alter ein beträchtliches Vermögen geerbt, das ihn von den üblichen, beruflichen Pflichten befreite und ihm gestattete, sich obsessiv mit der Erziehung seiner Kinder zu beschäftigen, was die meisten seiner Kinder in die eine oder andere Form milden Wahnsinns trieb.

Die meisten von Williams Entscheidungen, die er als junger Mann traf, entsprachen den Wünschen seines Vaters (Alice Gibbens, die James 1878 heiratete, war ausdrücklich die Wahl Henry seniors). Freilich gingen die Tage in James' Inferno vorüber, aber das taten sie in Übereinstimmung mit den Plänen eines anderen. So etwas wie eine Zukunft gab es nicht, zumindest nicht in dem Sinne, dass man aus eigener Kraft in der Lage war, den gegenwärtigen Augenblick zu überschreiten. Es war diese Fixierung, die James und Dante wahrhaft unerträglich fanden. Die Verdammten, Dante zufolge

Verfluchten Gott und ihre Erzeuger, das Menschengeschlecht, den Ort, die Zeit und den Samen ihrer Empfängnis und ihre Geburt.

Als Teenager spielte James mit dem Gedanken, Maler zu werden. Er versteifte sich auf Delacroix' Gemälde *Die Dante-Barke*, ein monumentales Werk, das eine Anfangsszene aus dem XIII. Gesang der »Komödie« darstellt. Während Vergil Dante über den Fluss Styx befördert, winden sich die Verdammten im Wasser darunter. Vergil steht aufrecht und entschlossen da, Dante duckt sich. James schrieb an seinen Bruder Henry, dass Delacroix »immer und überall interessant« sei, nicht zuletzt, weil die existenzielle Situation, die er darstellt – dass man jederzeit über Bord gehen und unwiderruflich seine Orientierung verlieren kann –, gleichzeitig so universell und so betont persönlich ist.

Als James älter wurde, begann er sich durch ein philosophisches Fegefeuer aus Versuch und Irrtum aus der Hölle herauszuarbeiten – und das Ergebnis davon wurde zu einem wichtigen Aspekt seines Pragmatismus. Obwohl er sich für mystische Transzendenz interessierte, konzentriert sich der Pragmatismus gewöhnlich auf gemäßigtere, eher irdische Ziele. Er besitzt Züge von einem Perfektionismus, aber sein Idealismus ist ein Prozess, immer auf dem Weg. In James' Worten, »immer noch nicht ganz.« Dieser Läuterungsberg im Fegefeuer hat etwas Anziehendes. Er ist realistisch, aber hoffnungsvoll – der einzige Ort in der »Komödie«, an dem Individuen nach eigener Maßgabe Fortschritte machen können. Am Anfang des *Fegefeuers*, am Fuß des Läuterungsberges, fragt Dante seinen Führer Vergil, wie lang es bis zum Gipfel dauern wird. Vergil teilt ihm mit, dass es darauf keine konkrete Antwort gibt: Die Dauer des Aufstiegs hängt vom Pilger ab, von seiner Tugend, und was noch wichtiger ist, von seiner Selbsterkenntnis. Willenskraft, Persönlichkeit, Einsicht – dies alles hat im Fegefeuer tatsächlich Gewicht. Der Läuterungsberg, zumindest so, wie Dante ihn beschreibt, ist der Ort, an dem Leben gewonnen oder verloren werden – »an dem die menschliche Seele sich läutert und würdig wird, zum Himmel aufzusteigen.« Die Seelen im Fegefeuer behalten viele ihrer menschlichen Eigenschaften, und ihre Bußetaten sollen erschreckend vertraut wirken. Die Seelen im Fegefeuer sehen uns verdammt ähnlich, wenn sie sich an den Problemen abarbeiten, was es heißt, ein Mensch zu sein. Und diese Probleme waren für Dante die von Freiheit und Liebe.

Bis zu welchem Grad sind wir frei? Und wenn wir frei sind, was sollen wir mit unserer Freiheit anfangen? Dantes Fragen waren von zentraler Bedeutung für die amerikanische Philosophie. Als ich dort am Fuß des Mount Washington saß und über das Fegefeuer las, war ich mir immer noch nicht recht schlüssig, was Liebe mit Erlösung zu tun hatte, aber Dante hatte mir einen Hinweis gegeben. Am Anfang der »Göttlichen Komödie« begegnet Dante Beatrice. Sie ist keine gewöhnliche Frau. Sie ist die Vision einer Frau, ein Symbol glückseliger Liebe. Natürlich verschwindet sie sofort wieder, und Dante verbringt die nächsten hundert Gesänge mit dem Versuch, einen weiteren Blick auf sie erhaschen zu können. Dass sie seine Liebe nicht sofort erwidert, macht die Geschichte so quälend und so realistisch. Er folgt ihr, träumt von ihr, schreibt über sie, begehrt sie heimlich. Die Vision von Beatrice ist es, was ihn durch die Unterwelt voran- und den Läuterungsberg hinauftreibt. Die Geschichte der »Komödie« ist die Geschichte von Dantes Versuch – seinem stümperhaften, schwankenden, mühseligen Versuch –, auf die richtige Weise zu lieben.

Ich machte einen halbherzigen Versuch, die anderen Kisten zu durchkämmen, aber nachdem ich den Rest inspiziert hatte, landete ich nur wieder dabei, mir vorzustellen, wie Dante diese schon lange verstorbenen Denker wohl gewürdigt hätte. Den meisten von ihnen wäre es da wohl nicht gut ergangen. Viele Titanen der modernen Philosophie sorgten sich nicht speziell um Freiheit und Liebe, sondern opferten sie liebend gern auf dem Altar von Ordnung und Rationalität. Dante hätte das nicht gefallen. James entwickelte aus Protest eine ganze Philosophie. Zumindest seit den Tagen Emersons hat sich amerikanische Philosophie einen Namen gemacht, indem sie von solch modernen Denkern wie Descartes abwich und den Versuch unternahm, die Begriffe des freien Willens und echter Gemeinschaft wiederzubeleben, die Dante so wertschätzte. Transzendentalisten und Philosophen des Pragmatismus gleichermaßen nahmen in ihrem Denken von hier ihren Ausgang, indem sie darauf bestanden, dass Philosophie sich nicht ausschließlich mit abstrakten Begriffen und »reiner Vernunft« beschäftigen, sondern Einzelnen dabei behilflich sein solle, sich durch ihre schwierigen Erfahrungen in ihrer Neuen Welt, ihrer *vita nuova*, hindurchzuarbeiten.

Unter dem Neonlicht hatte ich jedes Gefühl für die Zeit verloren. Ich las stundenlang Dante, vornübergebeugt auf meiner Isoliermatte. Ich machte Fortschritte, wenn auch nicht in der geplanten Weise, und ich hörte erst auf, als ich bemerkte, wie schwindelig mir inzwischen geworden war. Ich hatte das Mittagessen (und das Abendessen) ausgelassen, aber vielleicht fand ich im Wagen etwas zu essen. Ich trat hinaus in die Dunkelheit New Hampshires. Wieder war ein Tag vergangen, an mir vorübergegangen. Der Rücksitz war leer bis auf ein Sixpack Rolling Rock. Ich erwog, es im Wagen zu trinken, aber das schien mir zu kalt und zu einsam, also nahm ich es mit nach drinnen und trank es dort, wo ich weiterlesen konnte. Ich müsste das nächste Mal, wenn ich hierher käme, einen echten, lebendigen Gefährten mitbringen, und ich würde auch wirklich diese geplante Wanderung machen. Ich brauchte ganz eindeutig meine eigene Beatrice. Um Mitternacht war das Sixpack leer. Drei Stunden später hörte ich auf zu lesen. Ich erwachte in den frühen Morgenstunden auf dem Zementboden, gerade rechtzeitig, um Richtung Süden, zur University of Massachusetts Lowell, zu fahren und eine Gruppe Studienanfänger in amerikanischer Ideengeschichte zu unterrichten. Nach dem Seminar zog mich Carol auf die Seite und informierte mich darüber, dass ich schauerlich aussah, was nicht sehr weit von der Wahrheit entfernt war.

Ich hätte Carol hassen sollen.

In der Universitätswelt sind unbefristete Lehrtätigkeiten schwer zu bekommen. Im Fach Philosophie sind sie verdammt selten. Jeden Herbst werden Tausende frisch promovierter Akademiker auf den Arbeitsmarkt entlassen, und die meisten erhoffen sich eine unterbezahlte Stelle als Junior-Lehrkraft an irgendeinem College, die schließlich zu einer sicheren, bequemen, unbefristeten Stelle führen kann, auf der sie den Rest ihrer Laufbahn verbringen können. Das Ganze erinnert sehr an Hobbes' elenden, tierähnlichen Naturzustand, in dem das Leben »ein permanenter Krieg von jedermann gegen seinen Nachbarn ist«.

In diesem Krieg waren Carol und ich Gegner gewesen. Wir hatten uns beide für exakt dieselbe Stelle beworben, eine begehrte Stelle, die entfristet werden würde, die dem Sieger gestatten würde, in Boston zu leben und außerhalb der Stoßzeiten nach Lowell zu pendeln, und aus Hunderten von Bewerbern waren wir beide in die Endrunde gekommen. Die Berufungskommission gab ihr Votum ab, welcher von uns beiden die Stelle bekommen solle, und endete in einem Patt – die Hälfte wollte mich, einen Experten für amerikanische Philosophie; die andere Hälfte wollte sie, mit ihrem Wissen über feministische Ethik und Immanuel Kant. Diese Situation hätte zu einer Stornierung des Berufungsverfahrens führen können, also dazu, dass keiner von uns beiden die Stelle bekommen hätte, aber stattdessen gelang es dem Rektor in einem Akt salomonischer Weisheit, zwei solche Stellen zu ermöglichen, die auf eine dauerhafte, unbefristete Anstellung hinausliefen, und uns wurden identische Stellen angeboten. Dennoch war der Kampf nicht vorüber – wir nahmen beide an, dass nur einer von uns beiden in sechs Jahren diese dauerhafte, unbefristete Stelle erhalten würde. Sie war also, in anderen Worten, meine Konkurrentin. Und Hobbes hätte mich dazu ermuntert, sie zu hassen.

Vor hundert Jahren hatten Männer begonnen, mit Frauen auf dem Gebiet der Philosophie zu konkurrieren. Davor hatten Männer ihnen ihre Ideen gestohlen, sich von ihnen inspirieren lassen und sich auf ihre häusliche und materielle Unterstützung verlassen, aber sie selten als gleichrangig betrachtet. Selbst so brillante Frauen wie Carol wurden selten Professorinnen der Philosophie – sie wurden Charlotte Perkins Gilman oder Agnes Hocking und übten von der Seitenlinie ihren Einfluss auf das Gebiet der Philosophie aus. Wenn es ihnen gelang, sich in das Fach hineinzuschmuggeln, flohen sie normalerweise in ein intellektuelles Niemandsland – an Colleges in St. Louis oder Kalifornien –, wo das Ivy-League-Patriarchat sich noch nicht vollständig verankert hatte. Marietta Kies, eine der ersten Frauen, die in Nordamerika Philosophie unterrichtete, musste in den 1880er-Jahren nach Michigan gehen, um ihren Doktor zu machen, und dann sogar noch weiter nach Westen ziehen, um eine feste Stelle an einem winzigen College für Geisteswissenschaften in Oakland, Kalifornien zu erhalten. Heutzutage haben es die Frauen in der Philosophie nur wenig leichter. Diejenigen, die erst promovieren und dann eine unbefristete Stelle erhalten, sind weiterhin eine äußerst seltene und besonders scharfsinnige Sorte von Intellektuellen.

Carol besaß jenes unheimliche Talent zum Argumentieren, was das beschreibt, was man als »analytische Philosophie« bezeichnet. Heute gibt es zwei philosophische Richtungen: die analytische Schule und alles andere. Analytische Philosophen haben die Neigung, Philosophie als die Aufgabe zu verstehen, Argumente zu zerlegen, komplexe und verwirrende Phänomene herunterzubrechen, indem sie ihre Bestandteile analysieren. Wie Wissenschaftler an einem Labortisch sezieren diese Denker die menschliche Erfahrung, um zu sehen, wie sie funktioniert. Natürlich führt diese Sektion oft dazu, dass die Erfahrung selbst verzerrt oder zerstört wird, aber viele analytische Philosophen scheint das nicht zu stören. Sie prüfen alles, weil es ihr Lebensunterhalt ist. Prüfen: *scrutinize*. Ein seltsames Wort. Wörtlich meint es, die *scruta* zu durchsuchen, den alten Krempel, den Müll. Carol nahm mich aus lauter Spaß an der Sache unter die Lupe und kam zum Schluss, dass amerikanische Philosophie voll von solchem Müll war – ein Chaos aus schlampig definierten Begriffen wie »Freiheit« und »Erfahrung«. Ich tröstete mich, indem ich darauf bestand, dass sie sie nicht verstand. Die Sache bei amerikanischer Philosophie ist doch die, dass man nicht in irgendeinem abschließenden Sinne des Wortes »recht« haben muss; solch eine cartesianische Gewissheit kam den meisten amerikanischen Vertretern des Pragmatismus allzu vereinfachend oder bloß rundheraus arrogant vor. Der Punkt der amerikanischen Philosophie ist eben, keinen spezifischen, felsenfesten Punkt zu machen, sondern ein Problem eher zu umreißen, seinen Kontext zu untersuchen, ein Gefühl für die ganze empirische Situation zu bekommen, in der das Problem auftritt, und eine vorläufige, aber praktische Antwort zu geben. Carol meinte, vielleicht zu Recht, dass bei diesem vagen Grad an Bestimmtheit jeder ein Problem angehen könnte. Die Rolle des Philosophen war es, dachte sie, sehr viel spezifischer und genauer zu sein.

Anfangs der 1950er-Jahre begannen analytische Philosophen sich definitiv vom Rest der Geisteswissenschaften abzusetzen. Sie waren entschlossen, philosophische Reflexion streng auszulegen, was bedeutete, das Fach, das historisch mit Literatur und den Künsten gekoppelt gewesen war, nun mit Mathematik und Logik zu koppeln. Zweitausendfünfhundert Jahre zuvor hatte Thukydides in seinen Schriften vorweggenommen, was mit Gelehrten geschieht, die sich weigern, die analytische Dominanz über ihr Gebiet anzuerkennen: Sie erlitten das Schicksal der neutralen Melier im Peloponnesischen

Krieg und wurden schlicht ausradiert. Amerikanische Philosophen verhielten sich in der Tat so ähnlich. Von Beginn an repräsentierte die klassische amerikanische Philosophie einen philosophischen Mittelweg, der darauf zielte, zwischen konkurrierenden, theoretischen Schulen zu vermitteln, zwischen den Denkern, die sich auf Bäume konzentrierten, und jenen, die nur den Wald sahen. Amerikanische Philosophen wie Peirce und James wollten den Wald *und* die Bäume sehen. Darin waren sie dem deutschen Philosophen Immanuel Kant gar nicht unähnlich, der die letzten Jahrzehnte des achtzehnten Jahrhunderts damit verbracht hatte, die Lücke zwischen Empirismus und Rationalismus, den beiden dominierenden Strömungen der modernen Philosophie, zu überbrücken. Kant zufolge – und den Vertretern des Pragmatismus – musste diese Lücke überbrückt werden, damit die disparaten Teile der menschlichen Erfahrung (die die Empiristen analysierten) in einer objektiv gültigen Form der Erkenntnis (die Art von Erkenntnis, die Rationalisten liebten) vereint werden konnten.

Amerikanische Philosophen machten dort weiter, wo Kant aufgehört hatte, und legten nahe, dass eine sorgfältige Untersuchung der Begriffe, worin Carol so besonders gut ist, in der Tat wertvoll war, aber auch nur bis zu einem bestimmten Punkt in der Lage, menschliche Erfahrung sinnvoll zu erklären. Es gab darüber hinaus eine holistische, qualitative Dimension der Erfahrung, die nicht seziert werden konnte, um verstanden zu werden. Um ein Gefühl für diese Einheit zu bekommen, bezogen sich amerikanische Vertreter des Pragmatismus stark auf solche post-kantianischen Denker wie Schiller, Coleridge, Schelling und Goethe: Romantiker, die den Idealismus eines Dante und sogar eines Platon wiederbeleben wollten. Diese Romantiker waren auch diejenigen Denker in der europäischen Tradition, die einen Begriff von Freiheit zu entwickeln begannen, der einem amerikanischen Ethos eher zugänglich wäre. Im Kampf um die akademische Philosophie des zwanzigsten Jahrhunderts blieben die Philosophen des Pragmatismus diesem Idealismus zu sehr verpflichtet, um gute analytische Philosophen zu sein, und zu sehr der Wissenschaft verpflichtet, um sich dem Rest der Geisteswissenschaften anzuschließen. Also starb amerikanische Philosophie weg oder zog in die Hügel des nördlichen New Hampshire. Und dorthin waren Carol und ich an einem wunderschönen Tag Ende November gemeinsam unterwegs.

Meine vorherige Reise nach West Wind hatte meine Hoffnung beflügelt, eine Beatrice zu finden, die mich durchs Fegefeuer führen könnte, aber jetzt begriff ich, wie unsinnig jene Hoffnung gewesen war. Carol war eine Freundin, und Beatrice und Dante waren nun mal keine Freunde, und sie waren ganz sicher auch nicht gleich und auf Augenhöhe. Carol war auch kein Produkt meiner Einbildungskraft oder eine keusche Vision göttlicher Perfektion – sie konnte wie ein Bierkutscher fluchen, denken, bis mir schwindelig wurde, und mich unter den Tisch trinken. Sie und ihr Ehemann hatten die meiste Zeit ihres Erwachsenenlebens in einer Fernbeziehung gelebt, ein Umstand, der ihr sehr entgegenzukommen schien. Sie war, mit einem Wort, unabhängig. Als wir dieses erste Mal nach West Wind fuhren, plauderten wir ohne Unterbrechung, so wie wir das gewöhnlich im Büro oder bei einem Bier taten. Diesmal erzählte ich ihr von meiner Scheidung – wozu sie absolut nichts zu sagen hatte –, und wir redeten über den Pragmatismus und wo er sich mit Dantes Vision glückseliger Liebe überschnitt.

Carol erinnerte mich an etwas, das ich bei meiner letzten Fahrt zur Bibliothek geflissentlich übersehen hatte: Beatrice war sehr wohl eine reale Person gewesen. Sie hieß Beatrice Portinari, und Dante hatte sie eines Morgens in Florenz erblickt, wie sie Arm in Arm mit ihren »Jungfrauen« spazieren ging. Sie war eine der wohlhabendsten, intelligentesten und diszipliniertesten jungen Frauen der Stadt. Dante war auf der Stelle betört von ihr, hatte aber nicht den Mut, sich ihr zu nähern. Sie war weit oberhalb seiner Liga. Also tat er, was jeder Dichter mit Selbstachtung tun würde: Er verwandelte sie in seine Muse. Wenn er sie im echten Leben nicht kennenlernen konnte, würde er sie in einem Werk der Literatur nach seinem Geschmack formen. Dies ergab eine großartige Geschichte, aber ihre Idealisierung verstellte, wie eindrucksvoll sie tatsächlich gewesen war.

»Du hast deinen Schlafsack mitgebracht, ja?«, fragte ich Carol.

Sie nickte. »Aber ich glaube, ich habe mein Kissen vergessen.«

»Keine Sorge«, sagte ich ohne nachzudenken. »Du kannst meines haben.«

Wir näherten uns jetzt West Wind. Mount Chocoruas felsige Front war von dunklen Wolken verhangen, und die immergrünen Pflanzen an den Straßenrändern begannen näher zu rücken. Wir kamen auf die Route 113 und ließen das Land der Neonlichter und Straßenschilder hinter uns. Warum hatte ich ihr mein Kissen versprochen?, fragte ich mich selbst. Es ergab überhaupt keinen Sinn. Ich liebte das ausgeleierte Ding *wirklich*. Es war zerschlissen und verzogen, wie sich das gehörte. Im Laufe der Jahre waren die Daunen allmählich herausgefallen, sodass es sich inzwischen um meinen Kopf herum legte wie eine kleine Höhle, in der ich den betrüblicheren Teilen meines wachen Lebens entkommen konnte. Ich würde ohne das Kissen gar nicht schlafen können. Vielleicht würde sie vergessen, dass ich es überhaupt erwähnt hatte.

»Es ist ziemlich gruselig hier oben«, räumte sie ein.

West Wind war für den Neuankömmling *tatsächlich* gruselig. Wenn ich den ganzen Ausflug auf Hobbessche Art anging, wäre es mir egal, wie gruselig es für sie war. Aber aus irgendeinem Grund war es mir eben nicht egal.

GÖTTLICHER WAHNSINN

Die Bibliothek war stockdunkel, als wir eintrafen. Wir knipsten nur so lange das Licht an, wie wir brauchten, um unsere Sachen auszupacken und uns hinzulegen – natürlich getrennt voneinander. Der nächste Morgen war der erste von vielen weiteren, die wir gemeinsam mit der Erkundung von West Wind verbrachten. Die Kisten im trockenen Lagerraum bildeten nur einen Bruchteil der Bibliothek; es gab immer noch Tausende von Büchern, die sortiert werden mussten. An diesem Tag wollten wir den Rest der besonders seltenen Bücher einsammeln und sie nach North Conway bringen, wo sie sicher gelagert wurden.

Die besonders seltenen Bücher zu retten hieß oft auch, sich festzulegen, wie alt ein Buch sein musste, um für die Lagerung in Frage zu kommen. Nach eingehender Beratung einigten wir uns auf ein Jahr, das im Nachhinein natürlich einigermaßen willkürlich festgelegt erscheint: 1845. Diese Bücher, also alles davor, sollten auf dem langen, ovalen Tisch im Erdgeschoss aufgestapelt und dann zu den anderen fortgeschafft werden. Schließlich wollten wir einen Sachverständigen hinzuziehen, damit er die wertvollsten für eine Schenkung auswählte. Man konnte von Fall zu Fall noch weitere Bücher dazu nehmen, aber die meisten Bücher aus dem neunzehnten und zwanzigsten Jahrhundert wollten wir da lassen. Ich wusste, dass dies bedeutete, Dutzende, wenn nicht Hunderte von wertvollen Büchern zurückzulassen, aber eine andere Möglichkeit sah ich nicht.

Carol blätterte ein schmales, unscheinbar aussehendes Buch von Emerson von 1878 durch. Unserer Regelung entsprechend hätten wir dieses Exemplar den Mäusen überlassen müssen. Es war keinesfalls Emersons berühmtestes Werk, aber wenn man sich für seine politischen Ansichten interessierte, eines der wichtigeren. Eine Erstausgabe von Emersons »The Fortune of the Republic« (Das Schicksal der Republik) würde bei einer Auktion bei Sotheby's so viel einbringen, dass einer meiner Studierenden die Studiengebühren für ein ganzes Jahr damit bestreiten könnte. Und dieses Exemplar war von Emerson eigenhändig signiert. Es würde die Ausnahme von unserer Regel darstellen.

Emerson hielt diesen Vortrag 1863 zum ersten Mal, mitten im Bürgerkrieg, und wiederholte ihn während der nächsten fünfzehn Jahre ein Dutzend Male, wobei er immer wieder kleine Änderungen vornahm. Anders als Hobbes dachte Emerson, dass es Schlimmeres gäbe als eine Revolution, Gefährlicheres als die Wahrnehmung seiner persönlichen Freiheit. Für ihn war die amerikanische Revolution das Beste, was diesem Land hätte passieren können, weil es die endgültige Abkehr von der Fremdherrschaft signalisierte. Der Bürgerkrieg sorgte für gleiche, wenn auch andere Chancen. Carol schlug aufs Geratewohl eine Seite auf, überflog sie und las dann laut vor: »Alle politischen Kämpfe hören auf, wenn man die Moral zur Grundlage aller Gesetzgebung erhebt ... Moral ist das Ziel der Regierung. Wir wollen einen Zustand, in dem sich Verbrechen nicht lohnt; einen Zustand, der jedermann die größtmögliche Freiheit einräumt, die gleichzeitig vereinbar mit der jedes anderen Bürgers ist.« Dies ist sogar noch radikaler als das Denken von John Locke, der sagte: »Der Zweck des Gesetzes ist nicht, Frieden zu verwerfen oder in Schranken zu halten, sondern ihn zu bewahren und zu vergrößern.« Für Emerson diente die politische und gesetzliche Ordnung nicht allein dem Schutz der persönlichen Freiheit, sondern auch – und immer – der Förderung des guten Lebens. Es geht nicht notwendigerweise darum, länger zu leben. Es geht darum, frei und *gut* zu leben. Carol lächelte. »Das klingt genau wie Kant«, sagte sie.

Für Carol bestand die gesamte Geschichte der westlichen Philosophie aus Kant. Was vor ihm da gewesen war, war lediglich eine Vorwegnahme dessen, was er später in seinen philosophischen Kategorien meistern sollte. Und was nach ihm kam, war entweder aufgewärmter Kant oder ganz einfach falsch. Sie bleibt die einzige, feministische Kantianerin, die ich je kennengelernt habe – alle anderen Feministinnen denken, dass er absolut nicht zu retten ist. Tatsächlich aber verdanken amerikanische Philosophen Kant ziemlich viel. Der winzige Professor aus Königsberg hatte ein gewaltiges, philosophisches Projekt in Gang gesetzt, das die Transzendentalisten und Philosophen des Pragmatismus im neunzehnten und zwanzigsten Jahrhundert fortführten. Kant bestand, anders als Hobbes und Locke, darauf, dass individuelle Freiheit – und daher auch Moralität – die Grundlage des sozialen und politischen Lebens sei.

Theoretiker vor Kant sorgten sich um die politische Stabilität und die relative Bedeutung, die persönliche Freiheit dabei innehatte, aber zum größten Teil behaupteten sie, dass Moraltheorie eine relativ kleine Rolle im politischen Leben zu spielen habe. Hobbes und Locke unterschieden sich in vielerlei Hinsicht, aber sie stimmten in der Annahme überein, dass die Menschen im Allgemeinen von Gefühlen beherrscht und getrieben wurden, von Ängsten und Begierden, und nicht von grundlegenden, moralischen Prinzipien. Für sie war die menschliche Vernunft primär ein Instrument, eine Ausweitung des animalischen Triebs zur Selbsterhaltung, und das Klügste war, politische Institutionen zu schaffen, die die Grundinstinkte im Zaum hielten. Idealisten wie Kant und Emerson dagegen waren völlig anderer Meinung.

Kant zufolge besaßen die Menschen einzigartige Fähigkeiten, die sie vom Rest des Tierreiches unterschieden – dem elenden Reich von Egoismus, Eigennutz, Selbstsucht und animalischen Trieben. Kant behauptet, dass Menschen nicht bloß von äußeren Antrieben beherrscht werden, sondern im besten Fall von einer inneren, beinahe göttlichen Kraft, die er den vernünftigen Willen nennt. Anders als Stachelschweine und Termiten hatten Menschen ein Vernunftvermögen, das nicht von zufälligen Empfindungen oder Erfahrungen gesteuert wurde; sondern es strukturierte selbst die Erfahrung. Menschen waren Wesen, die denken und sich daher selbst Gesetze geben konnten. Kraft ihres aktiven Vernunftvermögens waren die Menschen die einzigen Tiere, die sich selbst Pflichten auferlegen und daher auch die einzigen, die moralisch verantwortlich sein konnten. Die Aufgabe der Philosophie nach Kant bestand nicht darin, den Egoismus zu sublimieren oder Systeme zu schaffen, die die Menschen unter Kontrolle hielten, sondern die Einzelnen an ihr eigenes aktives Vernunftvermögen zu erinnern und sie auf diese Weise demonstrativ ihrer moralischen Verpflichtung bewusst werden zu lassen. Das war eine philosophische Haltung, der viele amerikanische Denker freudig beipflichten konnten. 1842 brachte Emerson den amerikanischen Transzendentalismus direkt in Verbindung mit Kant, als er schrieb:

»Was allgemein Transzendentalismus genannt wird...
übernahm den Begriff des Transzendentalen vom
Gebrauch dieses Begriffs bei Immanuel Kant aus Königsberg, der auf die skeptische Philosophie von Locke reagierte, der darauf bestanden hatte, dass es nichts im In-
tellekt geben konnte, das nicht zuvor in der sinnlichen
Erfahrung gewesen war, indem er zeigte, dass es eine sehr
wichtige Klasse von Ideen oder vorgängige, unerlässli-
che, unbedingte Formen gibt, die nicht aus der Erfahrung stammten, aber durch die Erfahrungen ermöglicht
wurden; dass diese Vermögen des Geistes selbst waren;
und er bezeichnete sie als *transzendentale* Formen.«

Ideen und vorgängige Formen: Kant und Carol redeten über
nichts anderes. Diese Formen gestatten uns, den Unbestän-
digkeiten menschlicher Erfahrungen zu entrinnen und unser
Schicksal an etwas Stabileres zu heften als bloß unser eigenes,
hinfälliges Leben. Wir müssen nur unsere rationalen Fähigkeiten wahr machen und die Überzeugungskraft moralischer
Pflichten anerkennen.

Es gab allerdings einen wesentlichen Unterschied zwischen
Emerson und Kant, aber in jenem Augenblick, einen beängs-
tigenden Berg von Arbeit vor uns, konnte ich nicht den Fin-
ger darauf legen. Statt mit Carol zu debattieren – eine Sache,
die ich beinahe genauso intensiv genoss wie sie selbst –, steuerte ich eine bislang unerforschte Nische der Bibliothek an, um
mich auf die Jagd nach Büchern zu machen. Zu meiner völli-
gen Überraschung folgte sie mir.

Ich hatte dieses Kabuff in der Bibliothek seit Monaten um-schifft. Es war vermutlich gefüllt mit mehreren Hundert Büchern über Metaphysik und Religionswissenschaften, aber genau konnte man das gar nicht sagen, weil es ebenso mit Staffeleien, Leinwandrollen und anderen diversen Malereiutensilien vollgestellt war. Obwohl Hocking selbst Maler gewesen war, gehörten diese seiner Urenkelin Katie, die kürzlich diesen Teil der Bibliothek zu ihrem Sommeratelier gemacht hatte. Aus irgendeinem Grund waren Katie und ich uns kaum begegnet, aber die Spuren ihrer Anwesenheit waren überall. Halbfertige Gemälde und Aquarelle lagen überall verstreut, und Skizzen hingen an den meisten Regalen auf der Ostseite des Gebäudes. Ich dachte an das halbfertige Gemälde von Agnes in der Eingangshalle und prägte mir ein, dass ich Carol am Ende dieses Tages das Porträt zeigen wollte. Ich konnte Katie das Chaos nicht vorwerfen; schließlich gehörte die Bibliothek ihr. Und ich konnte durchaus mit einer Person mitfühlen, die sich dermaßen in ein Projekt vertiefte, dass sie anschließend die banale Aufgabe des Aufräumens ignorierte. Ich mochte es auch nicht, hinter mir aufzuräumen, so wenig wie ich es mochte, hinter anderen aufzuräumen. Und so mied ich trotz meiner jüngsten Faszination für religiöse Erfahrung beharrlich diese Regale. Carol hegte absolut kein Interesse an Religion oder Metaphysik, aber die Aussicht, alte Bücher in die Hände zu kriegen, war mehr als ausreichend, um sie zu locken. Also räumten wir diese Ecke aus.

Wir räumten Katies Sachen vorsichtig aus dem Weg und entdeckten, dass sie nicht die Erste in ihrer Familie gewesen war, die diesen Bereich der Bibliothek als Behelfsatelier benutzt hatte. Zwischen ihren Gemälden fanden sich viel ältere Kunstwerke und Kunstobjekte – Wandteppiche, Keramiken,

Gemälde, Skizzen und Skulpturen. Hocking war mit dem Pragmatismus von James ausgebildet worden, aber er fühlte sich dennoch tief dem Idealismus verpflichtet. Das bedeutet neben vielem anderen, dass er vom Neoklassizismus begeistert war, der die Architektur und Kunstwelt im New England des neunzehnten Jahrhunderts beherrscht hatte. Eine Weile waren amerikanische Intellektuelle in alles Griechische verliebt gewesen. Sie erblickten etwas im klassischen Altertum, das die Moderne demonstrativ ignorierte – die Idee, dass die Menschen nur dort wirklich Menschen waren, wenn sie wahrhaft transzendenten Idealen nachstrebten. Ich ergriff eine große braune Büste und dachte, wie prätentiös sie zu Hause in meinem Arbeitszimmer aussehen würde. Aber hier passte sie gut hin. Es war die Replik einer berühmten Statue im Vatikan, *Laokoon und seine Söhne.* Auf meiner ersten Reise nach Rom, als ich zwanzig gewesen war, hatte sie mich zu Tode erschreckt.

In seiner *Aeneis* erzählt Vergil, dass Laokoon der Priester Poseidons im antiken Troja gewesen sei. Als die Griechen, die ihren schon zehn Jahre währenden Versuch, Troja zu erobern, endlich zu Ende zu bringen hofften, das berühmte Trojanische Pferd bauten und fortsegelten, war Laokoon der Erste, der Alarm schlug. Er stand auf dem Strand vor den Toren Trojas, deutete auf das gewaltige Pferd, das die Griechen angeblich als Abschiedsgeschenk dagelassen hatten, und warnte seine trojanischen Mitbürger davor, es in die Stadt zu schleppen. »Hütet euch!«, rief Laokoon. »Vor Griechen, selbst wenn sie schenken!« Aber die Trojaner wollten nichts sehnlicher, als zu glauben, dass die lange, abscheuliche Belagerung, die sie hatten erdulden müssen, endlich vorüber war und dass sich die Griechen auf der Heimreise befanden. Laokoons Botschaft stieß auf taube Ohren. Also tat er, was jeder wahre Seher tun würde: Er schrie so laut er konnte ein letztes Mal seine Warnung heraus und stieß sein Schwert in die Flanke des Pferdes. Dies erregte die Aufmerksamkeit der Menschen. Es erregte allerdings auch die Aufmerksamkeit Apolls, der auf Seiten der Griechen stand, und dieser beschloss, Laokoon für immer zum Verstummen zu bringen. Zwei Seeschlangen glitten auf den Strand, wanden sich um den Priester und seine beiden Söhne und zerrten sie fort in die Gischt.

Ich sah Laokoon in die Augen, die aus ihren tiefen Augenhöhlen quollen. Er wusste, dass er sterben würde, aber nicht, bevor er dabei zugesehen hatte, wie seine geliebten Söhne ertranken. John Dryden vergleicht Laokoons Ringen mit der Qual eines Opferstiers, der nicht vernünftig genug ist, auf Anhieb auf dem Altar zu sterben: der Wahrsager als hingemetzeltes Tier. Das geschieht mit Menschen, die das Pech haben, schmerzhaft ehrlich zu sein. Vielleicht war es besser, nicht ganz so ehrlich und am Leben zu sein als selbstgerecht und tot, dachte ich. Mein jüngstes Experiment mit der Ehrlichkeit war ziemlich brutal ausgegangen. Ich hatte seit Jahren heimliche Zweifel an meiner Ehe gehegt, aber als ich auf die dreißig zuging, war es schwerer und schwerer geworden, weiterhin darüber zu schweigen. Einige Tage vor meinem dreißigsten Geburtstag hatte ich den Ring verkauft. Dies führte anschließend zu einem furchtbaren Streit mit meiner Frau, der vor all meinen Freunden, die nach Boston gekommen waren, um mit mir meinen Geburtstag zu feiern, entbrannte. Carol war dabei gewesen und hatte zugesehen, wie alles den Bach hinunter ging. Während meine Mutter ihren Kopf schüttelte, wie es nur eine Mutter mit tiefen, calvinistischen Wurzeln tun kann, hatte ich nur noch eins gewollt: ganz und gar tot zu sein. Am nächsten Tag sagte ich allen, dass wir uns scheiden lassen würden, und nachdem ich das einmal getan hatte, gab es kein Zurück mehr. Unsere beiden Familien nahmen uns in die Zange und drängten uns, zusammenzubleiben. Am Ende starb ich doch nicht, aber es hatte viele Nächte gegeben, in denen ich mir den Tod gewünscht hatte. Ich stellte Laokoon vorsichtig auf einem Tisch in der Nähe ab und legte die Hand auf seinen kühlen Kopf. Bestraft zu werden, weil man gelogen hatte, ergab einen Sinn, aber auf dem Altar der Wahrheit geopfert zu werden, wirkte grausam.

Ich half Carol dabei, die letzte Staffelei aus dem Weg zu räumen, und musterte die Regale. Ich hatte gehofft, eine Fundgrube von Kommentaren aus dem neunzehnten Jahrhundert zu religiösen Traditionen zu entdecken – vom Hinduismus über Jainismus bis zum Christentum –, die William Ernest Hocking fasziniert hatten, und ich wurde keineswegs enttäuscht. Max Müllers berühmte Reihe »Sacred Books of the East« (Heilige Bücher des Ostens, alle fünfzig Bände) stand auf dem obersten Regal. Müller, ein deutscher Philologe, der 1823 geboren worden war, hatte in der zweiten Hälfte des neunzehnten Jahrhunderts die Veden und andere heilige, indische Texte nach Europa gebracht. Ich musterte die mittleren Regalbretter: Christliche Apologeten von A bis Z. William James' Exemplar des Augustinus war zwischen Royces Ausgaben von Meister Eckhart und einem Haufen anderer deutscher Mystiker gequetscht. Sowohl James als auch Royce kritisierten das Christentum als Institution, aber ihre Kritik implizierte nicht, dass sie die kritischen, als ketzerisch empfundenen Traditionen ignorierten. Aus dem Dunkel leuchtete ein weiß gebleichter Pergamentband hervor. »Cosmologia Generalis. Methodo Scientifica Pertractata«. Erste Ausgabe, 1731. Das war die »Kosmologie« von Christian Wolff – dem Theologen des Naturrechts vom Anfang des achtzehnten Jahrhunderts – die auch einmal James gehört hatte. Ungefähr bei der Hälfte des Regals angekommen, begann ich, langsam genug vorzugehen, um zu begreifen, was ich da vor mir hatte.

Amerikanische Philosophie wird oft von den Denkern im Rest der Welt verächtlich abgetan, weil sie angeblich keine historische Basis habe; bei ihrem Versuch, originell zu sein, hätten klassische, amerikanische Denker wie James angeblich der bedeutenden historischen Überlieferung den Rücken gekehrt. Was ich jetzt vor Augen hatte, war der überwältigende Beweis für das Gegenteil. James war niemand, der die Vergangenheit verklärte, aber er hatte sie auch nicht ignoriert. Er wusste, der schnellste Weg, out oder veraltet zu sein, ist, unabsichtlich die Geschichte zu wiederholen. Es ist verlockend, die Vergangenheit zu ignorieren, so zu tun, als wäre sie nie geschehen. Aber sie ist geschehen – und sie wird sich wiederholen, wenn man nicht aufpasst.

Ich hockte mich neben Carol, um das unterste Regal zu mustern. Es war staubig, und die Bände standen dicht beieinander, als wären sie seit einem Jahrhundert nicht mehr angerührt worden. Wenn man sich den Inhalt der Bücher vor Augen führte, dann waren sie es wohl tatsächlich nicht. Außerhalb der Widener Library in Harvard hatte ich noch nie eine solche Sammlung von Platon und dem Neuplatonismus gesehen. Die meisten der Texte hatten Royce gehört und waren Hocking vermacht worden, als Royce 1916 starb. Ich blickte auf die Regale, die sich darüber befanden. Für Hocking hatte Platon die solide metaphysische und ethische Grundlage geliefert, auf der alle Religionen basierten. Dies stimmt nicht ganz (die Veden waren viel älter), und Hocking wusste das natürlich auch, aber Platon nahm einen großen Raum in seinem

Denken ein und, was das anbelangte, auch in der Entwicklung der amerikanischen Philosophie. Einer der ersten Texte, den Emerson jemals schrieb, war der Bowdoin-Prize-Essay in Harvard 1820, »Der Charakter des Sokrates«. Da war er siebzehn. Dies war der junge Mann, den man von da an den »Yankee Platon« nannte, ein Spitzname, der Carol amüsierte. Ich gab ihr eine Übersetzung des Neuplatonikers Plotin aus dem achtzehnten Jahrhundert. Sein Denken war eine Form des Idealismus, aber nicht von der deutschen Art, mit der sie vertraut war. Dies war einer der Lieblingstexte Emersons, erklärte ich ihr. Er fand, der Text enthielte die Saat, den Samen für das philosophische Genie, und so nannte er es ein »spermatisches« Buch. Sie fand das zum Brüllen komisch. Ich hatte lange nicht mehr so aus vollem Herzen gelacht, aber an jenem Nachmittag in der Ecke einer muffigen Bibliothek erinnerte ich mich wieder an das Wesen echtes Gelächters, das sich tief im Bauch sammelt und sich zu etwas Lebensbejahendem auswächst. Für den Durchschnittsphilosophen, der daran gewöhnt ist, jede geistige Regung zu kontrollieren, ist es ein merkwürdiges Gefühl. Man lacht einfach – man kann nichts dagegen tun.

Platon und Kant dachten beide, der Sinn des Lebens sei, ein gutes Leben zu führen. Aber sie stimmten nicht darin überein, wie genau wir diese Tugend verkörpern sollten. Für Kant lief es darauf hinaus, dass man seine moralische Verpflichtung erkannte und danach handelte; gut zu leben hieß, einem Bündel wohl durchdachter und wohl definierter Regeln zu folgen. Frei zu sein bedeutete, vernünftig zu sein. Er hatte nicht viel für Gelächter übrig. Lachen und Leidenschaft waren zusätzliche, aber keine grundlegenden Elemente, wenn es darum ging, ein gutes Leben im Sinne Kants zu führen. Ich wandte mich wieder dem Regal zu und, gerüstet mit einer der Platon-Ausgaben von Royce, ließ mich in einem der Stickley-Sessel nieder. Kant hatte vielleicht recht gehabt, aber er war dabei todlangweilig, jedenfalls meinem Verständnis nach. Platon und Sokrates dachten, dass das gute Leben nicht auf diese pauschale Weise definiert werden könnte. Das Leben, jedenfalls in seiner besten Form, konnte nicht streng nach Vorschrift gelebt werden. In den platonischen Dialogen findet sich mehr Freiheit und Gefühl – der Stoff tatsächlichen *Lebens*. Das Streben nach dem guten Leben war für die Griechen eine durch und durch persönliche, von Emotionen geprägte, überwältigende Suche nach einer schönen Seele.

Die schöne Seele war es wert, alles für sie zu opfern. Alles! Sokrates steht vor seinen Nachbarn und sagt das Undenkbare – dass es etwas Schlimmeres gibt als den Tod: ein hässliches, böses, langweiliges Leben zu führen. Dies ist nicht der Stoff von Kants »reiner Vernunft«. Es ist der Stoff einer persönlichen Vision, einer Einsicht und eines tollkühnen Mutes, die Wahrheit zu sagen. William James zufolge, der eine Menge Platon gelesen hatte, geht es immer um die Lebensfreude. Es ist die Lebensfreude, die dem Leben Sinn gibt. Das ist es, was Emerson an Sokrates so attraktiv fand. Sokrates glaubte, dass das Streben nach dem Guten eine Form des göttlichen Wahnsinns sei. Ich blätterte im »Phaidros« und stieß auf eine meiner Lieblingsstellen: »Die größten Güter entstehen uns aus einem Wahnsinn, der jedoch durch göttliche Gunst verliehen wird.«

Ich spürte Carol hinter mir. Der »Phaidros« ist ein verrückter Dialog. Der verrückteste. Sie spähte mir lange genug über die Schulter, um beide Seiten zu lesen und einen Abschnitt zu entdecken, der mich beinahe ein ganzes Jahr lang intensiv beschäftigt hatte: »Unwahr ist jene Rede, welche behauptet, daß, wenn ein Liebhaber da sei, man vielmehr dem Nichtliebenden willfahren müsse, weil nämlich jener wahnsinnig sei, dieser aber bei Sinnen. Denn wenn freilich ohne Einschränkung gälte, dass der Wahnsinn ein Übel ist, dann wäre dies wohlgesprochen.«

»Das ist aber nicht sehr kantianisch«, flüsterte sie. »Oder?«

Laokoon hielt ein wachsames Auge auf uns, während wir uns an jenem Nachmittag unseren Weg durch Hockings Regale bahnten, und sorgte für eine anhaltende Mahnung, dass gefährliche Wahrheiten mit Qualen einhergehen. Ich kannte auch die andere Version der Laokoon-Legende – dass er getötet worden sei, weil er an einem sakralen Ort, im Tempel, Sex gehabt hatte. Mit diesem Gedanken im Kopf zwang ich mich, mich auf die Bücher zu konzentrieren.

Das Regal voller Platon war erstaunlich. Hocking hatte die Titel chronologisch geordnet, von den frühesten Dialogen, über den Neuplatonismus von Plotin und Proklos bis zu einer merkwürdigen Gruppe von Denkern des siebzehnten Jahrhunderts, die sich die Cambridge-Platoniker nannten. Am Ende des Regalbretts stand eine zerlesene Erstausgabe von Samuel Coleridges »Aids to Reflection« von 1825. Ich sah mir diese Sammlung etwas genauer an. Emerson war dieser Denker nie überdrüssig geworden und schrieb 1850:

»Aus Platon kommen alle Dinge, die noch heute geschrieben und unter denkenden Menschen besprochen werden. Unter unseren Originalitäten richtet er ein großes Gemetzel an. In ihm haben wir den Berg erreicht, von dem all dieses Geröll sich losgelöst hat… und alle die kühnen jungen Männer, die der Reihe nach jeder widerstrebenden Generation Schönes zu sagen haben – Boethius, Rabelais, Erasmus, Bruno, Locke, Rousseau, Alfieri, Coleridge –, sind Leser Platons, die seinen besten Inhalt witzig in die Volkssprache zu übersetzen wissen.

Wer auch immer ein Platonist sein würde, musste ein Nonkonformist sein. Ein Anhänger Platons zu sein, bedeutete, niemand anderem mehr zu folgen. Der Philosoph Boethius wurde im sechsten Jahrhundert in Rom wegen Verrats angeklagt. Es gibt eine Reihe unterschiedlicher Berichte über seine Hinrichtung: Er wurde entweder mit Knüppeln erschlagen oder in Stücke gehackt, weil er sich gegen die Ostgoten verschworen haben soll, die inzwischen über das Römische Reich herrschten. Rabelais, dem französischen Schriftsteller aus dem fünfzehnten Jahrhundert, erging es etwas besser, aber nur weil er sich rechtzeitig absetzte, um einer Verurteilung als Ketzer – denn er hatte die Katholische Kirche zum Gegenstand von Satiren gemacht – zu entgehen. Und dann war da noch Coleridge. Er, der Rebell aller Rebellen, der Held aller Helden, beanspruchte einen besonderen Platz in meinem Herzen. Auch Emerson liebte ihn – er hatte Coleridges »Aids to Reflection« als junger Mann gelesen; von daher rührte sein frühes Interesse an Platon und Plotin. Coleridges romantische Interpretation der Alten malte den Unterschied zwischen Platons kräftiger Dramatik und Kants strengem System in leuchtenden Farben.

Coleridge – der darin einer langen Reihe von platonischen Denkern folgte – glaubte, dass Wahrheit durch eine Art von innerer Berufung verwirklicht wurde, die jeder Person einen gewissen Zugang zur Realität des Göttlichen gewährte. Jeder

Mensch konnte dieser inneren Berufung Folge leisten, wenn er oder sie den Mut hatte, auf sie zu hören. Für Coleridge war Sokrates der personifizierte Mut; in der *Apologie* sagt der Grieche, dass er nach dem Guten und Wahren mit der Hilfe eines *Daimonion* – eines »göttlichen Etwas« – strebe, der ihn davor warne, falsche Entscheidungen zu treffen. Sokrates hörte auf seinen *Daimon* und lebte und starb deshalb auch ehrenvoll. Die Schlussfolgerung war für Coleridge klar: Diejenigen, die nicht auf diese Stimmen in ihren Köpfen hören, versagen kläglich. Ich kannte mich mit diesen Stimmen aus. Eine hatte mich davor gewarnt, mich zu verloben, dann davor, zu heiraten, und anschließend davor, verheiratet zu bleiben. Wenn ich ihren Rat nur früher befolgt hätte! Ich hatte zugesehen, wie Carol geheiratet hatte, während mein kleiner *Daimon* alles mögliche Unpassende dazu gesagt hatte. Meine Frau und ich waren von Boston nach Vancouver gefahren, um zuzuhören, wie meine neue Kollegin einem anderen Mann gegenüber ihr Gelübde ablegte. Ich hatte mich gezwungen, die Stimme in meinem Kopf zu ignorieren, mich zu meiner damaligen Frau zu beugen und in einem so überzeugenden Ton wie überhaupt nur möglich zu sagen: »Sie werden zusammen glücklich werden.« Ich glaube, ich habe das damals sogar beinahe geglaubt.

Auf seinen *Daimon* zu hören, ist nicht unbedingt einfach. Coleridge versuchte es als junger Erwachsener damit. Er hatte große Pläne etwas zu gründen, was er eine »Pantisocracy« nannte, eine gemischtgeschlechtliche Landkommune, die auf den Prinzipien der Gleichheit basierte, was sein *Daimon* stillschweigend billigte. Mit einem seiner Kumpel aus Cambridge, Robert Southey, verbrachte Coleridge Monate, in denen er die Grundlagen für eine utopische Gemeinschaft im Susquehanna Valley in Pennsylvania schuf. Sie sollte der Kommune der Transzendentalisten nicht unähnlich sein, die in Brook Farm außerhalb von Boston in den 1840er-Jahren entstand. Aber Coleridges Idee war mehr als nur ein wenig wahnsinnig – er hatte keinerlei landwirtschaftliche Erfahrung und hätte an der Frontier, im Grenzland des achtzehnten Jahrhunderts, nicht eine Woche überlebt. Während der Vorbereitungen für die Reise heiratete er auch Sarah Fricker, die Schwester von Southeys Verlobter, in dem Glauben, dass diese Vier den Kern ihrer neuen Gemeinschaft bilden würden. An diesem Punkt schrie ihn sein *Daimon* an, er möge innehalten, aber er hatte nicht den Mut, auf ihn zu hören. Nach der Hochzeit gingen die Dinge ziemlich schnell schief. Southey machte bei der »Pantisocracy« einen Rückzieher, weil er zu dem Schluss gekommen war, dass das einfache Leben in der modernen Welt nicht vertretbar wäre. Coleridges Idealismus hatte ihn dazu gebracht, Cambridge zu verlassen, um Geld für seine egalitäre Gemeinschaft aufzutreiben, sodass Coleridge jetzt ohne Berufung und mit einer Frau dasaß, für die er sich eigentlich nicht erwärmte. In einem vernichtenden Brief an Southey schrieb er: »Du bist für mich tot, weil du tot bist für die Tugend.« Das war selbstgerechte Wut, aufgrund der Frustration über eine Ehe von Zweien, die nicht zueinander passten.

Ich dachte für einen Augenblick an Coleridges Ballade »Rime of the Ancient Mariner« – Die Ballade vom alten Seemann –, die er Monate nach seiner Vermählung mit Fricker geschrieben hatte. Vordergründig ist es ein Gedicht über einen alten Kapitän, dessen Schiff auf dem Meer verschollen ist, aber tatsächlich ist es die nur leicht verhüllte Geschichte einer trostlosen Ehe. Es ist kein Zufall, dass das ganze, grausige Gedicht einer Gruppe auf dem Weg zu einem Hochzeitsfest erzählt wird – es ist eine Warnung davor, was bei einer solchen

Verbindung passieren kann. Der Seemann trifft eine wirklich schlechte Entscheidung, und die Winde wechseln, bringen das Schiff vom Kurs ab und bleiben dann ganz aus. Bewegungslos irgendwo im Nichts:

Wir lagen Tage, Tage lang;
Kein Lüftchen rings umher!
Wie ein gemaltes Schiff, so träg,
Auf einem gemalten Meer.

Wasser, Wasser überall!
Doch jede Fuge klafft;
Wasser, Wasser überall!
Nur was zu trinken schafft!

Die Ehe kann so sein, und der Albatros ist immer da, ein Zeichen der Reue, jemandem um den müden, dürren Hals gebunden.

Viele sagen, dass eine Scheidung heutzutage viel zu einfach ist, aber die meisten dieser Leute haben es nie versucht. Meiner Erfahrung nach ist es sehr schwierig, den Albatros abzuschütteln. Zu Zeiten von Coleridge war es fast unmöglich. Als er sich schließlich dazu durchrang, auf seinen *Daimon* zu hören, sagte der ihm, er solle das sinkende Schiff verlassen, und zwar schnell. Das tat er. Er verließ seine Frau, und die Geburtsstunde der europäischen Romantik war gekommen.

»Ich muss mal ein wenig an die frische Luft«, sagte ich und sah mich nach Carol um.

Eine Stimme antwortete mitten aus der Bibliothek: »Okay, geh schon, ich komme gleich nach.«

Ich schnappte mir ein Buch, ging am Bücherregal vorbei

und steuerte die Stelle an, wo die Stimme hergekommen war. Carol saß über einen Lesetisch gebeugt da, auf dem sich die schmutzigen Bände stapelten, direkt unter dem Porträt von Agnes Hocking. Sie sah lange genug zu mir auf, sodass ich erneut die unheimliche Ähnlichkeit würdigen konnte, und dann lächelte sie und wandte sich wieder ihrer Arbeit zu. Ich ging hinaus und holte erst mal tief Luft, bevor ich um das Herrenhaus herum durch das ungemähte Gras ging, das jetzt fast die gesamte Wiesenfläche von West Wind bedeckte, und blickte hinunter ins Tal. An einem bestimmten Punkt in der noch gar nicht so weit zurückliegenden Vergangenheit hatte man den Rasen zwischen der Bibliothek und dem Herrenhaus so kurz geschnitten, dass die Hocking-Mädchen – jetzt die Hocking-Frauen – Theaterstücke für die Familie auf dem Rasen aufführen konnten. Ich stellte mir eine Horde Kinder vor, die die Rollen Shakespeares oder Sophokles' spielten, während ihre hyperintellektuellen Eltern das Ganze inszenierten. Eine Szene menschlicher Kultur, von jungen Mädchen aufgeführt, inszeniert in dieser weiten Landschaft. Coleridge hätte das mit Löffeln gefressen.

Ich ging über die hintere Veranda, stützte mich auf die Lehne eines klapprigen Adirondack-Gartenstuhls und sah zu, wie die Sonne über mir langsam hinwegzog. Mein Gott, dieses Licht. Es warf lange, gleichmäßige Schatten den Hügelhang hinab. Ich suchte nach meinem eigenen Schatten unter den Umrissen, gab aber schließlich auf und wandte meine Aufmerksamkeit wieder Emerson zu. Er traf den gealterten Coleridge Anfang der 1830er-Jahre; Emerson war Ende zwanzig und nach dem Tod seiner ersten wahren Liebe nach Europa geflohen. Coleridges Platonismus und sein Romantizismus gaben dem jungen Amerikaner Hoffnung. Wie Sokrates im »Phaidon« und »Kriton« nahelegt, ist unsere körperliche Existenz nicht alles. Wir sollten unser gebrechliches, körperliches Leben an dauerhafte Ideale knüpfen und an ihnen festhalten, selbst wenn das heißen könnte, das Leben aufzugeben. Diese Ideale – das Echte, das Wahre, das Gute und das Schöne – sollten durch permanente Reflexion verstanden werden, durch die Art von Selbsterforschung, von der Sokrates glaubte, dass sie das Leben lebenswert machte. Am Anfang von »Aids to Reflection« sagt Coleridge dies ganz klar: »Es gibt eine Kunst, die jedermann beherrschen sollte, und das ist die Kunst der Reflexion.« Nur durch Reflexion und ihr Resultat, Selbsterkenntnis, waren Selbstbestimmung und Selbstbeherrschung möglich. Aber Selbstbestimmung hieß nicht bloß, auf die eigenen Taten zurückzublicken, verbunden mit dem Wunsch, seinem *Daimon* mehr Aufmerksamkeit geschenkt zu haben. Für diese platonischen Denker war das Ganze mystischer, geheimnisvoller. Reflexion brachte einen in unmittelbaren Kontakt mit etwas wunderschön Transzendentem.

Ich hatte auf dem Weg aus der Bibliothek nach einer Biografie von Emerson – einer der sehr guten – gegriffen. Der Autor, Robert Richardson, kannte Emerson in- und auswendig. Ich setzte mich und blätterte die Biografie langsam durch. Richardson hatte verstanden, dass Selbsterkenntnis im Sinne Emersons nicht die oberflächliche Selbsthilfe des einundzwanzigsten Jahrhunderts war, die solipsistische Suche einer neurotischen Kultur, sondern vielmehr ein Versuch, die Neurosen unserer Gesellschaft zu unterbrechen, sich in der Natur wiederzufinden und die Möglichkeit in Erwägung zu ziehen, dass – in Emersons Worten – »die Strömungen des Universellen Seins durch mich zirkulieren; dass ich ein Teil und ein Partikel von Gott bin«.

Als junge Männer hofften Emerson und James mit ihrem ganzen Wesen darauf, dass dies wahr sei. Eine Generation später fasste Virginia Woolf Emersons romantischen Platonismus recht hübsch zusammen: »Was er tat, war sicherzustellen, dass er nicht zurückgewiesen werden konnte, denn er trug das Universum in sich. Jeder Mensch, der herausfindet, was er fühlt, entdeckt die Gesetze des Universums.« Dies könnte ein wenig größenwahnsinnig klingen, als ob, wie man sich gerade fühlte, das Einzige auf der Welt von Bedeutung wäre. Aber Emersons Botschaft über die Natur und Selbstsein war zu gleichen Teilen stärkend und demütig machend, erquickend und beraubend. Als ich vor West Wind saß und auf die Berge im nachmittäglichen Licht und Schatten blickte, ergab das einen Sinn. Es kam William James' Beschreibung einer mystischen Erfahrung nahe als »eine Bereitschaft, zu verstummen und zu einem Nichts zu werden in den Fluten und Orkanen Gottes«. Ich saß ganz still da und lauschte. Wie fühlte ich mich? Das war eine gute Frage, die ich seit sehr langer Zeit nicht mehr beantwortet hatte. Ich fand meine Antwort, als ich über den Bergkamm hinweg auf Stellen blickte, wo kürzlich die Bäume abgeholzt worden waren. Neues Wachstum begann bereits wieder zu sprießen, erkämpfte sich ein wenig Leben, bevor die eisigen Temperaturen einsetzen würden.

Etwas Seltsames geschah in West Wind mit der Zeit; sie raste oder verdichtete sich oder verschwand ganz einfach. Ich schüttelte den Kopf und erhob mich wieder aus dem Adirondack-Stuhl, warf noch einen Blick auf die Sonne und ging danach blind zurück zur Bibliothek. Die Bibliothek an einem sonnigen Nachmittag zu betreten, war ein wenig wie in eine dunkle, feuchte Höhle zu kommen. Carol hatte sich in der letzten Stunde nicht einen Zentimeter gerührt. Sie war immer noch vornübergebeugt, hatte den Kopf gesenkt und schrieb wie wild. »Alles in Ordnung?« fragte ich und ahmte ihre außerordentlich angestrengte Haltung nach. »Wie wär's mit einer Pause?«

»Nein, alles gut. Ich möchte das hier vor dem Abendessen noch zu Ende bringen.«

Ich wollte ihr sagen, dass sie das ganz bestimmt nicht »vor dem Abendessen zu Ende bringen« könne. Tatsächlich hatte ich die Ahnung, dass wir West Wind nie ganz begreifen würden. Man kann bloß lernen, seine Kräfte einzuteilen und die Tatsache zu genießen, dass es auch morgen immer noch etwas zu tun gibt.

»Also gut«, sagte ich, »aber lass uns in etwa einer Stunde in die Stadt fahren und etwas trinken.« Sie antwortete nicht. Ich ging zu ihr, sah ihr über die Schulter und blickte auf die aufgeschlagene Titelseite: John Stuart Mill. »Über die Freiheit« London. 1859. Erste Ausgabe. Jetzt konnte ich verstehen, warum sie so konzentriert war. Gemeinsam mit Kant ist Mill einer der Helden der liberalen Tradition. Anders als Kant war Mill ein kompromissloser Feminist, der wie viele amerikanische Denker glaubte, dass Freiheit nicht einfach bloß ein Luxus für die wenigen Auserwählten war.

Ich wollte gerade eine Bemerkung machen, da sagte sie zu mir, ich solle mich wieder meinem Platon zuwenden.

Ich brauchte nicht lange, um mich erneut zwischen den Regalen zu verlieren. Es gab mehr als genügend kleine Rätsel, die mich fesselten. Die Sammlung in West Wind war voller Bücher aus den persönlichen Bibliotheken amerikanischer Intellektueller, aber die Sammlung mit neuplatonischer Philosophie war etwas anderes. Ich zog einen überraschenden Band heraus: Ralph Cudworths »The True Intellectual System of the Universe« (»Das wahre intellektuelle System des Universums«) von 1678. Erstausgabe. Die Herkunft war nicht amerikanisch, sondern britisch. Ich vermutete, dass Hocking es ausgesucht hatte oder, wahrscheinlicher noch, bei einer seiner vielen Reisen nach Europa darüber gestolpert war. Als ich das kleine Meisterwerk in meinen Händen umdrehte, war ich mir gar nicht sicher, ob die Leute seinen Sammlerwert erkennen würden, was sie aber tun sollten. Ralph Cudworth, 1617 geboren, war Hocking darin ähnlich, dass auch er ein beinahe berühmter Philosoph war. Er war Teil der interessanten Gruppe von Denkern, die man als Cambridge-Platoniker kennt und die im siebzehnten Jahrhundert zwei Colleges an der Cambridge University übernahmen. Cudworth schloss sich seinem berühmteren Kollegen Henry More als Fellow am Christ's College an, was, zusammen mit dem Emmanuel College, der Tummelplatz für die Puritaner im Elisabethanischen Zeitalter war. Ich konnte eine vage Verbindung von dem Buch zur amerikanischen Ideengeschichte ziehen, aber eine zwischen Cudworth und der amerikanischen Philosophie herzustellen, war ein bisschen schwieriger. Christ's College ist ein seltsamer Schlupfwinkel. Es beherbergt die klügsten Studenten der Universität, was es schon in den letzten drei Jahrhunderten getan hat. Ich erinnerte mich daran, wie ich am Christ's durch einen Salon spaziert war, während ich in Cambridge studierte (ich war am Magdalene, einem sehr viel durchschnittlicheren College – aber ich lief gern herum und tat so, als ob), wo ich ein Porträt von einem der berühmtesten Studenten Christ's entdeckte: Charles Darwin. Ja, dieses Buch muss eine ziemlich merkwürdige Geschichte gehabt haben.

Ich starrte auf das Vorsatzpapier: »T. H. Huxley«, in der verkrampften Handschrift, wie mir klar wurde, eines Dreißigjährigen hingekritzelt. Im Laufe der Zeit, stellte ich mir vor, würde sich Thomas Huxleys Unterschrift ein wenig lockerer ausnehmen, wie bei den meisten von uns, aber hier sah es so aus, als ob derjenige, der diese Signatur vorgenommen hatte, mehr als nur ein wenig verspannt gewesen wäre. Huxley war der Großvater von Aldous Huxley, dem Autor der berühmten Dystopie »Schöne neue Welt«, aber er war mehr als bloß Aldous' Großvater. In den 1860er-Jahren trug er den Spitznamen »Darwins Bulldogge«, ein Name, den er sich ehrenhaft verdient hatte. Er hatte Darwin Anfang der 1850er-Jahre kennengelernt und war einer der Ersten, der »Über den Ursprung der Arten« las, als es 1859 erschien. Im November jenes Jahres schrieb er an Darwin, um ihn seiner unerschütterlichen Unterstützung zu versichern:

»Was Ihre Lehren anbelangt, so bin ich bereit, wenn es nötig ist, meinen Kopf für sie zu riskieren … ich vertraue darauf, dass Sie sich nicht in irgendeiner Weise von dem erheblichen Schimpf & den Missverständnissen degoutieren oder verärgern lassen, die, wenn ich mich nicht vollkommen irre, schon auf Sie warten … Und was die Köter anbelangt, die bellen & jaulen werden – Sie müssen sich immer daran erinnern, dass einige Ihrer Freunde in jedem Falle mit einem Maß an Kampfeslust ausgestattet sind, das Ihnen zugute kommen wird – ich schärfe schon in Bereitschaft meine Klauen und meinen Schnabel.«

Huxley war ein unbarmherziger Parteigänger Darwins. Ich hätte auch gern solche Freunde – vom Typus, der bereit ist, seinen Kopf für mich zu riskieren. Was ich dabei ein wenig rätselhaft fand, war Huxleys Bereitschaft, Darwin zu verteidigen, während er sich gleichzeitig regelmäßig und energisch mit ihm stritt. Ich konnte mir eine solche Beziehung nicht vorstellen, aber Huxley und Darwin bekämpften und liebten einander recht wirkungsvoll. Huxley dachte, dass Darwins Vorstellung von allmählicher Evolution nicht zu den empirischen Belegen passte; er meinte, dass sich die Natur in Sprüngen und jähen Schritten entwickelte, durch Phasen evolutionärer Starre hindurch, gefolgt von plötzlichen Wachstumsschüben. Er meinte außerdem, dass Darwin die gefährlichen Implikationen seiner Theorie heruntergespielt hatte – und zwar, dass *alle* Tiere, einschließlich der Menschen, eine spezifische Evolutionsgeschichte hatten. Darwin entschloss sich schließlich in »Die Abstammung des Menschen« 1871 diesen Anspruch geltend zu machen, aber Huxley war ihm fast ein Jahrzehnt zuvorgekommen. 1863 veröffentlichte Huxley »Zeugnisse für die Stellung des Menschen in der Natur« und wurde die erste Person in der Geschichte, die die moderne Evolutionstheorie auch auf den Menschen anwendete.

Ich blätterte das Buch durch. Was hatte Darwins Bulldogge dazu veranlasst, sich mit dem Neuplatonismus zu beschäftigen? Es war möglich, dass Darwin selbst genau dieses Buch durchgeblättert hatte. Unwahrscheinlich, aber dies war eine Zeit, um sich mit Unwahrscheinlichem zu beschäftigen.

»Bist du so weit? Können wir einen trinken gehen?«

»Beinahe so weit«, antwortete ich. Ich wollte in der schwach beleuchteten Bibliothek bleiben und dieses kleine philosophische Rätsel über Platon, Huxley, die Evolution und amerikanische Philosophie lösen, aber noch mehr wollte ich einen trinken. Meine Augen und meine Beine sagten mir, dass es Zeit war zu gehen; wir konnten morgen wiederkommen. Es war ein langes Wochenende, und ich war glücklich, dass wir nicht in aller Eile wieder ins normale Leben zurückkehren mussten. Ich dachte, Carol könnte vielleicht nach einer Nacht wieder nach Hause fahren wollen, und war begeistert darüber, dass ich sie in den letzten vierundzwanzig Stunden nicht völlig verprellt hatte. Wir schnappten uns unsere Habseligkeiten, packten die Bücher ein und gingen zur Tür.

»Hast du etwas dagegen« – sie machte eine Pause, als wollte sie das Merkwürdige ihrer Frage betonen – »wenn wir heute Nacht nicht in der Bibliothek schlafen? Ich habe nicht viel Schlaf bekommen. Gibt es hier keinen Ort in der Nähe mit einem Bett, in dem zwei Leute schlafen können?«

Doch, es gab eine Reihe zwielichtiger Motels an der Route 16. Auf ihren Fassaden stand in Neonschrift »schmutzige Affäre« – ein schmales Bett pro Zimmer, die stundenweise zu mieten waren. Aber es gab einen Ort – ich glaube, er hieß »The Brass Heart Inn« – am Fuß des Chocorua. Ich war mir sicher, dass wir ein Zimmer mit zwei getrennten Betten oder zwei kleine Zimmer bekommen könnten. Passender, wenn man mit einer verheirateten Frau unterwegs war.

»Okay«, sagte ich, »kein Problem. Aber du musst mir etwas versprechen.«

»Oh?«

»Du musst mir versprechen, früh aufzustehen, damit du mit mir den Berg besteigen kannst.«

»Okay.« Sie lächelte. »Abgemacht.«

AUF DEM BERG

»Carol …« Ich klopfte leise an ihre Tür. »Carol, bist du wach?«

Ich wartete gute drei Minuten und versuchte es dann wieder mit einem angestrengten Flüstern.

Ein leises Stöhnen drang durch die Tür. »Ernsthaft? Der Berg? Es ist doch noch dunkel.«

Ich insistierte, und nach ein paar Minuten öffnete sich knarrend ihre Tür. Carol, die recht schlank ist, tauchte auf, ein Anblick wie das Michelin-Männchen. Sie hatte zwar kein Kissen eingepackt, aber sich anscheinend an einen alten, bauschigen Wintermantel erinnert, aus ihren Jahren in Kanada. Eines der wenigen Dinge, die Carol noch mehr hasst, als bei einem Streitgespräch zu unterliegen oder unmodisch auszusehen, ist, zu frieren.

»Sag jetzt nichts, Kollege. Dieser Mantel ist wärmer als meine Würde.«

Die Straßencafés im Norden New Hampshires öffneten nicht vor Morgengrauen, sodass wir auf den Rest Kaffee, der noch von gestern in der Thermoskanne war, an der lokalen Tankstelle angewiesen waren. Wir fuhren auf der Route 16 Richtung Norden durch die winzige, weißgetünchte Stadt Chocorua, vorbei an der Heimstätte von James, die hundert Meter von der Straße entfernt versteckt liegt. In der Stadt ging das Gerücht um, dass seine Asche auf dem Grundstück verstreut ist. James kaufte die Farm 1886, erweiterte sie später durch Land, das er von William Ralph Emerson erwarb, dem Cousin Ralph Waldos und Partner des Architektenbüros Emerson und Fehmer aus dem neunzehnten Jahrhundert. Dieser Emerson baute auch das Haus von James in der Irving Street in Cambridge.

Nachdem wir James' Farmhaus auf der rechten Seite passiert hatten, fuhren wir nur noch im Schritttempo weiter. Man konnte leicht die nächste Abzweigung verpassen, nur eine kleine Öffnung im Wald, auf die ein kleines Holzschild deutet: BOWDITCH RUNNELS STATE FOREST. Kurz vor dem Schild biegt die Scott Road so plötzlich ab, dass sie nur schwer überhaupt als Straße zu erkennen ist. Im vorigen Jahr hatte ich diese Lektion auf die harte Tour gelernt – auf dem Weg zu dem Ausgangspunkt des Wanderweges hatte ich die Abzweigung verpasst und war nur äußerst knapp vor dem Chocorua River zum Stehen gekommen. Diesmal schaltete ich das Fernlicht an und hielt den Fuß auf die Bremse. Irgendwann in der Vergangenheit hatte man riesige Granitbrocken den Hügel heruntergeschleppt und zu etwas aufgeschichtet, das wie das Haus eines Riesen aussah. Das war Nickerson Mill, eine Sägemühle, die Ende des neunzehnten Jahrhunderts der Familie von Bunn Nickerson gehört hatte. Ich hatte gehört, dass die Bowditches – eine Familie von Harvard-Intellektuellen und Umweltschützern –, als sie in diese Gegend zogen, die Mühle gekauft hatten, damit die Nickersons aufhörten, den Fluss und den See mit Sägemehl zu verunreinigen. Bunns Familie gehörte, wie mir jetzt einfiel, zu jener Zeit ein Großteil des Tales. Einer seiner entfernten Verwandten betrieb in den 1860er-Jahren das Chocorua House, den ältesten Gasthof der Stadt. Bunns Kommentar: »Schau dich mal um« bei unserer ersten Fahrt nach West Wind ergab nun etwas mehr Sinn. Er hatte ein Gefühl von Besitzerstolz, das von seiner tiefen Verwurzelung an diesem Ort herrührte.

Zwei Kilometer oder so an der Mühlenruine vorbei, kurz bevor die Scott Road als Sackgasse endete, bog ich in eine geschützte Schlucht ab, am Ausgangspunkt des Hammond Trails. Carol war nun hellwach, aber sie wollte noch nicht aussteigen. Es war immer noch dunkel, und das Rascheln der Blätter im Wind überzeugte sie davon, dass es im Wald spuken musste. Außerdem gab es durchaus die Möglichkeit, auf Bären zu stoßen.

Der erste Teil des Hammond Trails, bevor er zum Bald Mountain und dann zum Chocorua hinaufführt, ist mit alten Birken bewachsen, die eine weiche, graue Rinde haben. Wenn man im Bärengebiet die Bäume mustert, kriegt man ein Gefühl für die Größe der Tiere, mit denen man es zu tun hat. Im vorigen Jahr war ich gerade mal zehn Minuten auf dem Hammond Trail gewandert, als ich eine Baumreihe mit tiefen schwarzen Kratzspuren erblickte, von denen sich auf den Baumstämmen auf Augenhöhe unregelmäßig verteilt immer vier auf einmal fanden. Dieses Tier war nicht riesig, aber es war groß genug, um einem ohne großen Aufwand das Gesicht zu zerfetzen. Ich ließ dieses Detail unerwähnt und erzählte ihr auch nicht von Stonybrook am Ende der Scott Road. *Das* war definitiv ein Spukhaus. Es war eines der ältesten Farmhäuser im Tal und meiner Einschätzung nach in den 1830er-Jahren errichtet worden. Es war von einer Frau namens Ellen Putnam am Ende des neunzehnten Jahrhunderts erworben worden und sah vollkommen verlassen aus. Von Birken und Hemlock-Tannen umgeben, sah das schlichte weiße Haus aus wie ein Gebäude aus *Shining*.

Ich vermutete, dass sich irgendwelche Gespenster, die sich gern auf dem Hammond Trail aufhielten, durchaus darüber freuen würden, dass mal wieder zwei Philosophen im Wald unterwegs waren. William James, Henry Bowditch und James Jackson Putnam waren in den 1870er-Jahren Kommilitonen in der medizinischen Fakultät gewesen. Henry und William waren beide Geisterjäger, Séance-Besucher und Erforscher des Übersinnlichen gewesen (noch so eine Kleinigkeit, die ich Carol nicht erzählte). Ihre Familien machten regelmäßig gemeinsam Urlaub und glaubten, dass Abenteuer im Wald und solche intellektueller Art Hand in Hand gingen. Ihre Ausflüge aufs Land umfassten auch Wanderungen, Schwimmen und Sport – Aktivitäten, die den amerikanischen Intellektuellen jener Zeit erlaubten, sich gegenseitig davon zu überzeugen, dass sie noch nicht völlig verweichlicht waren. Viele dieser Exkursionen waren auch als Therapie für James' fragile Psyche gedacht.

Im Sommer 1875 reiste die kleine Gruppe, die James liebevoll die »Adirondack Doctors« nannte, zum Beede's Boarding House im Keene Valley in den Adirondacks im Staat New York. Nachdem sie schon mehrere Sommer hintereinander in die Berge gefahren waren, legten die Harvard-Gelehrten ihr Geld zusammen und kauften ein Stück Land und ein paar einfache Cottages. Ihr Grundstück, Putnam Camp, war nach dem Vorbild eines anderen akademischen Zufluchtsorts geschaffen worden, der von einer früheren Generation amerikanischer Denker gegründet worden war – »The Philosophers' Camp« – und Mitglieder des »Saturday Club« anzog, insbesondere Emerson und den auf Augenhöhe berühmten Naturforscher Louis Agassiz. James und seine Freunde wollten in Keene etwas vom Glanz des »Philosophers' Camp« wiedererschaffen. Das gelang ihnen prächtig, und sie lockten ihre ganz eigene Gruppe von Koryphäen an: Carl Jung, John Dewey, Josiah Royce und Royces Studierende, unter ihnen William

Ernest Hocking, Richard Cabot und Ella Lyman Cabot. Sigmund Freud, der das Camp 1909 besuchte, erinnerte sich an die Zeit dort als »das erstaunlichste Erlebnis«, das er in den Vereinigten Staaten gehabt habe. Von Anfang an hegte William James ganz ähnliche Empfindungen für diesen Ort. Bei seinem ersten Ausflug 1876 bemerkte er, dass die Gründung von Putnam Camp das »Heilsamste war, was [er] je [getan habe].« Keene bot eine Umgebung, in der James sich mit sich selbst im Reinen fühlen konnte – körperlich aktiv, intellektuell angeregt und entspannt in der Gemeinschaft mit anderen. Es war hier, an einem Sommertag 1876, als er sich mit Alice Gibbens traf, der Frau, die später seine Ehefrau werden sollte. Im Sommer 1886 beschlossen Alice und er, ein neues Sommerhaus in der Nähe von Chocorua zu erwerben, und die Familien Bowditch und Putnam kamen mit. Ich sehnte mich nach einer Zeit zurück, als Treffen von Philosophen in der Natur stattfanden – ohne das prätentiöse Gehabe, das mit Konferenzen und Titeln einhergeht.

Ich überzeugte Carol schließlich davon, dass es nicht mehr Nacht war, und langsam machten wir uns auf den Weg, den Hügel hinauf. Es war immer noch unmöglich, die weißen Wegzeichen an den Bäumen auszumachen, aber der Anstieg verlief, zumindest anfangs, sacht, und der Weg war durch Felsen markiert, die man in der Morgendämmerung erkennen konnte. Ich sah den Berg hinauf auf Carol, die vor mir ging, und ihre Michelin-Männchen-Silhouette. Ich liebte diese Silhouette.

Der Wanderweg machte seine erste Kehre und wand sich scharf bergan. Als Henry James seinen Bruder in Chocorua besuchte, hatte er sich auf diesem Weg verlaufen, und selbst am helllichten Tag hatte er mehrere Stunden gebraucht, um wieder zum Camp zurückzufinden. Die Sonne war noch immer nicht aufgegangen, und in der vorigen Woche waren Blätter gefallen, was bedeutete, dass wir total auf Abwege geraten und tödlich abrutschen konnten. Thoreau mochte wohl recht haben, dass »ein Spaziergang am frühen Morgen ein Segen für den ganzen Tag« ist – aber nur, wenn man am Leben bleibt, um diesen Tag noch erleben zu können. Und so fanden wir, auf halber Strecke den Berg hinauf, eine kleine Felszunge, auf der wir uns im Dunkeln niederlassen konnten. Es wäre auch schön auf dem Gipfel gewesen und in der Sonne, aber es lag etwas seltsam Magisches in diesem Zeitpunkt und an diesem Ort, eine Art von »noch nicht ganz«, die lange genug in der Luft lag, sodass man die Morgendämmerung wirklich genießen konnte.

Ich hatte von diesem Berg schon lange vor meiner Bekanntschaft mit William James gehört. Ich bin am Rande von Reading, Pennsylvania aufgewachsen – einer traurigen Stadt, der es nie gelungen ist, an die glanzvollen Tage aus der Industrialisierung wiederanzuknüpfen. Aber sie versuchte es mit allen Mitteln, was bedeutete, dass Schüler in der Stadt solchen Autoren wie Wallace Stevens ihren Respekt zu erweisen hatten, die das zweifelhafte Glück gehabt hatten, Reading ihren Heimatort nennen zu dürfen. Stevens war 1901 Hockings Kommilitone in Harvard gewesen und kam in Berührung mit James' Pragmatismus, der um die Jahrhundertwende in New England weiterhin zirkulierte. Sowohl Stevens wie Hocking hingen dem Glauben an, den James, Royce und Santayana verfochten, dass die gewöhnliche Erfahrung immer auf eine tiefere, bedeutungsvollere Realität verweist. Und manchmal auch auf etwas zutiefst Erhabenes. Stevens hatte den Chocorua erstiegen, nachdem er in Harvard seinen Abschluss gemacht hatte; vielleicht hatte er sich durch das morgendliche Dunkel sogar den Weg zu genau diesem Aussichtspunkt ertastet. Sein Gedicht »Chocorua to Its Neighbor« ist irritierend schön. Es ist, dem Literaturkritiker Harold Bloom zufolge, »ein Morgenstern-Gedicht, astral und shelleyesk, angesiedelt in der komplexen Akkuratesse jenes Augenblicks, wenn der Tag erst halbwegs angebrochen ist.« Die komplexe Akkuratesse des Augenblicks – das hatte er wirklich akkurat ausgedrückt. Ich saß da in der Stille, horchte auf den Berg und sagte mir das Gedicht im Kopf auf:

Ich höre die Regungen des Geistes und das Geräusch
dessen, was geheim ist, wird mir zu einer Stimme,
Die meine eigene Stimme ist, in meinem Ohr.

Das Geräusch dessen, was geheim ist, hallte still in meinem Ohr nach, eine winzige *Daimon*-Stimme. Ich solle es ihr einfach sagen, meinte sie. Es müsste überhaupt nicht großartig oder erhaben sein. Ich würde einmal – wenigstens einmal – ehrlich sein, und sie könnte darauf eingehen oder es sein lassen. Es war eine Art von komplexer Akkuratesse, der man sich zumindest stellen musste. Stevens wusste allerdings, dass das keine leichte Sache war.

Ich blickte den Hügel hinunter, dorthin, wo die grauen Birken sich allmählich im Morgenlicht abzuzeichnen begannen. Sie schwankten nicht und verschwanden auch nicht wieder im Dunkeln.

»Ich glaube, wir haben offiziell das Morgengrauen verpasst«, sagte sie mit einem Hauch von Enttäuschung. »Vielleicht erwischen wir es beim nächsten Mal. Lass uns weitergehen, ja?« Ich erhob mich und drehte mich um, um ihr zu folgen. Vielleicht konnte ich es ihr auf dem Gipfel sagen – oder unterwegs.

Emerson war ein Spaziergänger. Er glaubte, dass man die Misere der modernen Gesellschaft auf die Unfähigkeit ihrer Mitglieder zurückführen konnte, anständig auf ihren zwei Beinen stehen zu können. Thoreau »schlenderte« oder »pilgerte«, und »da er kein Zuhause hatte, [war er] überall zuhause.« Und William James wanderte. Schwierige Touren. Für James war der Punkt beim Bergsteigen nicht, den Gipfel zu erreichen oder die Sonne zu einem bestimmten Zeitpunkt aufgehen zu sehen; es ging um den Weg. James mochte einfach das Unterwegssein, mochte es, den dumpfen Schmerz in seinen Beinen zu spüren, das Brennen in seinen Lungen. Und er kam dabei beinahe ums Leben. Am 7. Juli 1895 – im Sommer nach seiner Ansprache in der Holden Chapel – machte er sich auf den Weg von der Adirondack Loj in der Nähe von Keene, New York, aus, und da sein Ziel Mount Marcy war, nahm er den Van Hoevenberg Trail zum Gipfel. Der vierundfünfzigjährige James hatte Panther Gorge, auf der südöstlichen Seite des Marcy, im Visier, ungefähr zehn Kilometer entfernt. Er erreichte die Lodge kurz vor der Abenddämmerung und verbrachte die nächsten paar Tage auf diesen Pfaden; keiner von ihnen ist einfach zu bewältigen. In der Rückschau gab James zu, dass dieses strapaziöse Wochenende seinem Herzen einen Schaden zugefügt hat – und dass es sich nie wieder davon erholt hat.

Aber die Geschichte von James und der Panther Lodge ist nicht bloß eine Geschichte übers Wandern. Es ist eine Geschichte über das Wandern und eine Frau, die nicht seine Frau war. Eine Vierundzwanzigjährige namens Pauline Goldmark war die Frau, mit der sich James in der Panther Lodge verabredet hatte. Goldmark war das neunte von zehn Kindern von tschechisch-polnischen, jüdischen Einwanderern. Sie hatte gerade am Bryn Mawr College ihren Abschluss gemacht und würde, dem verheirateten James zufolge, »unter all den Mädchen, [die er kannte], die beste Ehefrau abgeben«. Ihr Treffen in der Wildnis selbst hatte keinerlei skandalösen Beigeschmack. Außer, dass James sich in sie verliebt hatte. Auf irgendeine Weise liebte sie ihn wahrscheinlich ebenfalls. Soweit ich weiß, haben sie diese vermutliche Liebe nie vollzogen, aber das war eigentlich nicht von Bedeutung. In einem Brief an seinen Pragmatismusmitstreiter Ferdinand Canning Scott Schiller beschrieb James Pauline: »[Sie] ist Biologin, hat praktische, karitative Arbeit für Arme in N. Y. geleistet, ist sportlich, eine Tramperin und Camperin und eine Liebhaberin der Natur, wie man sie nur selten antrifft, und obendrein ein herrlich schlichtes, gutes Mädchen mit einem wunderschönen Gesicht – und ich schwärme ziemlich für sie, und wäre ich jünger und ›ungebunden‹, wäre ich wahrscheinlich bis über beide Ohren in sie verliebt.«

Wem wollte James eigentlich etwas vormachen? Im Laufe der nächsten zwanzig Jahre schrieb er fünfundachtzig Briefe an Pauline Goldmark. In einem von ihnen äußerte er den Wunsch, seine einundzwanzig Jahre alte Tochter möge Pauline kennenlernen und dadurch lernen, ein bisschen mehr so zu sein wie sie. Da gab es viel nachzuahmen: Im ersten Jahrzehnt des zwanzigsten Jahrhunderts wurde Pauline Goldmark zur Präsidentin der National Consumers League, die für die Rechte der Arbeiter und gegen die Zwänge industrieller Ausbeutung kämpfte. Danach wurde sie Vizerektorin der School of Social Work an der Columbia University. James' Frau Alice wusste alles über Pauline: Sie waren Bekannte, obwohl Alice der jungen Frau gegenüber verständlicherweise kühl blieb. James machte keinen Hehl aus den Gefühlen, die er für sie hegte. In jenem Sommer bereitete er die Vorlesungen in Edinburgh vor, aus denen später das Werk »Die Vielfalt religiöser Erfahrung« hervorging, und in Panther Gorge machte er eine ebendieser Erfahrungen mit Pauline. Er schrieb an Alice über den Abend, der sich »als eine der denkwürdigsten Erfahrungen all [seiner] denkwürdigen Erfahrungen herausstellte«:

> »Der Mond ging auf und schwebte vor Mitternacht über der Landschaft, sodass nur ein paar große Sterne zu sehen waren, und ich geriet in einen Zustand spiritueller Achtsamkeit der aller intensivsten Sorte. Die Einflüsse der Natur, die Bekömmlichkeit der Menschen um mich herum, insbesondere der guten Pauline, der Gedanke an dich und die Kinder ... das Problem der Edinburgh-Vorlesungen, all das gärte in mir, bis es zu einer echten Walpurgisnacht heranreifte.«

Man könnte die *Walpurgisnacht*, auch bekannt als die Nacht der Hexen, für Halloween halten, aber das wäre falsch: Es ist eine Versammlung von Geistern Ende April, um die Ankunft des Frühlings zu feiern, eine Feier der Wiedergeburt. James und Pauline verbrachten den größten Teil dieser Nacht in der Panther Lodge draußen, vermutlich allein, bis auf die Geister, die in der Walpurgisnacht über die Erde streifen, während das Mondlicht herabströmt, um den Wald in einem »wechselvollen Spiel« zu erleuchten. James kam es so vor, »als ob die Götter aller Naturmythologien ein unbeschreibliches Treffen mit den moralischen Göttern des Innen- und Seelenlebens in meiner Brust abhielten.« Was muss das für ein Treffen gewesen sein: Pan und Dionysos und ein Haufen Satyrn mit den moralischen Göttern von James' Großvater! James kam zum Schluss, dass »diese beiden Arten von Göttern nichts miteinander gemein hatten«, aber dass diese Spannung das spirituelle Treffen zu etwas mache, »dass die Anreise wert sei, und zwar Jahr für Jahr.«

Die Sonne ging schließlich auf nach James' Walpurgisnacht, aber der Wahnsinn hielt an. Pauline war eine Tramperin und Camperin, und James versuchte mitzuhalten. Ihre Gruppe machte sich am nächsten Morgen Richtung Osten auf und erklomm erneut den Mount Marcy, dann den tausendsechshundert Meter hohen Basin Mountain und dann die Gothics. Schließlich erreichten sie das Putnam Camp vor Einbruch der Dunkelheit, und die zehnstündige Wanderung brachte William James beinahe um. Sein Herz bereitete ihm seit jenem Tag Schwierigkeiten, aber das war es wert. 1902, als er nach Edinburgh reiste, um die Gifford Lectures abzuhalten, aus denen später »Die Vielfalt religiöser Erfahrung« hervorging, schrieb er an Pauline und räumte ein, dass er »statt in Edinburgh zu schreiben, lieber auf irgendeinem Gipfel in der Nachbarschaft von K. V. [Keene Valley] sitzen oder liegen würde, mit deiner Seele daneben«. Vieles war James' Herz auf jenem beschwerlichen Weg nach Panther Gorge widerfahren, und er würde nie wieder der Alte sein.

Ein paar kleine Steine rollten ungefähr zehn Meter vor mir über den Felsrand. Ich sah gerade noch rechtzeitig auf, um zu registrieren, dass Carol aus meinem Blickfeld geriet und ich zurückgefallen war. Ich beschleunigte meinen Schritt. Für eine Frau, die eigentlich gar nicht hatte aufstehen wollen, war sie gut unterwegs. Ich dachte an Emersons Kommentar, dass »ein Mensch am Morgen mit seinem ganzen Körper marschiert; am Abend nur noch mit seinen Beinen«. Sie hatte sich den bauschigen Mantel um die Hüfte gebunden und stieg jetzt mit ihrem *ganzen Körper* den Berg hinauf.

Es gelang mir, sie einzuholen, bevor wir den Felskegel oben auf dem Chocorua erreichen würden. Hundert Meter unterhalb des Gipfels liegt eine kleine Hütte, wo Camper immer noch die Nacht verbringen können; sie war aber leer, als wir eintrafen. Wir steckten die Köpfe durch die offene Hüttentür und nahmen dann Platz auf den Felsen, um den Blick auf den See unter uns zu genießen. Die letzten zehn Minuten der Wanderung sind die anstrengendsten, und es ist am besten, sich an diese letzte Strecke zu machen, wenn man einigermaßen ausgeruht ist. Ich zumindest brauchte eine Pause. Mir wurde klar, dass dies vermutlich die längste Phase gewesen war, die ich mit Carol verbracht hatte, ohne dass wir miteinander gesprochen hatten. Ich drehte mich nach ihr um und merkte, dass ich so damit beschäftigt gewesen war, wieder zu Atem zu kommen und über James nachzudenken, dass ich gar nicht registriert hatte, wie erschöpft sie war. Ihr Gesicht war knallrot, und ihre Wangen – nicht ihre Stirn – schimmerten vor Schweiß. Ich gab ihr eine Wasserflasche, streckte mich auf den Felsen hinter uns aus und spähte zum Gipfel hinauf.

Einer Legende nach hatte sich vor vierhundert Jahren ein Abenaki-Seher namens Chocorua von jener Klippe gestürzt und war vermutlich genau da aufgeschlagen, wo jetzt die Hütte stand. Chocorua hatte die eintreffenden englischen Siedler willkommen geheißen, aber als sie seinen Sohn töteten, war er nicht mehr so gastfreundlich gewesen. Nachdem er den Tod seines Sohnes gerächt hatte, floh er auf diesen Berggipfel, dicht gefolgt von einer Anzahl Engländer. Statt gefangen zu werden, entschloss er sich zu einem Sturz von mehr als hundert Metern in die Tiefe. Bevor er sprang, hatte der Seher einen Fluch auf das umgebende Tal ausgesprochen. »Böse Geister sollen dem Vieh des weißen Mannes den Tod einhauchen!

Wind und Feuer ihre Behausungen zerstören! Panther und Wölfe sollen heulen und sich satt fressen an ihren Knochen! Chocorua geht nun zum Großen Geist!« Das war die Quintessenz New Hampshires, die Quintessenz der amerikanischen Philosophie: In Freiheit leben oder sterben. In einem ähnlichen Akt des freien Willens wählte Sokrates den Schierlingsbecher anstelle eines Lebens in Gefangenschaft oder im Exil. Und in einer langwierigeren, aber weniger dramatischen Entscheidung erwanderte sich der gut fünfzigjährige James den Weg in ein relativ vorzeitiges Grab. Für James war es mehr ein Fall von: »In Freiheit leben *und* sterben.« Besser in Freiheit zu sterben, als in Ketten zu leben, oder wie die Geschichte nun lautete.

In den 1890er-Jahren dachten die wohlhabenden Bostoner, die in der Gegend von Chocorua Urlaub machten, dass es eine hübsche Idee wäre, oben auf dem Berggipfel ein Hotel zu bauen. Carol und ich saßen ungefähr hundert Meter von der Stelle entfernt, an der das Hotel, genannt »The Peak House«, einst gestanden hatte. Dieses eingiebelige Schindelhaus war ein fragil wirkendes Ding, ohne Fundament, das auf rutschigem Granit kauerte. 1894 signierten tausend Besucher das Gästebuch, unter ihnen William James. Es kostete dreizehn Dollar, um eine Woche im Peak House zu verbringen – nur knapp unter tausendfünfhundert Dollar nach heutigen Maßstäben. Die Brahmanen von Boston waren offenkundig gern bereit, das zu bezahlen. Jahr für Jahr kehrten sie wieder, um den anstrengenden Weg nach oben zu nehmen und dann wie die Könige zu tafeln.

Ich stand auf und streckte meine Hand aus, um Carol aufzuhelfen. Es war noch ein Gekraxel von etwa hundert Metern bis zur Bergspitze. Sie war erschöpft, aber sie sammelte sich, und wir wandten uns dem Gipfel zu. Ich hatte diese Tour schon viele Male gemacht, aber heute war auch ich zu müde. Und vorsichtig. Der Wind wehte, und ich wusste, dass er auf dem Gipfel sehr kräftig werden könnte. Der Wind hatte dann auch das Peak House 1915 heruntergeweht, und es war nie wieder neu errichtet worden. Carol wollte die Sache immer noch in Angriff nehmen, aber mir wurde plötzlich klar, dass der Wind viel zu stark geworden war. Wir konnten uns den Bergkegel ein anderes Mal vornehmen. Zögerlich stimmte sie mir zu, und vorsichtig machten wir uns wieder an den Abstieg.

DER WILLE ZUM GLAUBEN

Die Tage wurden kürzer und kälter, und die Herbstferien rückten näher. Carol und ich machten uns an unsere jeweilige Semesterendplackerei, und unser Wochenende mit Chocorua, James und Coleridge verblasste allmählich und verschmolz mit dem trostlosen Grau des Schnees in New England. Sie fuhr in die Ferien, erst zu ihrem Ehemann nach Toronto, dann mit der Familie ihrer Schwester in die Toskana. Ich blieb zu Hause. Mein *Daimon* konnte protestieren, aber das änderte schlicht gar nichts: Am Ende dieser kurzen Tage war ich immer allein in meiner Wohnung. Diese Abende hatten etwas schrecklich Unausweichliches, als wären sie von einer Macht heraufbeschworen worden, die menschlichen Bedürfnissen gegenüber vollkommen gleichgültig war. In »Der Mythos des Sisyphos« schreibt Camus, dass die menschliche Natur vom »Absurden« bestimmt ist, was er als den Zusammenstoß zwischen dem menschlichen Verlangen nach Glück und Sicherheit und einer Welt, die es ununterbrochen durchkreuzt, definiert. Sisyphos rollt seinen Felsbrocken den Hügel hinauf, aber die Schwerkraft besiegt ihn regelmäßig. Ich füllte die Tage aus, so gut ich konnte – korrigierte Hausarbeiten, machte die Wäsche, erledigte meine Steuererklärung, tat mein Bestes, um nicht an Toronto oder die Toskana zu denken – aber alles schien mir so leer, so mechanisch, war schmerzliche Sisyphosarbeit.

Ich habe nie eines der Hocking-Bücher mit nach Boston

genommen, aber Huxleys Exemplar von Cudworth war mir irgendwie nach Hause gefolgt und unterbrach die Monotonie. Eines Abends entdeckte ich es auf dem Rücksitz des Subaru, während ich meine Einkäufe auslud: ein unerwartetes, aber bedeutungsvolles Souvenir meines – nein, *unseres* – letzten Wochenendes in New Hampshire. Ich legte es vorsichtig in eine der dünnen Einkaufstüten und steuerte meine leere Wohnung an. Jetzt hatte ich jede Menge Zeit, um mich mit dem Rätsel von Neuplatonismus, Evolution und amerikanischer Philosophie zu beschäftigen.

Die Idee, dass die Mechanismen der Welt im Voraus festgelegt sind, mechanistisch determiniert und dazu ausersehen, die Menschen von einem tragischen Augenblick zum nächsten zu katapultieren, hat die Geschichte der Philosophie von Anbeginn heimgesucht. Das war die Idee, die Cudworth den größten Teil seines Lebens entschieden bekämpft hat. Ich stellte die Einkäufe und den Cudworth im Wohnzimmer ab und schlüpfte in das schwach beleuchtete Badezimmer. Als ich in den Spiegel sah, musste ich zugeben, dass die Beweise für den Determinismus ziemlich überzeugend waren. Ich war im Verlauf des letzten Jahres ziemlich unkontrolliert gealtert, mit Falten, Stoppeln und grauem Haar, das plötzlich und unerwartet aufgetaucht war. Ich konnte das Gefühl nicht abschütteln, dass ich gegen meinen Willen ein anderer wurde und mehr und mehr meinem Vater ähnelte. Ich kehrte in das Wohnzimmer zurück, umschiffte das Sofa, um das sich meine Exfrau und ich gekabbelt hatten, das ich aber schließlich gekauft hatte, ließ mich in meinem ramponierten Armsessel nieder und legte die Füße auf den Couchtisch, an dem wir regelmäßig schweigend unser Abendessen zu uns genommen hatten. Ich musterte die leere Weinflasche auf dem Tisch. Ich hatte sie am vorigen Abend mit mir selbst geteilt. In jenem Augenblick, den Cudworth auf dem Schoß, schien es mir wahrscheinlich, dass ich den Rest meines Lebens in diesem Sessel verbringen würde.

Cudworth hätte mich für meinen Fatalismus ausgeschimpft. Er hatte den freien Willen in einem Zeitalter verteidigt, in dem die Wissenschaft gerade zu demonstrieren begann, dass das Leben – einschließlich des menschlichen Lebens – eine Funktion unumstößlicher physikalischer Gesetze war. Viele Philosophen, einschließlich Cudworth, wüteten gegen die gleichgültige Maschinerie des Determinismus. Andere wie Hobbes gaben einfach auf. Für Hobbes, wie für viele Wissenschaftler seiner Zeit, war Leben nur Materie in Bewegung. In *De Corpore* beschreibt Hobbes Menschen als natürliche, vergängliche Körper, als eine unter vielen anderen Arten, wie etwa Mäuse und Stachelschweine. Was unsere Willensfreiheit anbelangt, so haben, laut Hobbes, die Menschen die gleichen Ausgangsbedingungen wie andere empfindungsfähige Wesen; ihr Wille wird von äußeren Kräften bestimmt. In den Worten von John Fruit, der Hobbes' materialistische Theorie in den 1890er-Jahren zusammenfasste: »Der Mensch ist ein Automat; die Vorstellung von einer Persönlichkeit, insbesondere was den Begriff der Selbstbestimmung anbelangt, wird ausgeschlossen ... die Begründung ist, dass das, was wir Willensakte nennen, in Wahrheit zwangsläufig geschieht, denn diese werden zwar vom Willen veranlasst, der aber umgekehrt durch Notwendigkeit bestimmt wird.« Cudworth ging die Wände hoch. Dies war keine Welt, wie sie der Cambridge-Platoniker vertragen konnte. Ohne freie Wahl und freien Willen war es eine Welt ohne Moralgesetze und deshalb – einfach undenkbar, so etwas – ohne Gott.

Auf Huxleys verspannte Handschrift blickend, wandte ich mich dem Vorwort von Cudworths »The True Intellectual System of the Universe« (»Das wahre geistige System des Universums«) zu. Was für ein langweiliger Titel, wo es doch um ein so faszinierendes Thema geht! Cudworth verstand die Implikationen von Hobbes' Materialismus: Determinismus, was umgekehrt einen moralischen Subjektivismus implizierte (den Standpunkt, dass moralische Tugendhaftigkeit schlicht eine Sache des Eigennutzes sei), ließ die Tür für den Atheismus offen. Tatsächlich war Cudworth einer der ersten Autoren, der Hobbes hier ins Gebet nahm, anfangs in seinem »Intellectual System« und dann in seiner Verteidigung der Moralität in »A Treatise of Free Will« (Eine Abhandlung über den freien Willen). Als Studienanfänger hatte ich genug vom »Treatise« gelesen, um seine Kernaussagen zu verstehen; tatsächlich enthält seine Anfangsthese auch schon seine Schlussfolgerung: »Wir scheinen doch eindeutig… zu der Einsicht gelangen zu müssen, dass manches in unserer eigenen Macht liegt und dass wir in unseren Handlungen nicht ganz und gar passiv sind, noch von einer unausweichlichen Notwendigkeit beherrscht werden, was auch immer wir tun.« Die philosophischen Kampflinien waren gezogen.

Thomas Huxley war sehr an der Debatte über den freien Willen interessiert, weil er Mitte des neunzehnten Jahrhunderts dabei war, sie zu erneuern. Er verkündete die Wiederkunft des modernen Determinismus. Seine Philosophie bildete, wenn man sie mit der von Darwin und Spencer verband, den Siedepunkt für eine Generation klassischer amerikanischer Denker wie Hocking und James, die in einem wissenschaftlichen Zeitalter, das ihn in Frage stellte, den freien Willen bewahren wollte. Obwohl er in moderner Biologie und Physiologie ausgebildet war, Gebiete, die ihn für evolutionäre Hypothesen empfänglich machten, entwickelte sich William James zu Huxleys differenziertestem amerikanischen Kritiker.

Am 26. Dezember 1859 veröffentlichte Huxley eine Rezension von Darwins »Ursprung der Arten« in der Londoner *The Times* in fünftausend Wörtern. Huxleys Besprechung, die mit »Die Darwinistische Hypothese« überschrieben war, war extrem positiv. In den folgenden Jahren wurde Huxley, während diese umstrittene Hypothese von empirischen Belegen bekräftigt wurde, Darwins größter Unterstützer. Viele Menschen waren allerdings erheblich weniger zuversichtlich. Diese Kritiker verstanden die Darwinsche Evolution so, dass sie die Beweise für die Art von Materialismus und Determinismus lieferte, die Hobbes' Philosophie vorweggenommen hatte. Der Gedanke war, dass das Leben nicht das Produkt göttlicher Schöpfung oder Entscheidung war, sondern des unausweichlichen Prozesses materieller Variation und Selektion. Die Selektion vollzog sich durch einen Kampf ums Überleben, der irritierenderweise so wie Hobbes' »Krieg aller gegen alle« wirkte. Noch verstörender für den traditionellen Humanismus war die Idee, dass die anscheinend transzendenten Aspekte der menschlichen Zivilisation – ihre Kunst, ihre Moralität, ihr Glaube – in Wirklichkeit bloß notwendige Erscheinungsformen dieses biologischen Kampfes waren. Wenn die ganze Ideologie einmal abgestreift war, dann waren wir, nach Hobbes, bloß voneinander isolierte Tiere, mit blutbefleckten Zähnen und Klauen.

Huxley dachte, dass Darwin vor den radikalsten und verstörendsten Implikationen seiner Theorie zurückgeschreckt war – nämlich, dass die Menschen das direkte Produkt der Evolutionsgeschichte waren. Huxley war entschlossen, nicht denselben Fehler zu machen. 1861 wurde er eingeladen, eine Reihe von Vorlesungen in vergleichender Anatomie an der Universität von Edinburgh zu halten; hier stellte er die brisante These auf, dass die Menschen sich, wie jedes andere Tier auch, durch natürliche Selektion entwickelt hatten. Obwohl er nicht direkt behauptete, dass wir von Affen abstammen, kam er dieser Aussage doch sehr nahe, indem er ausführte, dass Menschen und andere Primaten einen gemeinsamen Vorfahren haben. In einem Brief an seine Frau bezog sich Huxley auf die Popularität seiner Vorlesungen und scherzte darüber, was dieses große Publikum wohl lernen würde: »Meine Werktätigen bleiben wunderbar am Ball, und gestern Abend war das Haus voller denn je: Nächsten Freitagabend werde ich sie alle davon überzeugt haben, dass sie Affen sind.« Einige Mitglieder seines Publikums waren zufrieden mit Huxleys Lektionen, aber andere nicht. Ein guter Freund Huxleys machte sich über den außerordentlichen Schrecken lustig, den einige seiner Zuhörer empfanden, während sie seinen Erkenntnissen über vergleichende Anatomie lauschten:

»Der Professor ... war sogar einmal bei der British Association aufgetreten und hatte erklärt, dass Affen in ihrem Gehirn einen Hippocampus major haben wie wir Menschen. Was eine schockierende Behauptung war, denn falls es so war, was würde aus Glaube, Hoffnung und Nächstenliebe von Millionen unsterblicher Seelen werden? ... Falls in nur einem einzigen Affengehirn je eine Hippocampus major entdeckt werden würde, dann wird nichts unsere Ur-ur-ur-ur-ur-ur-ur-ur-ur-ur-ur-uriger-urigste-Großmutter davor bewahren, auch ein Affe gewesen zu sein.«

Huxley wurde für seine Ansichten verflucht. Seine Vorlesungen wurden als die »blasphemischste Widerrede gegen die Bibelerzählung und -lehre« und als »die herabwürdigendste Theorie, die jemals vor einem gebildeten Publikum vorgetragen worden ist«, beschrieben.

Trotz dieser Kritik wiederholte Huxley die Edinburgh-Vorlesungen im Herbst 1861 und stellte sie dann zu seinem Werk »Zeugnisse für die Stellung des Menschen in der Natur« zusammen, in dem er behauptete, dass der angestammte Platz des Menschen direkt neben seinen Brüdern unter den Primaten sei. Dies war die Vorlesungsreihe, die die Aufmerksamkeit amerikanischer Denker erregte, einschließlich William James'. In Großbritannien sammelten die religiös Gesinnten ihre Truppen, um die besondere Nische zu verteidigen, die Gott für die Menschen reserviert habe. Der Anatomiker und Paläontologe Charles Carter Blake behauptete, dass Huxleys Theorie »ununterscheidbar sei von der eines absoluten Materialismus und sogar zum Atheismus tendiere«. Huxley musste zugeben, dass Blake hier einen Nerv getroffen hatte. Die Herausforderung für Huxley war es, einen kompromisslosen Materialismus weiterzuentwickeln, einen, der Agnostizismus, wenn nicht Atheismus implizierte, ohne jeglichen Anklang an Moralität und menschlichen Sinn aufzugeben.

Vielen zeitgenössischen Lesern kommen Cudworth und Huxley anscheinend wie merkwürdige Gestalten in einer Geschichte amerikanischer Philosophie vor – sie sind nicht einmal Amerikaner. Aber Hocking verstand, dass die Frage des freien Willens *die* Frage des amerikanischen Pragmatismus war. James, Dewey und Peirce hatten ihre philosophischen Zähne in die britische Evolutionsdebatte der 1860er-Jahre geschlagen, und in unterschiedlichem Ausmaß betrachteten sie Huxley dabei als ihren primären Gesprächspartner. 1865, im Alter von dreiundzwanzig, veröffentlichte William James seine erste Besprechung in *The North American Review*. Sie widmete sich Huxleys »Lectures on the Elements of Comparative Anatomy« (Vorlesungen über die Elemente vergleichender Anatomie), eine Version der Vorlesungen, die Huxley in Edinburgh gehalten hatte. James schrieb zustimmend über Huxleys Empirismus und lobte ihn dafür, dass »er die Ansicht über die Phänomene des Lebens vertrete, die sie als Ergebnis der allgemeinen Naturgesetze versteht und nicht als Ergebnis der Unterordnung jener Gesetze unter irgendein Prinzip der Individualität, das jedes Mal ein anderes ist«.

Wie Huxley unterstützte James die Darwinsche Hypothese, aber anders als Huxley war er auch tief von ihr verstört und schrieb, dass das Darwinsche Konzept »zumindest hypothetisch in seiner Tendenz atheistisch ist, und als solches verursacht sein Fortschritt viel Aufregung unter vielen exzellenten Menschen«. Der Wissenschaftler James musste sich an die Fakten von Biologie und Anatomie halten, aber dies brachte ihn in ein gewisses Dilemma. Er war mit einem Vater aufgewachsen, der ein Gefolgsmann des schwedischen Mystikers Emanuel Swedenborg gewesen war, was unter anderem bedeutete, dass er Raum für das Übernatürliche hatte lassen wollen. In seiner Rezension Huxleys stellt James fest: »Auch wenn man einräumt, dass die [Evolutions-]Theorie vieles von unserer moralischen Erfahrung unberücksichtigt lässt und bloß eine partielle Synthese liefert – und wenn man einräumt, dass sie gegenwärtig dem Übernatürlichen den Rücken kehrt –, könnte sie nicht dennoch einem exzellenten Zweck dienen und sich am Ende, indem sie Ordnung ins Natürliche bringt, als ein notwendiger Schritt auf dem Weg zu einem umfassenderen, reineren Blick auf das Übernatürliche erweisen?«

Am Ende würde die Evolutionstheorie vielleicht den reineren Blick auf Gott ermöglichen. Dies war denkbar, aber nicht wahrscheinlich, und James wusste das. Am Schluss der Besprechung lobt er Huxley für seine entschlossene Verteidigung Darwins, aber er glaubt, dass der Brite sich in eine schreckliche Zwickmühle gebracht hat. Abschließend bewertet William James Huxleys Theorie in ihrer Gesamtheit und kommt in einem Augenblick krassen Understatements zum Schluss, dass »all dies in gewisser Weise problematisch ist«. James verfiel in eine tiefe Depression, nachdem er diese Rezension geschrieben hatte. Ende 1860 schlug er sich mit dem Gedanken an Selbstmord herum. »In gewisser Weise problematisch.« Die Lektion, die James aus der Evolutionstheorie herauslas, war die von einer reinen existenziellen Mannigfaltigkeit – menschliches Leben war ein natürlicher Prozess, der mit dem Geschrei von Babys einsetzte und mit Todesqualen endete. Dazwischen lag der anscheinend sinnlose Kampf ums Überleben. Es half wahrscheinlich auch nicht, dass James den größten Teil des Jahrzehnts damit verbrachte, die Funktionsweise der biologischen Welt bei dem berühmten Harvard-Naturforscher Louis Agassiz zu studieren. Er hatte an Agassiz' Expedition nach Brasilien teilgenommen und damals festgehalten, dass er »Körper und Seele [sei], in einem so unbeschreiblich hoffnungslosen, heimatlosen und freudlosen Zustand, wie [er] ihn niemals wieder erleben wolle.« Als er in die USA zurückkehrte, nahm er eine Stelle in Henry Bowditchs Pathologie an und bekam einen sogar noch intensiveren Eindruck vom elenden Schicksal der Menschheit.

Ich erinnerte mich an die morbiden Skizzen, an denen James in dieser Phase gearbeitet hatte – Dutzende schauriger, körperloser Köpfe. Ich konnte mich immer noch an die Signatur der Schachtel in der Houghton Library erinnern: *MS Am 1092.2*. Eine Schachtel voller toter Leute. Ich erinnerte mich daran, wie ich mich von den dunklen, schauerlichen Motiven von James' Kritzeleien angezogen gefühlt und eine Fülle von Zeichnungen ignoriert hatte, die zu der Zeit nicht zu einem Narrativ existenzieller Angst zu passen schienen. Genauer gesagt, es gab eine Menge Bilder von Tieren von seiner Reise nach Brasilien und, noch genauer, immer und immer wieder welche von Affen. Es schien, dass James Affen beinahe genauso gern mochte wie tote Menschen. An jenem trostlosen Abend, allein in meiner Wohnung, begannen die Affen im Zusammenhang mit existenzieller Qual mehr Sinn zu ergeben. Am Ende würde die Evolutionstheorie vielleicht die reinere Ansicht von Gott zu erkennen geben, wie James einmal behauptet hatte. Aber wahrscheinlicher würde sie enthüllen, dass wir alle am Ende nur ein Haufen toter Primaten sind. Ich sah von meinem Buch auf, um den chaotischen Käfig zu mustern, den ich mein Zuhause nannte. Äonen evolutionärer Entwicklung hatte mich in dieses elende Domizil im North End verschlagen, das ich mir kaum leisten konnte. Und hier sollte ich für den Rest meines Lebens ausharren. *In gewisser Weise* problematisch?

Huxleys Resultate quälten James über all die Jahre der Depression während seiner Zwanziger hindurch. Es gelang ihm erst, sich aus der Depression und dem Determinismus wieder herauszuhelfen, nachdem er den französischen Einsiedler und Philosophen Charles Renouvier gelesen hatte, der behauptete, dass der beste Beweis für den freien Willen die Bereitschaft eines Individuums sei, seine Existenz zu bekräftigen. In den Monaten nach dem Tod meines Vaters hatte diese Idee nicht wenig meiner psychischen Energie beansprucht, aber sie kam mir immer seltsam – wenn nicht sogar boshaft – zirkulär vor. Am Ende kam ich zum Schluss, dass James, der am Rande eines psychischen Zusammenbruchs stand, nach jedem philosophischen Strohhalm griff. Am 30. April 1870 schrieb James über seine Hinwendung zu Renouvier und die Abwendung von Huxley:

>»Ich glaube, dass ich gestern eine Lebenskrise hatte. Ich beendete den ersten Teil von Renouviers zweiter Sammlung »Essais« und sehe keinen Grund dafür, warum seine Definition des freien Willens – ›das Festhalten an einem Gedanken, weil ich das so beschließe, auch wenn ich andere Gedanken haben könnte‹– die Definition einer Illusion sein soll. In jedem Fall werde ich in der gegenwärtigen Lage – und bis nächstes Jahr – beschließen, dass sie keine Illusion ist. Mein erster Akt des freien Willens soll sein, an den freien Willen zu glauben.«

Dieser intime Augenblick der Einsicht wurde zur Basis seiner öffentlichen Bekräftigung des freien Willens, gegen Huxleys Determinismus. 1874 veröffentlichte Huxley »On the Hypothesis That Animals Are Automata« (Über die Hypothese, dass Tiere Automaten sind), was die Hypothese abwägte und wiederaufnahm, die Hobbes in seinem »Leviathan« aufgestellt hatte – namentlich, dass lebende Organismen eine unheimliche Ähnlichkeit mit Maschinen besitzen. Für Hobbes und Huxley waren die Menschen als lebende Organismen gebunden an die mechanischen Gesetze der Natur. »Es ist, soweit ich es beurteilen kann, durchaus wahr«, schließt Huxley, »dass die Beweisführung, die für die Tiere gilt, genauso gut auch bei den Menschen zutrifft; und dass daher alle Zustände von Bewusstsein in uns, wie bei ihnen, unmittelbar von molekularen Veränderungen der Hirnsubstanz verursacht werden.« Er behauptete, dass geistiges Leben auf körperliche Zustände reduziert werden könnte und dass das »Gefühl, das wir Wille nennen, nicht die Ursache für einen Willensakt ist, sondern das Symbol für den Zustand des Gehirns, der die unmittelbare Ursache für jenen Akt ist. Wir sind Automaten mit Bewusstsein ...« In seiner Jugend hätte James diese Worte nicht ohne ein erhebliches Maß an Furcht und Zittern gelesen, aber jetzt war er älter und, mit dem philosophischen Werkzeug Renouviers bewaffnet, war er nunmehr bereit, in einen richtigen Kampf zu ziehen. 1879 veröffentlichte er seine Erwiderung auf Huxley in *Mind*. Er nannte den Artikel »Sind wir Automaten?«. Dieser Artikel setzte James auf die philosophische Landkarte und diente als Grundlage für einen seiner berühmtesten Essays innerhalb des amerikanischen Pragmatismus, »Der Wille zum Glauben«. In »Sind wir Automaten?« antwortet James auf Huxley mit dem Gefühl: Nein – nein, das sind wir ganz sicher nicht.

Gefühl. Für eine Zehntelsekunde dachte ich an die Toskana, daran, dass ich meine Kreditkarte auf einen Schlag ausreizen und einen Hinflug kaufen und morgen da sein könnte. Diese Art von Impuls – so emotional lebendig wie absurd – untermauerte James' Argument gegen den Determinismus. Er legte dar, dass das Gefühl der Freiheit nicht weganalysiert werden oder auf eine diskrete Reihe physikalischer Prozesse reduziert werden konnte. Gefühl – unmittelbar, persönlich, *frei* – war nicht vorherbestimmt und hatte durchaus eine kausale Wirkmacht. Bis die Wissenschaft oder die Philosophie Beweise für das Gegenteil bereitstellte, schrieb James, war es am besten zu glauben, dass ein freies Gefühl eine aktive Kraft im Universum war:

>»Wenn eine Philosophie kommt, die durch neue Fakten oder Begriffe zeigen kann, wie bestimmte Gefühle bar jeder kausalen Wirkmacht sind, ohne dass die Gattung Gefühl als Ganze zur Sorte von *ignis fatuus* und Ausgestoßener wird, die sie heute für so viele ›Wissenschaftler‹ (böses Wort!) zu sein scheint, werden wir Professor Huxley huldigen … als [einen] wahren Propheten. Bis dahin halte ich daran fest, dass wir uns den geringfügigeren Irrtum einhandeln, indem wir annehmen, dass unser bewusstes Selbst als aktiver Mitstreiter für seine Interessen in der Arena ficht und nicht als schwächlicher und paralysierter Zuschauer am Spielfeldrand steht.«

Ich hatte nicht mehr genug Geld auf meiner Kreditkarte, um zu verreisen, erst recht nicht, um das Flugticket nach Italien zu bezahlen, das ich auf Orbitz gefunden hatte. Aber das macht eigentlich nichts. James' Argument blieb dennoch stichhaltig. Das Gefühl war nicht, in James' Worten, »bar jeder kausalen Wirkmacht«. Der Wille kam zweifellos an seine Grenzen, was seine Wirkmacht anbelangte, aber er konnte auf jeden Fall *etwas* bewirken. Dies nahm James' Haltung in »Der Wille zum Glauben« vorweg, ein Essay, der 1896 veröffentlicht wurde – ein Jahr nach seinem Abend in der Holden Chapel –, in dem er ausführt, dass es viele Situationen gibt, die durch empirische Analyse nicht vollständig erklärt werden können. Wenn bestimmte Fragen auf der Basis von empirischen Beweisen nicht beantwortet werden können, dann ist es berechtigt, sie durch das zu beantworten, was er »freiwillig angenommenen Glauben« nennt. In anderen Worten, uns ist gestattet zu glauben, was immer wir wollen. In der Zeit nach dem Tod meines Vaters war ich zu dem Glauben gelangt, dass solche Fragen nicht existierten, oder dass sie es, wenn sie es doch taten, eigentlich nicht wert waren, gestellt zu werden. Für mich schmeckte James' These nach der Pascalschen Wette. Im siebzehnten Jahrhundert argumentierte der Franzose, dass es in Ermangelung von Beweisen sicherer sei, an Gott zu glauben (da man relativ wenig verliert, wenn man sich über seine Existenz irrt), als sich zum Atheismus zu bekennen (und am Jüngsten Tag ewige Verdammnis zu riskieren). »Freiwillig angenommener Glaube« kam mir wie ein Euphemismus für absichtliche Ignoranz vor, aber dann begann ich allmählich, es anders zu sehen.

Soll ich meine Liebe bekennen? Soll ich moralisch sein? Soll ich leben? Dies sind die wichtigsten Fragen des modernen Lebens, es sind aber auch Fragen, auf die es keine faktisch verifizierbaren Antworten gibt. Für James wären solche Antworten bestenfalls provisorisch. Es gibt keine körperlichen Anzeichen dafür, dass jemand emotional bereit ist, Liebhaber oder Ehemann zu werden, keine Weissagungen, die einem nahelegen, dass man bei dem einen oder anderen besonders gut abschneiden wird. Tatsächlich gibt es oft eine irritierende Menge von Gegenbeweisen. Aber Menschen müssen dennoch eine Wahl treffen, müssen trotz aller Ungewissheit wesentliche Entscheidungen treffen. Liebe ist, was James eine »forcierte Option« genannt hätte – man entscheidet sich entweder dafür zu lieben oder eben nicht. Einen Mittelweg gibt es nicht. Es wäre praktisch, wenn die Wissenschaft oder die Logik auf diese forcierten Optionen eine Antwort hätten, aber, wie James ausführt, »die Wissenschaft kann uns sagen, was existiert; aber um die *Werte* miteinander zu vergleichen, sowohl dessen, was existiert, als dessen, was nicht existiert, müssen wir nicht die Wissenschaft befragen, sondern das, was Pascal unser Herz nennt.«

Ich stand vom Sofa auf, hinterließ wieder eine leere Flasche Wein – die ich, wie ich mir zu sagen versuchte, aus freiem Willen getrunken hatte – und musterte meine Bücherregale. Was ich da so hatte, konnte nicht mit West Wind konkurrieren, aber für mich war es gut genug. Ich fischte James' »Der Wille zum Glauben« heraus und kehrte zu der Frage zurück, die Cudworth schon vor Jahrhunderten gestellt hatte. James hatte Pauline Goldmark das erste Mal im September 1895 getroffen, bevor er den Essay Anfang 1896 schrieb und veröffentlichte. Als er über die möglichen »Werte« des Lebens und die kausale Wirkmacht des Willens schrieb, war eindeutig das prekäre Thema der Liebe gemeint. Über Liebe wurde nicht aufgrund von empirischer Feldforschung entschieden: Stattdessen war es ein »Vielleicht«, das vom Herzen entschieden wurde. In »Der Wille zum Glauben« denkt James über die Frage nach, die nur der Wille beantworten kann:

»*Haben Sie mich gern oder nicht?* – zum Beispiel. Die Entscheidung dieser Frage hängt in zahllosen Fällen davon ab, ob ich Ihnen auf halbem Wege entgegenkomme, ob ich anzunehmen geneigt bin, dass Sie mich gern haben müssen, und Ihnen Zutrauen und Erwartung entgegenbringe. Der von mir im Vorweg mitgebrachte Glaube an das Vorhandensein Ihrer Zuneigung ist es, was in solchen Fällen Ihre Zuneigung hervorruft. Bleibe ich aber abseits stehen und weigere mich, auch nur einen Zoll breit entgegenzukommen, bis ich objektive Evidenz habe, bis Sie etwas vollbracht haben [...] zehn gegen eins [...], dass Ihre Zuneigung niemals eintritt [...] Bei Wahrheiten also, welche von unserem persönlichen Handeln abhängig sind, ist ein Glaube, welcher auf dem Wunsch beruht, sicherlich etwas Berechtigtes und vielleicht etwas Unentbehrliches.«

Ich wollte dem wirklich zustimmen: ein Glaube, welcher auf dem Wunsch beruht, auf dem Gefühl des Willens, war etwas Unentbehrliches. In James' Worten: »Der Wunsch nach einer bestimmten Art Wahrheit bringt [hier] die Existenz dieser besonderen Wahrheit zuwege.« Ich kehrte wieder zu meinem Computer zurück, um noch einmal bei Orbitz nachzuschauen. Nichts hatte sich geändert, aber ich würde weiter nach Flugtickets Ausschau halten.

Ich legte den Cudworth auf den Küchentresen und trollte mich ins Bett mit dem Gedanken, dass amerikanische Philosophie einen Idealismus und eine Sympathie für das menschliche Gefühl übernommen hatte, die das Leben ein wenig erträglicher machten.

EVOLUTIONÄRE LIEBE

Die Entdeckung des Cudworth-Exemplares unterbrach meine Alltagsroutine und erinnerte mich wieder an Themen und Motive der amerikanischen Philosophie, die ich erneut zu verlieren drohte: die Idee der Freiheit und die Aussicht auf Liebe. Ich erwachte, duschte, rasierte mich, räumte die Wohnung auf und kehrte zu meinen Büchern zurück.

Nachdem er »Der Wille zum Glauben« veröffentlicht hatte, sah sich James mit einem Aufschrei der Kritik konfrontiert. Er schrieb an seinen Freund und Mentor Charles Sanders Peirce, dass »er wegen des Essays ganz schön in der Klemme stecke«. Peirce fand ihn höchst originell und bewunderte James' Verteidigung des freien Willens, aber er hatte einige ernsthafte Vorbehalte. James' Argument für die kausale Wirkmacht des menschlichen Willens konnte nur teilweise eine Antwort auf Huxley und andere biologische Deterministen liefern. Die Frage, die Peirce weiterhin umtrieb, betraf den *Ursprung* der menschlichen Freiheit. Woher kam der freie Wille? Was sind die metaphysischen Voraussetzungen des freien Willens? Peirces Antwort auf das Problem des Determinismus setzte etwas andere Akzente als die von William James. Während James versuchte, die Existenz der Freiheit durch einen Akt von durch Renouvier inspiriertem Mutwillen zu beweisen, wollte Peirce, der Wissenschaftler, sorgfältig untersuchen, bis zu welchem Grad der »Zufall« – den er als Ermöglichung der Freiheit betrachtete – in der Funktionsweise des Universums am Werk war. Wie James hatte Peirce sich während seiner Studienzeit in Harvard an Huxley und Darwin abgearbeitet. In den 1860er-Jahren hatte er die biologischen Klassifikationssysteme von sowohl Agassiz als auch Huxley kritisiert, aber alles in allem fand er die Möglichkeiten der Evolution faszinierend. Darwins Tod 1882 bot die Gelegenheit für die Gelehrten, einschließlich Peirce, eine Bilanz hinsichtlich des Einflusses der Evolutionstheorie zu ziehen und ihren Kurs zu korrigieren. Peirce dachte, dass Theoretiker, die in der Nachfolge von Darwin arbeiteten, ihm einen Bärendienst erwiesen hatten, indem sie den Akzent auf die Wohlgeordnetheit der Evolution legten statt auf Zufall und Variation. Ende 1883 schrieb Peirce in einem unveröffentlichten Manuskript mit dem Titel »Absicht und Zufall«: »Es ist mir immer eigenartig vorgekommen, dass ein Evolutionstheoretiker, ob er nun der Schule Spencers, Darwins oder irgendeiner anderen anhängt, auf die Frage, was die treibenden Kräfte der Evolution sind, immer verschiedene Tatsachen und Gesetze erwähnt, aber nicht ein einziges Mal den *Zufall*.«

Peirces Interesse am Zufall in den 1880er-Jahren war nicht bloß akademischer Natur. Er war in dieser Lebensphase von den Umständen und Launen seines Privatlebens und, genauer gesagt, denen seines Liebeslebens gänzlich in Anspruch genommen. »Absicht und Zufall« wurde geschrieben, während Peirce überlegte, das radikalste Risiko seines Lebens einzugehen. Vor vielen Jahren, 1862, hatte er Harriet Melusina »Zina« Fay geheiratet und sich dadurch zeitweilig jeder Chance aufs Glück beraubt. Zina war unabhängig und klug und wollte Charlies dandyhafte und dilettantische Art absolut nicht akzeptieren, und seine Familie war ihr außerordentlich dankbar, als sie begann, ihn zurechtzustutzen. Peirce war allerdings nicht für Angepasstheit und Engstirnigkeit geschaffen und suchte Ende der 1870er-Jahre nach Ablenkung. Er fand eine in der Person von Juliette Froissy, einer wunderschönen, zierlichen Schauspielerin, der er wahrscheinlich 1876 beim Weihnachtsball im »Hotel Brevoort« in New York begegnete. Die Betonung liegt hier auf »wahrscheinlich«. Niemand – außer Peirce und Juliette – schien zu wissen, wo genau oder wann genau sie sich kennengelernt hatten. Übrigens schien auch niemand genau zu wissen, wer Juliette eigentlich war. Peirce behauptete bis ins hohe Alter, dass er nicht einmal ihren wahren Nachnamen wisse. Einige sagten, sie sei eine Prinzessin der Habsburger, andere, sie sei eine Roma, wiederum andere, sie entstamme der französischen Aristokratie.

Das Traurigste an vielen Skandalen ist die Vertuschung, ein schwacher Versuch, die radikale Entscheidung, die jemand getroffen hat, zu kaschieren und einen Augenblick der Raserei in die bequeme Normalität des Alltäglichen einzupassen. Ich dachte, dass Peirce seine romantische Affäre mutig, wenn auch nicht unbedingt klug gehandhabt hatte. Er hat nicht versucht, sie zu verbergen; tatsächlich führte er sie sechs Jahre lang ganz offen, reiste mit Juliette, während er immer noch mit Zina verheiratet war. Ich vermute, dass er keine Freude darüber empfand, grausam zu sein oder zu schockieren, sondern einfach das Gefühl der Freiheit genoss, dass damit einherging, etwas gesellschaftlich Inakzeptables zu tun. Für einen Mann, der von Fragen des Determinismus geplagt war, war dieser Augenblick der freien Liebe wahrscheinlich eine willkommene Erleichterung. Im April 1883 beschloss Peirce schließlich, dass er aus seiner Ehe herauswollte, und reichte die Scheidung ein, was in jenen Tagen eine Seltenheit war. Zwei Tage später heiratete er Juliette. In einem einzigen, impulsiven Akt bekannte sich Peirce zu einer romantischen Verpflichtung nach dem

Motto: »Bis dass der Tod uns scheidet«, gab seine Liebe zur Macht des Zufalls zu Protokoll und bekräftigte seinen Ruf als akademischen und gesellschaftlichen Außenseiter. Die Nachwehen dieser verbotenen Ehe waren hässlich. Peirce schrieb im folgenden Monat »Absicht und Zufall«, als hinge sein Leben davon ab. Es war eine metaphysische Rechtfertigung radikaler Kontingenz. Menschliches Leben – wie das Universum insgesamt – hielt sich nicht durchgehend an Gesetze und gesittete Gewohnheiten. Es wurde durch zufällige Begebenheiten definiert, deren Häufigkeit umgekehrt proportional zu ihrer Bedeutsamkeit steht: Katastrophische Ereignisse sind selten; weniger dramatische passieren häufiger.

Peirce erkannte, dass seine Rechtfertigung des radikalen Zufalls nicht unproblematisch war. Der Determinismus verneinte den freien Willen, indem er meinte, dass jede Handlung – auch die der Menschen – durch eine unendliche Reihe früherer Ereignisse verursacht wurde. Unsere Entscheidungen und Verhaltensweisen sind schicksalhaft und daher außerhalb unserer Kontrolle. Aber anzudeuten, dass das Universum durch radikalen Zufall definiert wurde, konnte zu einem ähnlich unbefriedigenden Ergebnis führen. Peirce wusste, dass der Zufall den Bann der Deterministen brechen konnte, aber der Zufall konnte eben auch die Idee der Kausalität selbst aufheben. Zufall, als gänzlich kontingentes oder chaotisches Ereignis, implizierte, dass es keine notwendigerweise kausale Beziehung zwischen unserer Vergangenheit und der Gegenwart oder, noch erschreckender, zwischen unserer Gegenwart und der Zukunft gab. Dieses absolut chaotische System war nicht gänzlich anders als ein deterministisches: Es stellt sich eine Welt jenseits unserer Kontrolle vor. Um diese Schlussfolgerung zu vermeiden, musste Peirce seine Definition von Zufall verfeinern.

Zufall kann eine kontingente Begebenheit bedeuten, aber auch, schrieb er, eine seltene Gelegenheit, eine Möglichkeit, die frei gewählt wird. Ella Lyman Cabot, eine der wenigen Frauen in der klassischen, amerikanischen Philosophie, die 1903 Peirces Ausführungen mit Hocking und Royce diskutierte, formulierte diesen Gedanken sehr schön: »Der Zufall ist immer auch meine Chance!« Für Peirce war der Zufall eine Gelegenheit für Menschen, sich so auszuprobieren, wie sie es wollten, ein Raum, in dem sie persönlich verantwortlich für ihre Handlungen sein konnten. Der Unterschied zwischen Peirces erster Ehe und seiner zweiten ist lehrreich. Die erste mit Zina war erzwungen und bloß zweckmäßig. Sie verhinderte bestimmte Möglichkeiten und verengte Peirces Blickwinkel. Die zweite, durch Zufall und überstürzt eingegangen und als Chance gesehen, war ganz gewiss frei. Er verliebte sich in Juliette und ergriff eine Gelegenheit, die den gesellschaftlichen Erwartungen und überkommenen Pflichten zuwiderlief.

Peirces Liebe hatte mich beinahe ein Jahrzehnt lang verwirrt. Ihre Ehe war nicht immer – nicht einmal die meiste Zeit – eine glückliche, aber Juliette und er blieben beinahe vierzig Jahre zusammen. Die späteren Lebensjahre von Peirce waren absolut elendig. Die Gesichtsneuralgie, die ihn schon jahrzehntelang gequält hatte, verschlimmerte sich noch, und er wurde abhängig von den Medikamenten und Betäubungsmitteln – Alkohol, Morphium und Kokain –, mit denen er sich selbst behandelte. Seine Finanzen waren in einem heillosen Zustand – in seinen letzten zwanzig Lebensjahren war er immer von völliger Verarmung bedroht. Und er wies all die Symptome von Menschen mit psychischen Krankheiten auf – von Asperger über bipolare und depressive Störungen. Aber er verließ Juliette nicht, während sein Leben seiner Kontrolle entglitt. Sie stritten sich um Geld, und gelegentlich nörgelte er an ihrer Haushaltsführung herum, aber die meiste Zeit war er auch weiterhin eindeutig in sie verliebt. Als Juliette 1889 krank wurde, stellte er klar, dass er absolut und ohne jede Einschränkung auf diese Beziehung setzte, und mit klassischer Peircescher Melodramatik verkündete er: »Sollte ich sie verlieren, werde ich sie nicht überleben. Deshalb muss ich meine *ganze* Energie darauf verwenden, sie zu retten.« Und das tat er dann. Und obwohl sie einräumte, dass ihr Ehemann »absolut grässlich« sein konnte, dankte Juliette es ihm und hielt Peirce viel länger am Leben, als seine autodestruktiven Tendenzen – das Trinken, der Medikamentenmissbrauch, Überarbeitung – es eigentlich gestattet hätten. Wenn das Leben schon eine Katastrophe war, dann sollte es zumindest *ihre* Katastrophe sein. Sie waren einander bis ganz zum Schluss Gefährten im Unglück.

Ich aß mein Frühstück – wie seit einem Jahrzehnt üblich Bananen und Toast – und fragte mich, wie es dazu gekommen war, dass die Philosophie ihren persönlichen Bezug verloren hatte. In der Hochschule wurde mir beigebracht, sorgfältig die Persönlichkeiten zu ignorieren, die zu philosophischen Auseinandersetzungen Anlass geben. Aber dies war beinahe unmöglich, wenn man es mit amerikanischer Philosophie zu tun bekam. Die erste Seite von »Walden« wird da sehr deutlich: »In den meisten Büchern wird die erste Person, das ›Ich‹ vermieden; hier wird sie beibehalten. Das ist, was den Egoismus anbelangt, der Hauptunterschied. Wir erinnern uns gewöhnlich nicht daran, daß im Grunde genommen ja doch nur die erste Person spricht. Ich würde nicht so viel über mich reden, wenn ich irgend jemand anderen ebenso gut kennte. Leider bin ich durch die Beschränktheit meiner Erfahrung auf dieses Thema angewiesen.«

Peirces Aufzeichnungen sind nicht genauso wie »Walden«. Die meisten sind voller Gleichungen und Diagramme, aber soweit sie Peirces Persönlichkeit verraten, sind seine unveröffentlichten Manuskripte ganz und gar thoreauesk. Seine Schriften sind sprunghaft – neben formaler Logik und metaphysischer Spekulation finden sich intime Anekdoten und private Beichten. Diese persönlichen Berührungslinien gaben zu erkennen, dass Peirce unter amerikanischen Transzendentalisten, die die Meinung vertraten, dass die Philosophie in die Lebensführung integriert sein sollte, zum Philosophen geworden war. Autobiografie war das Ergebnis von ernsthafter philosophischer Reflexion. Peirces philosophisches System war die Reflexion einer Person, die sich bewusst ablenken ließ. Hinter seiner förmlichen Kritik am Determinismus war eine lebendige, atmende Person, deren Leben jeder verordneten Logik trotzte. Und hinter seinem technischen, metaphysischen System war ein Mann, der sich nach Intimität und Liebe sehnte.

Darwinismus und Determinismus übersahen, den amerikanischen Vertretern des Pragmatismus zufolge, nicht nur die Bedeutung des Zufalls, sondern propagierten gleichzeitig auch eine Weltsicht, die die Möglichkeit ernsthafter Beziehungen ausschloss. Für Denker wie Huxley war die Arena des Lebens genau das – eine Arena, in der die Menschen gezwungen waren, wie Gladiatoren aufeinander loszugehen. Trotz seiner gelegentlichen Wutanfälle wollte Peirce in dieser Art von Welt nicht leben, und so zog er eine Philosophie vor, die seinen Sehnsüchten und Begierden näher kam.

Für ihn wurde der Kosmos weder von mechanischer Notwendigkeit in einer Art Schraubstock gehalten, noch war er ein chaotisches Durcheinander widerstreitender Kräfte. Stattdessen war er ein »Multiversum« oder »Pluriversum«, durch

Komplexität definiert und zusammengehalten von der improvisierten Harmonie von Individuen, die aus freiem Willen eine noch perfektere Einheit anstrebten, die immerfort erst im Entstehen war – ein Ideal, niemals erreicht, aber immer erstrebt. Dieser Prozess des Strebens nach einer noch perfekteren Einheit der Welt geschah beiläufig, provisorisch, mit Mitteln, die Peirce »evolutionäre Liebe« nannte. Dies war nicht die Art von Selbstliebe, die Darwin, Huxley und Spencer zufolge die Evolution vorantrieb. Peirce meinte, dass diese Art Selbstliebe überhaupt keine Liebe sei. Er erklärt, dass sich evolutionäre Liebe oder *Agape* durch die Bereitschaft auszeichnet, die »eigene Perfektion für die Perfektionierung des Nachbarn zu opfern«. Peirce zufolge ist es die Entscheidung, die eigenen selbstsüchtigen Interessen fallenzulassen und sich freiwillig anderen hinzugeben. Dies ist nicht leicht, aber auch nicht unmöglich. »Liebe«, so Peirce, »die Spuren der Liebenswürdigkeit [selbst] im Hassenswerten entdeckt, holt es ins Leben und verwandelt es selbst in etwas Liebenswürdiges.« Die Bewegung dieser Art von Liebe ist »zirkulär, sie befördert gleichzeitig Wesen in die Unabhängigkeit und zieht sie hinein in eine Harmonie miteinander«. Peirce erkannte dies später in seinem Leben, aber für Zina war es zu spät. Als alter Mann führte er aus, dass *Agape* die Basis kreativer Evolution sei, die zufällig einsetze, aber in dem Maße wachse, wie sich individuelle Ziele im Laufe der Zeit einander anglichen und näherten. Gärtnern, ein Zeitvertreib, den die Peirces auf ihrem Grundstück in Milford, Pennsylvania gemeinsam pflegten, war Peirces Lieblingsbeispiel liebevoller Fürsorge. Es gibt, schreibt er, ein bestimmtes Ziel oder *telos* beim Gärtnern; die Resultate können beeinflusst, aber nicht kontrolliert oder garantiert werden, noch sind sie prädestiniert. Ein Gärtnermeister unterstützt seine Pflanzen liebevoll darin zu wachsen, wie sie wollen. Das Beste, was ein Mensch im Leben tun könnte, sei, seinen eigenen Garten zu pflegen. Peirces Glaube an die produktive Kraft der Liebe beeinflusste Denker, die die Fackel der amerikanischen Philosophie in das zwanzigste Jahrhundert trugen. Hocking, der 1913 »The Meaning of God in Human Experience« (dt.: Die Bedeutung Gottes in der menschlichen Erfahrung) schrieb, hielt weiterhin daran fest, dass »Liebe dieser Art das einzig Kreative in der Welt ist«. Hocking, der hier Peirce folgt, sah die Liebe als ein vernünftiges Prinzip für Veränderung, wegen ihrer Fähigkeit, Gegensätze in einer Art von produktiver Spannung zu halten und das Wechselspiel von Zufall und Notwendigkeit zu befördern.

»Die Welt«, so der rapide alternde Peirce, »lebt und webt und hat ihr SEIN in einer Logik der Ereignisse.« Diese »Logik der Ereignisse« ist nicht die typische deduktive oder induktive Vielfalt; es ist eine Logik, die Zufall und Vielfalt umfassen musste, aber ebenso auch Zweck und Intimität. Es war die »Logik« der Liebe. Peirce borgte sich seine Worte aus der Apostelgeschichte, wo es über die Menschen und Gott heißt: »Denn in ihm leben, weben und SIND wir.« Während er seinen Essay »Evolutionäre Liebe« in den 1890er-Jahren entwickelte, gelangte er zu dem Glauben – wie es im Johannesevangelium heißt –, dass »Gott Liebe ist«. Am 24. April 1892 betrat Peirce die St. Thomas Episcopal Church an der Fifth Avenue in New York und kam der Erfahrung, dies aus erster Hand zu erleben, so nah wie nie zuvor und niemals wieder. An jenem Morgen in New York wurde Peirce ein religiöses Erlebnis zuteil, das die unsichtbare, aber unmissverständliche Liebe der Welt offenbarte. Er war kein Kirchgänger, aber an jenem Tag fühlte er sich zu einem Kirchgang genötigt, und später schrieb er dem Pfarrer von St. Thomas, dass er die Kirche »beinahe ohne mein eigenes Zutun« betreten und sich dem Altargitter genähert habe. Das »beinahe« ist wichtig. Jeder Akt der Kommunion, des Emersonschen »Gebens und Nehmens«, der zärtlichen Liebe, beruht auf einer bestimmten Art der Entscheidung. Diese *Agape* oder göttliche Liebe war, so Peirce, einfach die Art, wie die Welt funktionierte, und es war unsere Entscheidung, ob wir daran teilhaben wollten. Lange hatte Peirce die institutionalisierte Religion und die Idee der Transsubstantiation kritisiert, aber plötzlich und aus freien Stücken gab er sich selbst »dem Herrn« hin. »Ich bin nie zuvor ein Mystiker gewesen«, schreibt Peirce, »aber jetzt bin ich es.« Die Erfahrung der göttlichen Liebe, so Peirce, war nicht einengend oder beängstigend. Eher stärkte sie seinen Willen, noch ein weiteres schwieriges Jahrzehnt weiterzumachen.

Ich hatte mehr als genügend Zeit damit verbracht, über den Determinismus nachzudenken. Ich aß meinen Toast, öffnete meinen Laptop und beschloss, mit der Außenwelt Kontakt aufzunehmen. Aber zunächst wollte ich noch einmal »Evolutionäre Liebe« lesen. Ich war so vertieft in meinen Peirce, dass ich kaum das Geräusch registrierte, mit dem sich eine E-Mail ankündigte. Es war Carol, die mich bat, sie vom Flughafen abzuholen. Die Toskana war wunderschön gewesen, aber jetzt wollte sie wieder nach Hause. Es folgten noch ein paar Absätze, ohne dass Toronto erwähnt wurde. Dies bedeutete wahrscheinlich wenig mehr, als dass es nichts über ihren Ehemann zu berichten gab. Ich nahm an, dass ihre Beziehung stabil und beständig genug war, dass sie ihn ihrem Kollegen gegenüber nicht zu erwähnen brauchte. Es war nicht angenehm, darüber nachzudenken, aber wenn Peirce recht hatte, dann war es am besten, das Unangenehme, wann immer es möglich ist, anzunehmen – das Hassenswerte, wie er sagt, in etwas Liebenswertes zu verwandeln. Also würde ich meine Kollegin abholen und versuchen, das Beste daraus zu machen.

TEIL III

ERLÖSUNG

EINE PHILOSOPHIE
DER LOYALITÄT

Ihr Flugzeug hatte zweiundvierzig Minuten Verspätung. Ich war jetzt schon über eine Stunde im Terminal am Logan Airport herumspaziert. Ich sehnte mich mehr nach dem Wiedersehen mit Carol, als mir eigentlich zustand, und an diesem Punkt begann ich mir sogar Sorgen zu machen, dass ich sie bereits verpasst hatte.

Am Anfang ihrer Bekanntschaft mit Hocking, Monate, bevor sie geheiratet hatten, war Agnes O'Reilly nach Italien gereist. In einem seiner vielen Briefe an sie schrieb Hocking: »Aus einem Grunde bin ich doch ganz froh, dass du weggefahren bist. Es erlaubt mir, dich neu zu begreifen… von Zeit zu Zeit sehe ich dich gern im Geiste vor mir… und sage mir: ›Sie ist eine Freundin von mir.‹ Ich bin so stolz darauf, meine Liebe, ganz tief in meinem Herzen.«

Vielleicht war Carol unten bei der Gepäckausgabe. Ich steuerte die Rolltreppe an und fuhr nach unten, um meine Suche fortzusetzen.

»John. Hey, John!«

Ich drehte mich um und erblickte Carols Lockenkopf oben an der Rolltreppe. Ich hatte sie gar nicht verpasst, aber ich ging in die falsche Richtung. Ich machte kehrt und rannte gegen die Laufrichtung die Rolltreppe hoch. Sie fing mich oben ab. Die Umarmung begann recht kollegial, aber irgendwie landete meine Hand an ihrem Hinterkopf, und ich zog sie an mich, bis ihr Kopf in meiner Halsbeuge lag. Sie zog ihn nicht weg. Und dann flüsterte sie etwas, das ich kaum verstehen konnte.

»Ich lasse mich auch scheiden.«

Peirce erzählt uns nie davon, wie er Juliette das erste Mal getroffen oder wie es sich genau angefühlt hat, als sie krank wurde. Und er erzählt uns auch nie, was bei seinem religiösen Erweckungserlebnis in St. Thomas eigentlich geschehen ist oder wie genau seine Kommunion mit dem Absoluten, seine Hingabe an den Herrn und seine Erfahrung der göttlichen Liebe war. Er erzählt uns nur, dass es ihn radikal und unwiderruflich verändert hat: »Ich bin nie ein Mystiker gewesen, aber jetzt bin ich es.« Manche Dinge bleiben besser ungesagt, und andere können überhaupt nicht ausgesprochen werden. Carol und ich fuhren schweigend nach Hause. Wir haben an jenem Abend zusammen zu Abend gegessen. Und am nächsten Abend auch. Und am Abend danach. Und an vielen weiteren Abenden. Und dann fuhren wir wieder nach West Wind.

Entscheidungen, die einst total töricht gewirkt hatten, kamen uns jetzt absolut sinnvoll vor, und so entschlossen wir uns einen Monat nach Carols Rückkehr, dem schrecklichen Wetter zu trotzen und durch einen immer stärker werdenden Schneesturm nach Norden Richtung Madison zu fahren. Wir ließen uns Zeit und schmiedeten unsere Pläne für die nächsten Jahre. Die Hockings zeigten sich offen für die Idee, einen großen Teil der Bücher in Form einer Schenkung zu stiften, und Carol und ich waren entschlossen, eine passende Heimat für sie zu finden. Wir mussten die Bücher schätzen lassen, aber zunächst wollten wir ihre Katalogisierung abschließen. Die Schätzung und die folgende Schenkung konnten in den wärmeren Monaten über die Bühne gehen, aber die Katalogisierung würde im unvorhersehbaren New-England-Winter abgeschlossen werden. Das beunruhigte mich überhaupt nicht. Tatsächlich war ich zum ersten Mal in meinem Leben ganz und gar unbeirrt.

Der Schnee Mitte Februar lag hoch und machte die unbefestigten Straßen beinahe unpassierbar. Als wir schließlich die Route 113 erreichten und im Schneckentempo das Anwesen der Hockings anpeilten, verstummte unser Gespräch, und ich lauschte bloß noch dem leisen Brummen des Subaru auf dem ungepflügten Schnee. Carol schlief tief und fest. Ich war auch müde. Es war kurz nach Mittag, kam mir aber viel später vor. Ich steuerte den Wagen mit besonderer Vorsicht um die letzte Biegung und nahm die abschließende Steigung nach West Wind in Angriff. Die Bibliothek sah wie ein Iglu aus; drinnen würde es eiskalt sein. Ich parkte den Wagen, ließ aber den Motor laufen. Ich wollte Carol schlafen und noch ein wenig die Wärme des Wagens genießen lassen.

Der Schnee lag bloß knöcheltief, aber durch den Wind war es zu Schneeverwehungen gekommen, die die Steinwände der Bibliothek fast vollständig bedeckten. Im Laufe der Jahre hatte ich ein bisschen mehr über diese Wände in Erfahrung gebracht. 1926 hatte Hocking mit der Hilfe eines Freundes, Fred Frost, begonnen, den Granit von den Hügeln West Winds herbeizuschaffen. Ihre Bauweise schauten sie sich aus einer der ersten Do-it-yourself-Bauanleitungen ab: *Bau Dir Dein Haus: Spar ein Drittel.* Das Buch beschrieb, was man »Gleitschalungsfertigung« nennt, eine Methode, die man Anfang der 1920er-Jahre entwickelt hatte, um Stahlbeton mit einer Steinfassade zu verkleiden. Die Gleitschalung selbst ist ein schlichtes, abgeschmiertes Holzgerüst, das mit Steinen, Zement und Armiereisen aufgefüllt werden kann. Wenn der Beton sich hinreichend gesetzt hat und hält, kann der Holzrahmen entfernt und neu aufgestellt werden, um das nächste Stockwerk zu errichten.

Als sich Hocking an den Bau von West Wind machte, war er bereits Tischlermeister geworden: Vor Beginn seiner philosophischen Laufbahn 1906 in Berkeley hatte er sich als Tischlervertragsarbeiter der »American Federation of Labor« angeschlossen – einer von Amerikas ersten Gewerkschaften –, um nach dem großen Erdbeben beim Wiederaufbau San Franciscos zu helfen. »Wir benutzen frisch gesägtes Redwood-Holz«, erinnerte sich Hocking, »all das trocken gelagerte Bauholz war schon lange verbraucht; unsere Bretter waren so feucht, dass der Saft herausschoss, wenn wir mit dem Hammer draufschlugen. Unsere Gesichter waren völlig verkrustet von dem unentrinnbaren Aschenstaub, den der Wind unablässig herbeitrug.« 1910 schrieb William James »Vom sittlichen Ausgleich des Krieges« (»The Moral Equivalent of War«), in dem er ausführt, dass Männer mit Hochschulabschluss für mehrere Jahre zu harter Arbeit für die Gemeinschaft verpflichtet werden sollten. Wenn sie solch eine Handarbeit übernehmen würden, würde die Luxusjugend, in James' Worten, »das Kindische ausgetrieben bekommen und sie würde in die Gesellschaft mit lebendigerer Anteilnahme und nüchterneren Vorstellungen zurückkehren.« Dazu musste Hocking nicht verpflichtet werden. Er hatte sich freiwillig gemeldet.

Ein Jahrzehnt später, nachdem Hocking nach Harvard zurückgekehrt war, unterbrach er – oder besser gesagt erweiterte er – sein Studium der Ethik und Metaphysik, um sich der Armee anzuschließen. Er war einer der ersten Amerikaner, der sich im »Citizens' Training Camp« in Plattsburgh, New York meldete – ein Ableger des »Preparedness Movement«, das Teddy Roosevelt 1915 als Reaktion auf den eskalierenden Krieg in Europa gegründet hatte. »Als es Zeit war, sich [in Platts-burgh] zu spezialisieren«, erklärte Hocking später, »wählte ich Wehrtechnik, wo meine frühere Erfahrung von Nutzen sein konnte.« Üblicherweise betrachtet man das Militär als Experte für Zerstörung, aber Hockings Erfahrungen bei den Streit-kräften erzählten eine andere Geschichte – das Militär konnte auch ein Ort für den Aufbau oder zumindest für die Erhal-tung von etwas sein. Er verfeinerte in Plattsburgh seine techni-schen Fähigkeiten und war beim ersten Transport ziviler Inge-nieure der U. S. Army dabei, der im Sommer 1917 die Front im Westen erreichte. Hocking wurde als »Beobachter« eingestuft und betrat die Schützengräben in Croisilles, einer Stadt an der Hindenburglinie bzw. Siegfriedstellung, einer deutschen Ver-teidigungsstellung, die sich durch große Teile Flanderns und Nordfrankreichs zog. Er war von dem inzwischen nicht mehr existierenden British Ministry of Information (MI-7) eingela-den worden, die britische Kriegsführung zu beaufsichtigen, weil man hoffte, dass er anschließend die Amerikaner beraten könnte, die sich nun entschlossen hatten, in den Krieg einzu-treten.

Als Beobachter am Kriegsgeschehen teilzunehmen, bedeu-tete nicht, dass man nicht getötet werden konnte, und Hocking verbrachte den größten Teil des Sommers damit, die Kämpfe zu beobachten. In dieser Zeit war er genötigt, das Verhältnis von Zerstörung und Erhaltung sorgfältig zu überdenken. Stel-lungskriege beruhten in nicht geringem Maße auf der Kompe-tenz der Ingenieure. Die Schützengräben mussten inspiziert, eingerüstet und repariert bzw. verstärkt werden, den Wänden in West Wind nicht unähnlich, und als Hocking 1918 in die Staaten zurückkehrte und das ROTC-Programm in Harvard, eines der ersten Reserveoffizier-Ausbildungskorps, übernahm, lehrte er seine Studenten genau das. Aber es gab noch einen anderen Aspekt seiner Arbeit als Wehrtechniker, über den Hocking nie sprechen wollte.

Der britische Gegenangriff auf die Siegfriedstellung im Sommer 1917 wurde zum singulären, zerstörerischsten wehrtechnischen Projekt in der Geschichte der nicht-atomaren Kriegsführung. Hocking war auf dem Kemmelberg stationiert, von dem aus man die belgische Stadt Ypern und den nahe gelegenen Höhenzug von Mesen überblickte, wo die deutschen Truppen ausgedehnte Stellungen errichtet hatten. In den vorangegangenen Monaten hatten die Mineure der britischen Truppen die Verteidigungslinien der Achsenmächte untertunnelt. Es waren die längsten Tunnel, die je zu dem alleinigen Zweck, gesprengt zu werden, gebohrt worden waren. Unterhalb des Höhenzugs von Mesen platzierten die Ingenieure vierhundertfünfzig Tonnen Sprengstoff. Als die Minen am 7. Juni gezündet wurden, schufen sie Krater, deren größte die Ausdehnung eines Fußballfeldes hatten. Noch in Paris und London konnte man den Nachhall der Explosion hören. Viele sagen, dass die Schlacht von Mesen einer der Wendepunkte des Krieges war, einer der Gründe dafür, dass die freie Welt am Stück geblieben ist. Hocking kannte die Zerstörung aus erster Hand, die für diesen Akt der Erhaltung nötig war. Im September 1917, am Ende seiner Zeit an der Front, schrieb er an Agnes: »Ich habe meine Taufe in diesem gewaltigen Akt der Kriegsführung und Kriegsstrategie erhalten, und nun kann ich zurückkehren und meine Arbeit mit einem tieferen Verständnis fortsetzen.«

Ich musterte die graublaue Landschaft, die die Bibliothek umgab. Unter dem Schnee war sie karg – zerklüftet und weitgehend unbewohnbar. Dennoch hatte Hocking beschlossen, hier Wurzeln zu schlagen. »Der Kern der Arbeit eines Wehrtechnikers besteht im Unterschied zu der eines ›normalen‹ Ingenieurs darin, alles aus nichts zu schaffen«, hatte er einmal bemerkt. West Wind war allerdings wirklich *etwas* – für Hocking war es alles –, und es war praktisch aus dem Nichts entstanden. Das Wesen der Arbeit eines Wehrtechnikers bestand, wie ich mir vorstellte, gleichfalls im Wissen darüber, dass alles auch wieder verwüstet werden konnte. Die Aufgabe war, etwas aus dem Nichts zu errichten und es dann sorgfältig zu beschützen.

Ich stellte den Motor ab, beugte mich zu Carol herüber und strich ihr sanft das Haar aus dem Gesicht. Langsam öffnete sie die Augen. »Oh«, sagte sie nach einem Augenblick und nahm meine Hand, »hier sind wir.«

»Ja«, sagte ich. »*Hier sind wir.*«

Es ist erstaunlich, was für eine Macht diese drei kleinen Wörter entfalten konnten. Ich war nicht der Erste, der sie menschlich und philosophisch bedeutsam fand. Alfred North Whitehead – einer von William Ernest Hockings berühmteren Freunden – rückte sie in den Mittelpunkt seines philosophischen Systems. »Zum Teufel!«, rief Whitehead einmal mitten in einem Seminar in Harvard aus, »*hier sind wir!*« Hocking war Co-Leiter dieses Seminars, und ihm gefiel diese Formulierung sehr. Das »wir« war entscheidend: Beide Denker entwickelten einen Idealismus des Miteinanders. Hocking zitierte Whitehead ein wenig ironisch, lange, nachdem der Engländer verstorben war, als er diesen »Hier sind wir«-Moment in seinem Werk »The Coming World Civilization« (dt.: Die kommende Weltzivilisation) von 1956 erwähnte: »Als mein Kollege

Whitehead in einem unserer gemeinsamen Seminare eine liebenswerte Nebenbemerkung einwirft: ›Zum Teufel! *Hier sind wir:* Wir gehen nicht dahinter zurück, sondern wir gehen davon aus‹, hat er implizit auch eine der theoretischen Grundannahmen der Moderne weggewischt … Descartes' Grundsatz zufolge, der auch der Grundsatz der Moderne ist, müssten wir theoretisch alle … Solipsisten sein.« Descartes hatte sich auf die alleinige Existenz des einheitlichen »Ich« fixiert und sie verteidigt. Whitehead und Hocking waren dagegen viel mehr bedacht auf die Existenz und das Gefühl eines »wir«.

»Hier sind wir« war Whiteheads Reaktion auf das cartesianische *cogito ergo sum*. Als Whitehead 1926 sein opus magnum »Prozess und Realität« zu schreiben begann, hatte Descartes bereits seit beinahe dreihundert Jahren die Erkenntnistheorie und Metaphysik dominiert. Whitehead fand, dass das nun lange genug war. Hocking folgend, führte er den modernen Hyper-Individualismus mit seiner Tendenz zu einem mitleidlosen Solipsismus auf Descartes' philosophischen Standpunkt zurück, der implizierte, dass wir bestenfalls einen beschränkten Zugang zu den Gedanken und Gefühlen anderer Menschen haben. Für Descartes konnte es keine echte geistige Begegnung geben, und die Menschen waren dazu bestimmt, einander fremd zu bleiben. Die anderen Menschen sollen doch zum Teufel gehen – nichts war so gewiss, noch so intim wie die Existenz des eigenen geistigen Lebens. Whitehead und Hocking konnten sich mit dieser philosophischen Einsamkeit nicht abfinden. Sie schlossen sich einer langen Reihe amerikanischer Denker an, indem sie sich daranmachten, diese Entfremdung zu überwinden, und argumentierten stattdessen in Hockings Worten für ein »intersubjektives *Du-bist*, das untrennbar von jedem subjektiven *Ich-bin* ist und das dazu dient, ihre verschiedenen Erfahrungen in solch einer Weise zu verknüpfen, dass die vage Andeutung einer gemeinsamen Erfahrung mit einem identischen Objekt definiert und bestätigt wird.«

Whitehead wäre im Alter von dreiundsechzig Jahren niemals auf seine Professur in Harvard berufen worden, wenn Hocking nicht gewesen wäre. Whitehead machte sich einen Namen in Logik und Mathematik, als er und sein Student Bertrand Russell im ersten Jahrzehnt des zwanzigsten Jahrhunderts die »Principia Mathematica« schrieben. Dennoch wurde Hocking nicht von Whiteheads Fachkenntnis in Mathematik angezogen, sondern von seiner intellektuellen Hinwendung zur Metaphysik und Philosophie, die er in den 1920er-Jahren in die Wege geleitet hatte. 1918 verlor Whitehead seinen Sohn Eric im Ersten Weltkrieg, eine Tragödie, die ich immer als Grund dafür angesehen habe, dass er sein intellektuelles Leben über die Grenzen der formalen Logik hinaus zu erweitern begann. Nach dem Krieg nahmen Whiteheads philosophische Interessen eine idealistische Wendung, und er entwickelte ein metaphysisches System, das auf unheimliche Weise den Philosophien von Peirce und Royce ähnelte. In Whiteheads System besteht die Welt nicht aus einzelnen, billardkugelähnlichen Objekten, die aneinanderstoßen. Stattdessen leben und bewegen sich Teile des Universums *zusammen* und haben ihr Sein in einer Logik der Ereignisse, an der die Individuen aus freien Stücken teilhaben. Die Aufgabe der Philosophie war nicht, die solitäre Existenz eines Einzelnen, getrennt von allen anderen Wesen, abzusichern, sondern ein gemeinschaftliches Leben in der gewöhnlichen Welt zu bekräftigen. Die Erfahrung dieses gemeinschaftlichen Lebens war James' Appell an die »Vielfalt religiöser Erfahrung«, die zeitweilig die

Angst vor existenzieller Isolation bezwingen konnte, nicht unähnlich. In Whiteheads Worten: »In seiner Einsamkeit fragt sich der Geist, Was, im Sinne von Werten, ist die Verwirklichung des Lebens? Und er kann keinen Wert entdecken, solange er seinen individuellen Anspruch nicht mit dem des objektiven Universums verknüpft hat.«

Hocking mochte diese Empfindung, nicht zum wenigsten, weil sie ihn an sein eigenes philosophisches System erinnerte, das er in »The Meaning of God in Human Experience« (dt.: Die Bedeutung Gottes in der menschlichen Erfahrung) entwickelt hatte. Hockings Insistieren darauf, dass Whitehead 1924 dauerhaft nach Harvard kommen sollte, war Ausdruck seiner Sehnsucht nach einem geistigen Gefährten in einer Fakultät, die im Eiltempo an Philosophen überging, die nichts mit dem Idealismus zu tun haben wollten. Hocking machte Whitehead mehrere Jahre lang den Hof und lud ihn schließlich ein, 1923 die renommierten Lowell Lectures in Harvard zu halten, die anschließend 1925 als »Science and the Modern World« (»Wissenschaft und moderne Welt«) veröffentlicht wurden. Das Widmungsexemplar dieses Buches war hinten in der Hocking-Bibliothek in einen verrosteten Aktenschrank gequetscht worden, die Widmung lautete: »Für Agnes und William Ernest, in Liebe, Alfred North Whitehead.« »Prozess und Realität« wurde vier Jahre später veröffentlicht; eine Erstausgabe des Buches, vom Autor signiert, stand immer noch versteckt auf dem Regal, als wir die eiskalte Bibliothek betraten. Ich fand es und legte es neben die Bleistiftskizze, die Hocking in den 1930er-Jahren von Whitehead angefertigt hatte. An diesem Wochenende konnten ruhig beide nebeneinander auf dem Sims stehen.

Carol hatte sich schon frohgemut an Hockings altem Schreibtisch niedergelassen, von Exemplaren umgeben, die in unseren Katalog Eingang finden mussten. Sie interessierte sich keinen Deut für Whitehead. Oder, was das anbelangte, für Metaphysik. Aber sie hatte ihren Teil dazu beigetragen, mir aus meiner selbst auferlegten Einsamkeit herauszuhelfen, indem sie mir ein Buch von David Foster Wallace gegeben hatte, nachdem sie aus der Toskana zurückgekehrt war. Ich hatte »Unendlichen Spaß« beinahe gegen meinen Willen verschlungen, wandte mich dann seinen weitaus weniger einschüchternden Texten zu, lernte seine berühmte Rede bei der Abschlussfeier am Kenyon College »Das hier ist Wasser« in einer Woche quasi auswendig und machte mir sein Argument für das »intersubjektive *Du-bist*« zu eigen. Wallace zufolge sind wir nicht dazu verdammt, »allein im Mittelpunkt der Schöpfung« im Zentrum unseres winzigen »schädelgroßen Königreichs« zu sein, sondern haben die seltene und kostbare Chance, aus uns heraus und auf andere zuzugehen. Ob wir das tun, ist ganz allein uns überlassen, aber diese Chance für ein Miteinander winkt selbst dann, wenn wir uns besonders abgeschnitten fühlen.

In den vorangegangenen Monaten meiner Arbeit in der Bibliothek war ich die Erstausgaben in West Wind chronologisch durchgegangen: von Spinoza und Descartes bis zu Hobbes und Cudworth, Paley und Malebranche, Locke und Hume. Nun hatten wir schließlich Carols Hauptgeschäft erreicht: Immanuel Kant. Hocking hatte die Erstausgaben jeder wichtigen Veröffentlichung Kants gesammelt, beginnend mit der »Kritik der reinen Vernunft«, veröffentlicht in Riga 1781, und endend mit der »Kritik der Urteilskraft«, die ein Jahrzehnt später herauskam. Carol war besonders an Kants mittleren Werken interessiert, vor allem an der Moraltheorie der »Grundlegung zur Metaphysik der Sitten«. Sie blätterte dieses ehrgeizige, aber schmale Bändchen langsam durch. Unsere Katalogisierung der Werke Kants würde lange Zeit brauchen, aber wir hatten auch keine Eile. Wir konnten, so oft wie es nötig war, nach West Wind zurückkehren. Die Hocking-Schwestern hatten Carol im vorigen Jahr kennengelernt und sie sofort ins Herz geschlossen.

Carol blickte für einen Moment auf. »Was machst du?«

Ich schaue dich an, dachte ich. »Das Gleiche wie du, Kollegin. Katalogisieren.«

Sie ging die »Grundlegung« durch – glich ein Buch ab, das die meisten Menschen als reines Pamphlet bezeichnen würden. Während sie die Seiten umblätterte, spähte sie noch intensiver darauf, als wollte sie einen besseren Blick erhaschen, als wollte sie das Ganze von Kants Pflichtethik anhand von einigen wenigen Seiten auf Deutsch entschlüsseln. Sie war eine der wenigen Wissenschaftlerinnen, die ich kannte, die Kant exakt so formal und moralisch pedantisch zu nehmen bereit waren, wie er es intendiert hatte. Pflichtethik – eine der drei großen Moraltheorien des Westens – handelte, wie der Name schon sagt, vor allem von der Pflicht. Pflichten anderen und Pflichten sich selbst gegenüber. Die meisten meiner Freunde, die über den amerikanischen Pragmatismus schrieben, dachten, dass Kants Pflichtgefühl so rigoros und unflexibel sei, dass es mit der menschlichen Erfahrung nicht übereinstimmen konnte. Für Carol war das kein Problem – sie glaubte, wenn es den Menschen nicht gelinge, sich an universelle Moralprinzipien zu halten, seien es nicht die Prinzipien, die man überdenken müsse, sondern die Menschen.

Kant dachte, es sei wichtig, bestimmte moralische Verpflichtungen aufzustellen, die wir anderen gegenüber hätten, selbst wenn wir sie nicht besonders mochten. Moralische Verpflichtungen rühren von der Fähigkeit her, andere als vernünftige Wesen zu erkennen, die Ziele um ihrer selbst willen aufstellen und verfolgen können. Es war irrational und daher moralisch unstatthaft, die vernünftigen Pläne unseres Nachbarn zu gefährden. Dies alles leuchtete Carol sehr ein, die besonders von Kants Ansicht über Selbstachtung eingenommen war – er brachte vor, dass jeder von uns sich selbst gegenüber die moralische Verpflichtung hat, die eigene Fähigkeit zur Selbstbestimmung und Würde zu wahren. Ich habe immer die Vermutung gehegt, dass Carols Scheidung mit dieser Kantschen Pflicht zur Selbstachtung zusammenhing, die, ihrer Lesart nach, normalerweise schwerer wog als konventionelle moralische Verbindlichkeiten. In jedem Fall beschloss ich, als ich ihr über die Schulter auf ihre »Grundlegung« blickte, meine Hypothese darüber, wie wichtig ihr ihre Selbstachtung war, niemals auf die Probe zu stellen. Ich legte ihr meine Hände auf die Schultern, wir verharrten so für einen langen Augenblick kontemplativen Schweigens, und dann schlüpfte ich auf die andere Seite unseres Schreibtisches.

Hocking war Kants Entwurf gegenüber skeptischer gewesen als Carol. Er glaubte daran, anderen mit Respekt zu begegnen, aber er befürchtete, dass es Kant nicht gelungen sei, das Problem des Fremdpsychischen nach Descartes zu überwinden. Im Verlauf seiner formalen – manche würden vielleicht sagen, seiner pedantischen – Analyse komme Kant nie dazu, zu erklären, wie wir diesen Solipsismus überwinden könnten. Er tue sein Bestes, um ein klares System moralischer Pflichten aufzustellen, aber es gehöre nicht zu den Stärken des Junggesellen aus Königsberg, sich über unsere intimsten Beziehungen mit anderen zu artikulieren. In Hockings Worten, das moderne Zeitalter sei »infiziert von der Relativität und den Verwerfungen der separaten Egos, deren Problem des Miteinanders sich Kant selbst nie ausdrücklich gestellt hat«.

Ich wusste, dass Carol gern über dem Kant brüten wollte, um sicherzustellen, dass jede Seite vollständig intakt war. Selbst wenn ich ein paar Bände inspizieren und sie katalogisieren würde, würde sie sich dennoch die Zeit nehmen, alles selbst zu überprüfen. Ich ließ meine Blicke durch die Bibliothek schweifen. West Wind hatte sich verändert, seit ich vor zwei Jahren das erste Mal hierhergekommen war. Einst ein Ruheplatz für die »Blätterscharen, sterbebleich«, war es allmählich zu einem Ort geworden, an dem das, was sich am Rande der Zerstörung befand, nun bewahrt werden konnte. Wie Shelley einmal gesagt hatte: Zerstörer und Bewahrer zugleich. Ich dachte an das Chesterfield-Sofa, auf dem ich vor mehr als einem Jahr die Mäuseköttel eingeatmet hatte. Vielleicht würden Carol und ich dort heute Nacht schlafen. Ich schaute zu dem Porträt von Agnes hoch, die jetzt mit ihren kühlen, allwissenden Blicken auf uns herabzulächeln schien. Ich schämte mich nicht länger vor ihrer Allwissenheit.

»Du interessierst dich eigentlich nicht so für diese Bücher, oder?«, fragte Carol auf eine Art, die nur ein wenig anklagend klang. Als ich irgendeine Entschuldigung stammelte, lachte sie und warf mir einen Blick zu, der besagte, dass es nichts Wichtigeres gab als Kant.

»Ich habe über dich und Agnes nachgedacht.« Ich zeigte

auf das Porträt. »Ich werde mich mal an den Hegel setzen. Ich nehme an, du möchtest da sitzen bleiben?«

»Das nimmst du ganz richtig an, Liebling.« Das war eine liebe und unerwartete Ergänzung unseres Schlagabtauschs. »Liebling.« Das klang ein wenig wie etwas aus Carols kanadischer Vergangenheit, und ernsthafter, als ich es mir hätte erhoffen können.

Die Hocking-Bibliothek wurde durch ihre Bücherregale in gemütliche Nischen aufgeteilt, kleine intellektuelle Winkel, in denen sich ein Gelehrter zeitweilig, für einen Nachmittag oder eine Woche, niederlassen konnte. Jede Nische, die an beiden Seiten aus Regalen und aus einer Fensterfront bestand, war ungefähr zwei Meter breit – gerade groß genug, dass ein Mensch meiner Größe am Schreibtisch, der am Fenster stand, sitzen und nach den Büchern an den Wänden rechts und links greifen konnte, ohne aufstehen zu müssen. Die Philosophie des Neukantianismus befand sich vorn in der südwestlichen Ecke der Bibliothek und war in einem überraschend guten Zustand. Ich wollte den restlichen Nachmittag dort verbringen und Erstausgaben, zwischen denen Alben mit Familienfotos standen, aus dem Regal ziehen.

Eines der ersten Bücher, auf die ich stieß, war »Differenz des Fichteschen und Schellingschen Systems der Philosophie«, das 1801 in der deutschen Universitätsstadt Jena veröffentlicht worden war. Wenn es darum ging, wer die Großen des Deutschen Idealismus waren, so gab es da Kant und dann noch Schelling und Hegel. Dies war die Erstausgabe von Hegels erster Veröffentlichung. Die Erstausgaben seiner berühmten »Phänomenologie« und der »Enzyklopädie« waren bereits im Trockenlager gelandet, aber diese alte Ausgabe hatte ich übersehen. Sie war hinter eine Reihe neuerer Werke geschoben worden, als hätte man sie dort versteckt, um sie in Sicherheit zu bringen, oder als Hintergrund für den Rest des Deutschen Idealismus benutzt. Aber da stand noch etwas anderes; doch ich musste erst all die anderen Bücher beiseiteräumen, um daranzukommen. Dabei kam mir auch der übliche Streifen von etwas entgegen, von dem ich hoffte, dass es nur Staub war. Dahinter war ein postkartengroßes Bändchen geklemmt worden, nicht dicker als meine Brieftasche. Ich öffnete es und las – oder versuchte es zumindest – das filigrane Deutsch des achtzehnten Jahrhunderts. »Ueber die Möglichkeit einer Form der Philosophie überhaupt«, veröffentlicht von dem neunzehnjährigen Friedrich Schelling im Jahr 1795, sein erstes Buch.

Ich wollte schon Carol etwas zurufen, besann mich dann aber. Sie war glücklich mit ihrem Kant. Ich blätterte das schmale Bändchen durch, an Wörtern vorbei, die archaisch und erschreckend lang aussahen. Mit einem Wörterbuch und einer Menge Mühe hatte ich mir einst während des Studiums den Weg durch dieses Buch gebahnt. Hocking allerdings hätte den Text ohne Probleme überfliegen können. 1902 war er nach Göttingen gereist, wo er Edmund Husserls erster Student wurde, Student des Vaters der modernen Phänomenologie, einer Schule der europäischen Philosophie, die wie der Pragmatismus glaubte, dass philosophische Spekulation sich der menschlichen Erfahrung annehmen sollte. Zweiundsechzig Seiten Schelling hätten Hocking nicht eingeschüchtert. Sie hätten seinen Mentor in Harvard, Josiah Royce, auch nicht aus der Fassung gebracht. Royce, der praktisch Teutone war, hatte 1875 und 1876 seine eigene Pilgerreise nach Heidelberg und

Göttingen unternommen. Royce und Hocking – zwei der letzten Idealisten in Harvard – fühlten sich Hegel und Schelling zutiefst verpflichtet, eine Tatsache, die im Laufe ihrer philosophischen Karrieren wiederholt in Erscheinung trat. Royce lehrte Hunderte Male über neukantianischen Idealismus und seine Vorlesungen waren so zugänglich und so erschöpfend, dass viele von ihnen publiziert wurden, zunächst als »The Spirit of Modern Philosophy« (dt.: Der Geist der modernen Philosophie) im Jahr 1892 und dann posthum 1919 unter dem Titel »Lectures on Modern Idealism« (dt.: Vorlesungen über den modernen Idealismus).

Ich schlüpfte aus der Nische und kehrte mit einem Exemplar von Royces Vorlesungen über den Deutschen Idealismus wieder zurück. Um amerikanische Philosophie zu verstehen, musste man ein Gefühl für ihre europäischen Wurzeln bekommen, aber um bestimmte Teile der Kontinentalphilosophie zu verstehen, musste man manchmal einen sehr guten amerikanischen Lehrer finden – einen wie Royce.

Josiah Royce war nicht gerade groß und nicht gerade gut aussehend. Als Philosoph hat man, wenn man so aussieht, zwei Möglichkeiten. Man kann Einsamkeit und Unattraktivität heiligen und sich mit seinem Vollbart auf nach Walden machen. Oder man kann Royces Vorbild folgen und sich über die eigene Unansehnlichkeit hinwegsetzen, um die Isolation zu bekämpfen, die man beinahe schicksalhaft zu erleiden droht.

Royce war koboldhaft und ein wenig bemitleidenswert, aber seine Philosophie war großartig und systematisch. Viele seiner Studenten nannten sie sogar schön. Wie Hocking wuchs auch Royce weit entfernt von den Kreisen der Harvard-Elite auf. Geboren in Grass Valley in Kalifornien, einer winzigen

Bergarbeiterstadt zwischen Reno und Sacramento, hatte Royce nichts von den Stammbäumen eines Peirce oder James. Er war ein Außenseiter, und so fühlte er sich auch sein ganzes Leben lang – Einsamkeit und Unzufriedenheit waren keine philosophischen Abstraktionen für ihn, sondern eine Lebensform, der er verzweifelt zu entkommen versuchte.

Als kleiner Junge in Grass Valley wanderte Royce oft einen verlassenen Hügel hinter dem Haus, in dem er wohnte, hoch und saß stundenlang am einsamen Grab eines Bergarbeiters, der lange, bevor eine seltsame Mischung aus evangelikalem Glauben und Goldrausch Royces Familie dazu veranlasst hatte, nach Kalifornien zu ziehen, dort gelebt hatte und gestorben war. Royce las als Zwölfjähriger Edgar Allan Poe und schrieb im letzten Highschooljahr den von der Schauerromantik inspirierten Essay »Das Grab des Bergmanns«. Für Royce repräsentierte das Grab ein derart sinnloses Leben, dass es kaum von Bedeutung war, wann es erlosch: »Keine liebevolle Hand war da gewesen, um etwas zu errichten, das die Erinnerung an den Verstorbenen wach halten würde«, beobachtete der dreizehnjährige Royce. »Nur ein kleiner Erdhügel … und eine Schindeltafel mit einer halb verblassten Inschrift unterschieden diesen Fleck von dem normalen Erdreich darum herum.« Schon als Jugendlicher hatte Royce panische Angst umgetrieben, solch ein Niemand zu sein. Er schrieb sich mit vierzehn an der Universität von Kalifornien ein und wurde auf der Stelle zum Opfer der Scherze seiner Kommilitonen, einschließlich eines Sketches anlässlich der Abschlussfeier, wo er als »rothaariger Jehova« fungierte, mit einem enormen Kopf und dem ulkigen Körper eines Erdhörnchens. Nicht aus allen gemobbten Kindern werden Philosophen, aber ich vermute, dass alle Philosophen irgendwann einmal gemobbte Kinder waren. Als Royce im zarten Alter von zwanzig Jahren zum Studium nach Deutschland ging, war er auf der Suche nach wahrer Kameradschaft, um der Entfremdung zu entfliehen. Er fand, wonach er suchte, in der Philosophie des Neukantianismus, die damals die Fakultäten in Heidelberg und Berlin beherrschte.

Ich blätterte vor zu Royces Vorlesung über Hegel. Die moderne Philosophie von Descartes bis Kant zeugte von tief sitzenden und außerordentlich problematischen Dualismen – der Trennung zwischen Geist und Körper, zwischen dem Menschlichen und dem Natürlichen, zwischen Subjekt und Objekt, zwischen Individuen und ihren Nachbarn. Der Cartesianische Solipsismus war der Auswuchs mehrerer dieser philosophischen Antagonismen, und die Philosophen, die in der Nachfolge Descartes' ihre Werke schrieben, waren relativ erfolglos bei ihren Versuchen, dieses Erbe zu überwinden. Also machten sich Schelling und Hegel, die zu Beginn des neunzehnten Jahrhunderts ihre Texte schrieben, daran, einen Idealismus zu entwickeln, der die anscheinend disparaten Teile des Universums vereinte. Royce war mehr als James und Peirce an dieser Form der harmonischen Weltanschauung interessiert. Er wollte ein Miteinander, suchte eine Methode, seine zerbrochene Welt zu reparieren. Und er wollte das mehr als beinahe alles andere. Er war 1882 als Vertretung für William James, als dieser ein Forschungssemester hatte, nach Harvard geholt worden und verbrachte die nächsten dreißig Jahre damit sicherzustellen, dass die Erkenntnisse des deutschen Idealismus nicht in Vergessenheit gerieten.

Royces Vorlesungen über den deutschen Idealismus begannen dort, wo alle Philosophie beginnt – mit der Biografie. Hegel und Schelling lernten sich als Studenten am Tübinger

Stift kennen, dem theologischen Seminar der Hochschulstadt, an die viele der begabtesten jungen Köpfe Deutschlands zum Studium kamen. Diese beiden »Stiftler« (wie die Theologiestudenten auch heute noch liebevoll genannt werden) schlossen sich 1789 dem Dichter Friedrich Hölderlin an, und das Trio begab sich auf eine nicht ganz so einfache Reise, um Kant zu transzendieren. Sie teilten sich ein Zimmer im Stift, aber verglichen mit seinen beiden Freunden war Hegel ein philosophischer Spätzünder; den größten Teil seiner Jugend nahm er eher den Platz hinter Schelling ein. In Royces Worten: »Niemand hatte bislang irgendein Anzeichen von Größe bei Hegel entdeckt… während all dieser Jahre reifte Hegel nur langsam und veröffentlichte nichts. Die Briefe an Schelling sind durchwegs in einem schmeichlerischen und empfänglichen Ton geschrieben.« Ich blickte auf Hegels ersten Versuch, ein Buch zu schreiben. Es war zu großen Teilen und ganz offensichtlich sekundär, eine Glosse zu Schellings System.

Obwohl sich Hegel in seinem späteren Leben von Schelling distanzierte, war er anfangs sehr von der Idee eingenommen, die von seinem Mentor verfochten wurde, dass es eine gewisse »absolute Identität« gäbe, die allen Dingen zugrunde liege und sie eine. Die Einzelnen waren nie unwiederbringlich verloren; sie waren und sind immer ein Aspekt der Schöpfung Gottes. In Schellings Worten: »Das ›ich denke, also bin ich‹ ist seit Descartes der Grundfehler alles Wissens; das Denken ist nicht *mein* Denken, und das Sein ist nicht *mein* Sein; denn alles ist nur von Gott oder von der Totalität.« Dies sollte jeden Zweifel beseitigen, aber für Hegel war Schellings Antwort nie ganz zufriedenstellend. Hegel stimmte mit Schelling dahingehend überein, dass Descartes' *Cogito* der falsche Weg war, um über das Menschsein oder die individuelle Identität nachzudenken.

Individuen erfuhren die Welt nicht als singuläre, denkende Dinge, sondern vielmehr als in Beziehung stehende, intersubjektive Wesen. In seiner Vorlesung erläuterte Royce: »[Hegel zufolge] kenne ich mich selbst nur insofern, als ich von jemand anderem erkannt werde oder erkannt werden könnte … überlasse ich mich ganz allein diesem Augenblick der Unsicherheit, schrumpfe zu einem bloßen Atom zusammen, zu einem unnennbaren Gefühl, zu einem Nichts.« Ich dachte an den Morgen, der inzwischen mehrere Monate zurücklag, als ich allein in dem eiskalten Teich unterhalb der Bibliothek schwimmen gegangen war. Ich hatte einmal geglaubt, dass Selbstständigkeit völlige Isolation nach sich ziehe. Aber als ich versuchte, dieses Selbst zu identifizieren, auf das ich mich verlassen sollte, war ich nicht besonders glücklich über meine Ergebnisse. Royces Vorlesung über Hegel erklärte mir, warum:

»Falls wir es je versucht haben, ist uns allen bewusst, wie leer und gespenstisch das Leben ist, wenn man lange Zeit in absoluter Einsamkeit lebt. Befreie mich von meinen Gefährten, lass mich ganz allein, um die Erlösung meines eigenen, glanzvollen Selbst zu meistern, und ganz gewiss (so könnte ich annehmen) werde ich jetzt zum ersten Mal demonstrieren, wer ich eigentlich bin. Aber nein, keineswegs; im Gegenteil, in einem solchen Fall demonstriere ich bloß, wer ich nicht bin. Ich bin nicht länger ein Freund, Bruder, Kamerad, Mitarbeiter, Diener, Bürger, Vater, Sohn; ich existiere für niemanden; und bald entdecke ich, vielleicht zu meiner eigenen Überraschung, aber ganz gewiss zu meinem eigenen Erschrecken, dass ich niemand bin.«

Ich hatte diese unangenehme Entdeckung in der Anfangszeit direkt nach meiner Scheidung machen müssen. Als ich mich von den Fesseln meiner Ehe freigestrampelt hatte, glaubte ich, nun die Erfüllung erleben zu können. Aber in Royces Worten: »Meine Befreiung von den anderen ist mein Untergang, die unerträglichste Form der Fesselung.« In Liebesdingen ungebunden zu sein, hatte unvorhergesehene Folgen. Ich hatte mehr als ein Jahr lang ziellos in der Luft gehangen, und nicht einmal ein Albatros hatte mir Gesellschaft geleistet. Der Sinn des Lebens bestand nach Hegel und Royce nicht darin, sich selbst auf dem Meer existenzieller Freiheit zu verlieren, sondern sich in umfassenderen und lohnenderen Beziehungen wiederzufinden.

Schließlich trennten sich die Wege von Hegels Konzept der Einheit und dem Konzept Schellings. Schellings »absolute Identität« war als ein zugrundeliegendes Substrat gedacht, das stillschweigend die verschiedenen Teile der Welt vereinigte. Dieses Konzept kam Hegel allzu einfach vor und schien ihm ohne Berührungspunkt mit der tatsächlichen Erfahrung gedacht. Menschliche Erfahrung war unleugbar durch etwas Tragisches definiert, das Schellings zugrundeliegende Einheit gar nicht zuließ. Hegel konstatierte, dass Einheit *durch* Konflikt *hindurch* erlangt wird, dass Konflikt und Differenzierung notwendige Schritte zum Erreichen der Einheit sind. Auf irgendeiner intellektuellen Ebene wusste ich durchaus, dass dieser seltsame Widerspruch das Herzstück der Hegelschen Dialektik war, aber es bedurfte der Zerstörung meines bisherigen Lebens – und seiner teilweisen Wiederherstellung –, damit ich diese Lektion tatsächlich verstand! Royce drückt es so aus: »Überall besteht das Leben aus einer Wiederholung des fundamentalen Paradoxes des Bewusstseins: Um zu begreifen, was ich bin, muss ich, wie ich finde, mehr werden, als ich bin, oder als das, wofür ich mich halte. Ich muss mich erweitern, mich wahrnehmen als jemand in äußeren Beziehungen, ich muss mein privates Selbst überschreiten und das soziale Leben als Voraussetzung anerkennen, mich auf den [unvermeidlichen] Konflikt einlassen und, indem ich den Konflikt überstehe, mich der Erkenntnis meiner Einheit mit meinem tieferen Selbst annähern.« Dies ergab mehr Sinn als Schelling, weil es das turbulente Leben der Einzelnen und ihrer Gemeinschaften erklärte, aber die Möglichkeit einer umfassenderen oder sinnvolleren Synthese als Ergebnis dieses Konflikts nicht ausschloss. Einheit ist nicht das statische Substrat Schellings; sie wird erst durch einen schwierigen Prozess erreicht, vergleichbar dem Besteigen eines Berges. Es war etwas, das Menschen sich erarbeiten mussten – sogar und vielleicht erst recht solche Menschen wie Royce.

1908 versuchte Royce Hegels Begriff zwischenmenschlichen Sinns und der entsprechenden Selbstüberwindung in eine Sprache für Nichtspezialisten zu übersetzen, und zwar in das, was er *Die Philosophie der Loyalität* nannte. Loyalität: Es ist die janusköpfigste Tugend – eine, die absolut notwendig für die eigene moralische Reife ist, aber ebenso leicht zu pervertieren. Schwer zu erzeugen und leicht zu zerstören, ist es ein Leitwort für die Geknechteten, für die Hoffnung – wie auch immer gering sie sein mag –, dass man nicht verloren ist. Royce zufolge war Loyalität nicht ein Kantscher Appell an die Pflicht, sondern das tief empfundene Gefühl, einem größeren Ganzen anzugehören. Loyalität war der belebende Geist der Liebe und die Macht, die Einzelne vor den Gefühlen stiller Verzweiflung bewahren konnte. Im Angesicht des Verhängnisses betritt die Loyalität den Schauplatz, und auch wenn sie vielleicht die Lage nicht retten kann, kann sie diese Lage doch sehr viel erträglicher machen.

Als Royce 1882 in Harvard eintraf, hatte er gehofft, ein passendes Zuhause für sich zu finden. Zu jenem Zeitpunkt wurde Harvard weithin als das gelobte Land für amerikanische Denker betrachtet, aber Royce war keineswegs zufrieden. G. H. Palmer, der ein paar Türen weiter auf dem gleichen Flur arbeitete wie er, erwähnte die »zahlreichen Beschwerden« seines jüngeren Kollegen und sprach von »Ängsten in allen Größen«. In den ersten Jahren des zwanzigsten Jahrhunderts vervielfältigten sich die Beschwerden von Royce noch. Bei seinem Sohn Christopher wurde »akute Abulie« diagnostiziert, eine psychische Störung, die durch eine lähmende Apathie gekennzeichnet ist. Christopher wurde am 9. Januar 1908 ins Danvers State Hospital eingeliefert, zwei Monate, bevor »The Philosophy of Loyality« an die Druckerei geschickt wurde. In einem Brief an James, den er in jenem Frühjahr schrieb, räumte Royce ein, dass sie den Kampf gegen diese Geisteskrankheit verloren hatten: »Wir haben unseren Kampf geführt und haben ihn verloren. Wir werden weiterkämpfen und versuchen, kein Geschrei zu machen … « Ich hatte diesen Brief während meines eigenen, trostlosen Jahres in Harvard mehrmals gelesen. Was bedeutete es zu kämpfen, zu verlieren und weiterzukämpfen? Royce beendete den Brief mit der brutalen Wahrheit über seinen Sohn: »Der arme Junge wird vermutlich nie etwas von dem Licht sehen, das ich mir für ihn erhofft und ersehnt habe.« Christopher starb in Danvers am 21. September 1910, kurz vor seinem neunundzwanzigsten Geburtstag. »Und der Weg für uns alle ist ein langer und dunkler«, fuhr Royce fort. Loyalität war sein Weg, die Stärke zu finden, um gegen die Dunkelheit anzukämpfen, mit dem Gefühl, dass man, trotz aller Beweise für das Gegenteil, nicht allein ist.

»The Philosophy of Loyality« wurde von Royce nicht als ein

Versuch geschrieben, seine verlorene Seele zu retten, sondern als eine moralische und spirituelle Gebrauchsanweisung dafür, wie man Menschen wie seinen verlorenen Sohn rettete. Royce sorgte sich über die wachsende Zahl von »frei schwebenden Individuen«, von denen viele behaupteten, sie seien frei, aber nur in dem Sinne, dass sie allein waren. Indem er Hegel anklingen ließ, argumentierte er, dass die falsche Freiheit des »unglücklichen Bewusstseins« nur überwunden wird, wenn wir loyal sind, wenn wir uns bewusst einer Sache verschreiben. Für jemanden wie mich, der mit dem philosophischen Ideal eines krassen Individualismus aufgewachsen war, war das zunächst abschreckend. Aber in »The Philosophy of Loyality« formuliert Royce eine Frage, die ich in den Jahren, in denen ich Thoreau studierte, nie ganz zum Schweigen hatte bringen können. »Was für einen Wert«, fragt Royce, »kann man denn in einer Unabhängigkeit finden, die einen bloß isoliert, die einen bloß zu einer kauzigen Kreatur macht, deren Ansichten niemand anderes teilen will?« Wenn ich an Carol dachte, die nur einen Meter entfernt von mir saß, näher als je zuvor, war ich in größter Verlegenheit, überhaupt noch irgendeinen Wert darin zu erkennen.

Royces Seminare waren berühmt und berüchtigt für die enge Verbundenheit der Studierenden, und Ende des neunzehnten Jahrhunderts war er einer der wenigen Harvard-Professoren, die auch Frauen in ihre Seminare einluden. Tatsächlich blühten viele romantische Beziehungen zwischen seinen Studenten auf, während sie ihm lauschten, wie er die Tugenden der Loyalität pries. Richard Cabot, der Sohn von Emersons literarischem Nachlassverwalter James Cabot, war Anfang der 1890er-Jahre einer von Royces Schülern. Cabot hatte sich in einem von Royces Seminaren wieder mit Ella Lyman angefreundet, und sie verbrachten den Rest ihres Lebens damit, eine Ehe ohne Sex auf der Grundlage der Royceschen Prinzipien zu führen. Ich war am Radcliffe Institute for Advanced Study auf Lymans Aufzeichnungen gestoßen, bevor mein Vater starb, und in meinem ersten Jahr als akademischer Lehrer lenkte ich mich erfolgreich davon ab, das Buch über Peirce zu schreiben, das ich eigentlich schreiben sollte, indem ich eins über sie schrieb.

Ellas und Richards Beziehung war eine faszinierende Mischung aus Frömmigkeit, philosophischer Spekulation und künstlerischer Inspiration. Sie hatten beschlossen, auf eigene Kinder zu verzichten, damit sie Gottes Willen noch besser erfüllen könnten, aber dies war der Gott von Emerson und Thoreau, was bedeutete, dass sie frei waren, ihrem eigenen Gewissen und den eigenen Lebensprojekten zu folgen. Sie hatten Dutzende von Pflegekindern, schrieben Dutzende von Büchern über Themen, die von Erziehung bis zur Medizinethik reichten, und unterstützten – hauptsächlich mit Hilfe von Ellas Erbschaft – die Künste und Wissenschaften in Harvard (das Cabot Science Library and Science Center in Harvard ist ihnen gewidmet). In ihrer Freizeit – die allerdings sehr knapp bemessen war – half Ella Richard dabei, den Cambridge-Gesangsverein zu gründen, der in ihrem Haus in der Marlboro Street 190 in Boston probte und auftrat. Zu einem Festtagskonzert am 17. November 1903 luden sie William Ernest Hocking ein. Er traf zwanzig Minuten vor Beginn des Konzerts ein und stieß auf eine andere verfrühte Besucherin: Agnes O'Reilly. »Unser Gespräch«, gestand Hocking Agnes in einem Liebesbrief, den er noch im selben Jahr schrieb, »begann bei Kerzenschein [der das Haus der Cabots erleuchtete] und ging entflammt weiter.«

»Entflammt« diskutierte das Paar über Philosophie und die Tatsache, dass Agnes sich für diese interessierte, aber wenig Gelegenheit hatte, sie zu studieren. Nach diesem Treffen schrieb William an sie: »Sind Sie also unzufrieden mit Ihrem eigenen geistigen Horizont? Wenn es nicht bloße Unzufriedenheit ist, sondern gleichzeitig auch ein ernsthaftes Bestreben da ist, gibt es für Sie etwas zu holen, ob Sie es nun auf den Gipfeln der Philosophie oder woanders suchen. Ich wünschte, ich könnte Sie zu einem Aussichtspunkt führen, aber ich habe selten das Gefühl, mehr als ein Wanderer zu sein – ein Kletterer.«

Hocking fand sich bereit, Agnes die Philosophie Descartes' zu vermitteln. Sie fand Descartes langweilig, verliebte sich aber schließlich in ihren Lehrer. William Ernest und Agnes heirateten im nächsten Jahr, und wiederholt wandten sie sich wegen einer Art Eheberatung an Royce. Royce war womöglich nicht besonders qualifiziert dafür (seine eigene Ehe war nicht unproblematisch), aber er kam dieser Aufgabe sehr gerne nach. Sie bildeten eine erweiterte philosophische Familie – mit all ihren bleibenden Loyalitäten und brüchigen Intimitäten. Royce zog einen bestimmten Typus von Schüler an. Seine besten Studenten waren genauso wie Royce selbst: Sie kamen aus äußerst frommen Familien und besaßen gleichzeitig eine geradezu abgefeimte Intelligenz, was bedeutete, dass sie gewöhnlich in ernsthafte Schwierigkeiten mit den religiösen Institutionen gerieten. Kurz gesagt, sie waren perfekt dazu geeignet, loyale Diener zu sein, aber ihnen fehlte ein Objekt ihrer Loyalität, das sich ihrem intellektuellen Differenzierungsvermögen gewachsen zeigte. Royces Philosophie eignete sich da vorzüglich.

Hockings Wurzeln in der methodistischen Kirche bedeuteten, dass Hingabe für ihn etwas ganz Natürliches war. Er war ein loyaler Royce-Anhänger und weihte sich von Anfang bis Ende ganz und gar seinem koboldhaften Lehrer. Er nahm 1903 an den philosophischen Versammlungen teil, informellen wöchentlichen Treffen ergebener Studenten, die von den Cabots organisiert und oft an Sonntagabenden in Royces Haus an der Irving Street abgehalten wurden. James, der zwei Häuser weiter wohnte, aber nur an einer dieser philosophischen Sitzungen teilnahm, scherzte, dass »das Treffen eine seltsame Veranschaulichung [der] Unfähigkeit der [Studenten] war, ohne Royce zu leben«. Höchstwahrscheinlich war dies eine Beleidigung, die von dem fundamentalen Dissens zwischen James und Royce herrührte. Der Individualismus von James' Pragmatismus, der hochgradig populär geworden war, verwahrte sich gegen jegliche Form von Gemeinschaft, die vielleicht die freie Ausdrucksmöglichkeit des Einzelnen einschränken könnte. Für James war »Erfahrung« das zentrale philosophische Schlagwort, und er trug Sorge, dass Royces fast schon obsessiver Hang zur Gemeinschaft die individuelle Erfahrung auf dem Altar des hingebungsvollen Dienstes an dieser Gemeinschaft opfern könnte. Hocking war sich der Spannungen zwischen Royce und James voll bewusst, und auch wenn er Royce gegenüber strengste Loyalität empfand, musste er doch auch anerkennen, dass James nicht ganz Unrecht hatte. Geselligkeit war wichtig, aber nur wenn man die *Erfahrung* der Gemeinschaft – unmittelbar und intim – auch artikulieren konnte, war die eigene Loyalität mehr als eine schiere Abstraktion. Wenn man den Solipsismus überwinden wollte, genügte es nicht, für die Notwendigkeit der Gemeinschaft zu argumentieren; man musste sich die persönliche Erfahrung des Miteinanders auch tatsächlich erschließen. »Der Sclipsismus wird überwunden und nur überwunden«, so Hockings Worte, »wenn ich auf die tatsächliche Erfahrung verweisen kann, die mir die Grundlage für meinen Begriff von Kameradschaft vermittelt.« Dies sollte zu Hockings philosophischer Mission werden.

Hockings Werke – von denen viele in West Wind geschrieben wurden – standen verstreut in der ganzen Bibliothek und waren hoffnungsvoll, nachdrücklich, (womöglich dreist?) zwischen den wahrhaft monumentalen Werken der westlichen Philosophie platziert worden. Als Doktorand, der sich für Royce interessierte, hatte ich Hockings erstes Buch gelesen, »The Meaning of God in Human Experience« (dt.: Die Bedeutung Gottes in der menschlichen Erfahrung), aber zu jener Zeit war ich zu obsessiv mit meinem eigenen akademischen und ehelichen Kummer beschäftigt gewesen, um seine Botschaft zu verstehen, obwohl die eigentliche Aussage von Hockings Buch genau darauf zielt, sich über seine eigenen beschränkten Obsessionen zu erheben. Um dieses Ziel zu erreichen, musste Hocking demonstrieren, dass ein echter Austausch mit anderen möglich war.

Ich suchte ein paar Minuten nach »The Meaning of God in Human Experience« und entdeckte es in Hockings Schreibtischschublade. »Ich habe manchmal da gesessen und einen Kameraden gemustert«, sagt Hocking, »und über diese rätselhafte Isoliertheit zwischen dem einen und dem anderen Selbst nachgedacht. Warum sind wir so gemacht, dass ich dich anschaue und von dir nur deine Mauer sehe, aber niemals dich? Diese deine Mauer ist nur ein beweglicher Teil der Mauer meiner Welt; und ich bin auch eine Mauer für dich: wir betrachten uns gegenseitig hinter vorgehaltenen Masken.«

Als ich auf seinem Stuhl Platz nahm, sein Buch aufschlug

und seine Worte las, war ich zum ersten Mal bereit, mich der Frage zu stellen, die Hocking an seinen Leser richtet: »Wie wäre es wohl, wenn mein Geist einmal ganz *in* deinem sein könnte; und wir uns begegnen könnten und ohne jede Einschränkung zusammen sein könnten?« Das Romantische daran hatte ich beim ersten Mal vollständig überlesen, aber jetzt wusste ich, dass Hockings »Kamerad« Agnes gewesen war! Und plötzlich rauschte der Rest dieses Abschnittes geradezu durch mich hindurch:

> »Und dann ist es über mich gekommen wie ein Schock – wenn man das Gefühl hat, allein zu sein, und auf einmal eine Anwesenheit spürt – : Aber ich bin in deiner Seele! Diese Dinge um mich herum bilden deine Erfahrung. Sie sind deine eigenen; wenn ich sie berühre und sie verrücke, ändere ich auch dich. Wenn ich sie betrachte, sehe ich, was du siehst; wenn ich lausche, höre ich, was du hörst… Diese Welt, in der ich lebe, ist die Welt deiner Seele; und indem ich darin bin, bin ich in dir. Ich kann mir keinen realeren und erregenderen Kontakt vorstellen als diesen…«

Ich ging in die Mitte der Bibliothek und schaute zu den Porträts hoch, die ich bei meinem ersten Besuch in West Wind erblickt hatte. Ernest und Agnes sahen sich in der Eingangshalle von gegenüberliegenden Wänden an. Sie blickten nicht auf mich herab. Sie blickten einander an.

Ich lief an dem Tisch vorbei, an dem Carol arbeitete, und kehrte an meinen Schreibtisch zurück. Ich konnte Carol kaum ausmachen, die hinter ihrem Stapel philosophischer Bücher saß, aber ich konnte sehen, dass sie und ich eines Geistes waren, was diesen Ort anbelangte. Er war jetzt unsere Bibliothek – wir konnten rausgeschmissen werden, sie konnte verkauft oder zerstört werden oder für immer verloren sein, aber sie würde unsere Bibliothek bleiben. Während sie die Bücher von einem Regal in ein anderes schob, konnte ich mir auf einmal vorstellen, dass ein Mensch, selbst ein Philosoph – in den Worten von Gabriel Marcel – »den Solipsismus überwinden« kann. Carol hatte die Bibliothek umgeräumt, und diese wiederum räumte mich gleichsam dauernd um. Ich musste Hocking zustimmen: »Der Liebende erweitert seine Erfahrung auf eine Weise, wie ein Nicht-Liebender es nicht kann. Er fügt etwas zur Summe seiner Ideenwelt hinzu und vergrößert dadurch seine Fähigkeit, alle Dinge wertzuschätzen.« Es gab einen Grund, warum Dante die lange Reise zur Erlösung nicht ganz allein angetreten hatte, warum Vergil und Beatrice den Dichter begleiten mussten. Erlösung kann man eben nicht in der Isolation finden, das ist der Grund.

AUF DER TREPPE

»The Meaning of God« zu schreiben, war kein einsames Vorhaben gewesen. Agnes hatte ihrem Mann bei der Planung des Buches geholfen und nannte das Kapitel über das Gebet oft »mein Kapitel«. Es war das letzte im Buch, und ich schämte mich jetzt, mir eingestehen zu müssen, dass ich es bloß überflogen hatte. In Wirklichkeit handelte es nicht bloß vom Gebet, sondern vom »Gebet *und der Antwort darauf*«, wobei das Gebet die aktive und bewusste Form des Gottesdienstes war und die Antwort darauf die passive, unwillkürliche Empfängnis des Göttlichen. »Die bekannteste Erfahrung [dieser] mystischen Art ist die, bei der sich die Individualität eines anderen Menschen zeigt.« Das Gebet hatte im Kern nichts damit zu tun, dass man die Hände faltete und in die Leere hinein sprach. Es hatte damit zu tun, dass man sich verliebte. »Manchmal«, schrieb Agnes, »wird uns so etwas wie eine mystische Vision zuteil: Es ist, als ob wir in die Präsenz des Individuums gelangen und uns das Wunder als solches erscheint.« Es war absolut still in der Bibliothek, bis auf das gelegentliche Geräusch, das entstand, wenn Carol eine Seite in ihrem Kant umblätterte. Ich sah nicht auf, aber ich konnte sie mir mit einer Deutlichkeit vor Augen führen, die mir im Rest meines Lebens manchmal fehlte: »Diese Vision beginnt tatsächlich auf uns einzuwirken«, erläuterten die Hockings. »Wir können sie nicht vergessen: Wir bemühen uns gar nicht mehr willentlich um sie, sondern sie bildet einen Teil unseres Bewusstseins und beginnt uns nach ihrem eigenen Muster zu verändern, als wäre sie aktiv und wir für sie nur formbares Material.«

Ich blätterte bis zum Ende des Buches vor: 586 Seiten. Es bedurfte einer Menge Worte, um den Solipsismus zu überwinden. Der Band passte kaum in die Schreibtischschublade. Ich wollte ihn schon wieder zurücklegen, aber bevor ich das tat, vollführte ich ein Ritual, das ich während meiner Zeit in West Wind entwickelt hatte: Ich packte »The Meaning of God« vorsichtig am Buchrücken, drehte das Buch um und schüttelte es, für den Fall, dass etwas zwischen den Seiten vergessen oder absichtlich dort hineingesteckt worden war. Ein Durchschlag, sorgfältig zusammengefaltet, fiel hinten heraus. Es war kein Originalbrief, aber Hocking oder vielleicht auch sein Sohn Richard hatten sich die Zeit genommen, ihn zu kopieren, bevor sie ihn an die Archive in Harvard schickten. Der Brief war von Robert Frost.

Frost hatte die Hockings im April 1915 besucht und bei der Gelegenheit ein Exemplar von Hockings opus magnum erhalten, das er eine »Großtat der Poesie« nannte. Und er zieht einen entsprechend poetischen Vergleich: »Ich will es«, begann Frost, »in den Worten von Tennysons Poesie sagen, woran es mich erinnert:

Bis eine neunte [Welle], die langsam emporstieg/
und mit Getöse niederfiel,/ in Flammen aufging./
In der Welle aber und der Flamme wurde
[ein nackter Knabe zu Merlins Füßen] hingetrieben.

Nun. Etwas Fleischgewordenes. Es ist diese Menschlichkeit darin – diese Einsicht.« Fleischgeworden. Wie Freiheit, Miteinander, Glück fleischgeworden. Am Schluss des Briefes neckte Frost Hocking wegen des Gewichts von »The Meaning

of God« und schrieb: »Ich möchte mich für so <u>viel</u> Buch be-
danken … Du darfst nicht lächeln, wenn du den Umfang des
Buches siehst, das ich als Gegenleistung schicken werde.«

Es gab wirklich nur ein Buch, das Frost 1915 hätte schicken
können, jenes Werk, das Yeats »die beste Lyrik, die seit Langem in Amerika geschrieben worden ist« genannt hatte. »A
Boy's Will«, Frosts erste Gedichtsammlung. Das Buch war 1913
in Großbritannien und zwei Jahre später in den Vereinigten
Staaten veröffentlicht worden. Es musste hier irgendwo sein.
Ich bat Carol um Hilfe, und wir suchten überall danach. Hinter Aktenschränken, in den Dachtraufen, unter der Treppe.
Nach einer Stunde gaben wir auf, und sie kehrte wieder zu
ihrem Kant zurück. Der Frost-Band war nicht in der Bibliothek. Zu meiner Bestürzung stand er auch nicht in der Liste
der gestohlenen Bücher, die das FBI erstellt hatte, als man den
Mann aus Berkeley verhaftete. Ich ließ mich auf das Chesterfield-Sofa fallen, um schon über den Verlust eines Meister-
werks zu trauern, als mir aufging, dass es drüben im Wohn-
haus sein musste.

Ich war schon aus der Tür, bevor mich Carol auch nur fragen konnte, wo ich hin wollte.

Im Erdgeschoss von West Wind standen Bücherregale; sie
waren für Familienerbstücke und Lyrik reserviert. Inzwischen
hatte man mir die Schlüssel und freie Hand für einen großen
Teil des Anwesens gegeben, aber ein leeres Haus zu betreten,
das mir nicht gehörte, rief bei mir nach wie vor ein Gefühl
hervor, als würde ich Hausfriedensbruch begehen. Ich trat
langsam ein und ging durch eine überraschend kleine Küche
hindurch in zwei große Salons, von denen aus man auf die
Berge blickte.

Die Räume waren ausgesprochen prächtig und wunderschön proportioniert. Und seit einem Jahrhundert war nichts verändert worden. Ein Flügel ragte in der Dunkelheit auf. Von der Bibliothek aus hatte ich an vielen Nachmittagen gehört, wie Pennys Ehemann Chopin gespielt hatte. Die Räume rochen ein wenig nach kühlem, altem Leder.

Die Bücher standen hinter den Glastüren, die die beiden Salons voneinander separierten – zwei schmale Einbauregale, vollgestopft mit Lyrik. Ich suchte sie langsam ab, aber entdeckte nichts. Ich hatte das zweite Regal schon fast vollständig durchgesehen und war nun beim untersten Regalbrett gelandet, als ich fand, wonach ich suchte, in blauem Leinen mit Goldschrift. »A Boy's Will«. Ich blätterte zum Schmutztitel vor: »Prof. & Mrs. Hocking von Robert Frost mit Dank für ihr Buch.« Frosts Worte sind berühmt für die Macht, die sie durch ihr Understatement entfalten, ihre Fähigkeit, mit einer einzigen Geste ganz viel mitzuteilen. Ich hätte nie gedacht, dass das Wort »ihr« so viel bedeuten könnte. »The Meaning of God« war »ihr« Buch, »ihre« gemeinsame Aufgabe gewesen. Später fand ich heraus, dass Agnes ein Dutzend Male darauf bestanden hatte, dass ihr Ehemann die Einleitung noch einmal überarbeitete. Sie hat wahrscheinlich auch viel von der Schlussfolgerung geschrieben. Das Buch der Hockings war kein Argument gegen den Solipsismus. Es war eine Demonstration, eine Performance von Intersubjektivität, etwas, das ich nun unbedingt selbst ausprobieren wollte. Ich setzte mich auf die schmale Wendeltreppe, die Hocking entworfen und gebaut hatte. Ich schlug das Buch bei Frosts »Revelation« auf, einem kleinen Gedicht, das ein Echo der Kernaussage von Hockings gewaltigem philosophischen Projekt war:

We make ourselves a place apart
Behind light words that tease and flout
But oh, the agitated heart
Till someone find us really out

Wir machen hinter Spott und Scherz
Uns selber einen Platz abseits,
Doch o, dies tief erregte Herz,
Bis Einer uns zu finden weiß

Die meisten weltabgeschiedenen Misanthropen hegen den heimlichen Wunsch, dass die Welt sie hört. Wir halten diesen Wunsch geheim, aus Furcht oder Wut oder Ängstlichkeit, aber es stört uns gleichzeitig ungemein. Wir möchten sogar, dass man uns erkennt und vielleicht ganz besonders dann, wenn wir uns am meisten verstecken. Frost, noch so ein amerikanischer Denker, der von Depressionen geplagt war, wusste dies nur allzu gut. Er schloss »Revelation« mit zwei anscheinend optimistischen Couplets:

But so with all, from babes that play
At hide-and-seek to God afar,
So all who hide too well away
Must speak and tell us where they are.

Mit allem so: Verstecken spielt
So auch das Kind mit Gott; und muß
Doch wer sich zu verborgen hielt,
Uns sagen, wo er sei zum Schluß

Die Worte schienen hoffnungsvoll – allzu hoffnungsvoll – für Frost. Er war schließlich aus seinem emotionalen Versteck gekommen und hatte 1895 Elinor Miriam White einen Antrag gemacht. Sie sagte Ja, was eine Reihe von Ereignissen in Gang setzte, die zeigte, dass sich selbst dann eine Tragödie ereignen kann, wenn man auf dem Weg der Offenbarung ist. Der erstgeborene Sohn der Frosts, Elliot, starb 1904, im Alter von sieben Jahren, an der Cholera; drei Jahre später beerdigten sie ihre kleine Tochter Elinor. Ihre Tochter Marjorie erkrankte an Kindbettfieber, nachdem sie ihr eigenes Kind zur Welt gebracht hatte, und starb im Alter von neunundzwanzig Jahren. Carol, ihr verbliebener Sohn, beging 1940 Selbstmord. Frost, der noch bis 1963 lebte, ertrug all dies. Ich hatte gehört, dass es schwierig gewesen war, mit Frost zurechtzukommen. Zumindest hatte er gute Gründe. Manchmal können die wohlmeinendsten Offenbarungen zu den zerstörerischsten Konsequenzen führen.

Ich sah auf die Seite hinunter und erblickte etwas sehr Seltsames. Ich hatte kein Licht angeschaltet, nachdem ich das Haus betreten hatte, und ich hatte auch Mühe gehabt, die Regale abzusuchen, aber aus irgendeinem Grund konnte ich Frost problemlos lesen. Diese Wendeltreppe war der hellste Fleck im Haus; die Stufen wanden sich hinauf und endeten auf dem Treppenabsatz im ersten Stock. Aber danach sah es gar nicht aus. Von da, wo ich saß, schienen sie direkt in den Himmel zu führen. Hocking hatte die Wendeltreppe um ein ovales Oberlicht herum errichtet. Es öffnete sich und führte hinaus und hatte gar kein Ende.

FRAUEN AUF DEM DACHBODEN

In »Warten auf Godot« platzt eine von Samuel Becketts Figuren mit etwas heraus, das mich seit meiner Kindheit verfolgt hat: »Nichts ist sicher.« Lange dachte ich, dass die Ehe hier die Ausnahme bilde, aber ich hatte mich geirrt. Sie ist bestenfalls eine unerschütterliche Hoffnung – Hoffnung gegen Hoffnung –, dass zwei Menschen die turbulenten Ungewissheiten des Lebens gemeinsam überstehen können, ohne einander zu töten oder zu verlassen. Irgendwann im Frühjahr 2011 begannen Carol und ich zu hoffen.

Der Schnee schmolz, die Bücher tauten auf, und wir zogen zusammen. Meine Gedanken drehten sich nicht länger um William James' Chloralhydrat oder zerbrochene Montierhebel oder meine Exfrau, die jetzt anscheinend glücklich verheiratet in Minot, North Dakota lebte. Aber während Carol und ich unser neues Leben in Boston begannen, kam unsere Arbeit in West Wind zeitweilig zum Erliegen. Die Treuhänder des Hocking-Nachlasses waren – wie die Mitglieder jeder großen Familie – nicht in allen Dingen einer Meinung. Sie konnten sich nicht auf einen Plan für den Verbleib der Bücher einigen und noch weniger, was aus dem ganzen Anwesen werden sollte. Sechs Monate vergingen. Während der ganzen Zeit schien die Familie immer mehr Geld zu verlieren, und das Kapital ihres Trusts schmolz. Wenn die Bücher überhaupt erwähnt wurden, dann allein als eine mögliche Einnahmequelle. Der Gedanke, dass die Bibliothek in alle Winde verstreut werden könnte, an Auktionshäuser im ganzen Land, machte uns krank – und so wandten Carol und ich uns erneut an die Hockings und nahmen unsere Bemühungen wieder auf, die Bücher schätzen und sie der University of Massachusetts Lowell stiften zu lassen. Wir besorgten einen Gutachter, einen stillen Mann aus Vermont, der sein Leben der Rettung literarischer Nachlässe gewidmet hatte.

Es war das Ende des Sommers, Monate seit unserer letzten Fahrt dorthin. Carol erinnerte mich daran, nach dem Band von Frost zu suchen, und wir verbrachten eine Reihe von Tagen damit, die Bücher im Haupthaus zu durchforsten, bevor wir ein letztes Mal auf den Dachboden der Bibliothek stiegen. Wir wollten sichergehen, dass dem Gutachter alle wertvollen Bücher zur Verfügung standen. Carol bestand darauf, alles noch einmal durchzugehen, selbst die Kisten, die weit hinten in die Dachtraufen geschoben worden waren. Es war dort auf dem Dachboden, unter den Dachsparren, dass ich etwas über Erlösung lernte: Nicht alle Menschen bekommen eine Chance, noch weniger eine zweite, und die passende Antwort auf die Chance, erlöst zu werden, ist ungetrübte Dankbarkeit.

Wir starteten früh an einem Augustmorgen, bevor die Sonne aufgegangen war. Gemeinsam gingen wir die Treppe hoch und setzten uns die erforderlichen Stirnlampen auf. »Weißt du, was hier fehlt?«, sagte Carol, als wir den Treppenabsatz erreichten. »Frauen«, sagte sie bissig. »Auf den Regalen da unten stehen überhaupt keine Bücher von Frauen. Die sind alle hier oben.« Sie hatte recht. Ich erinnerte mich an den traurigen, düsteren Abend, den ich mit Whitman und John Boyle O'Reilly verbracht hatte. Damals hatte ich die Frauen vollkommen aus dem Blick verloren, die ins Dachgeschoss verbannt worden waren.

Im Laufe der Jahre hatte ich meinen Anteil an Familiensagen der Hockings aufgeschnappt, von denen viele suggerierten, dass Agnes Hocking ihren Mann als einen Halbgott oder zumindest als Gottes Geschenk an die Philosophie betrachtet hatte. In der Öffentlichkeit bezog sich Agnes stets nur ehrerbietig auf ihn, indem sie ihn »Ernest Hocking« nannte. Der Familienlegende nach hatte sie einmal auf dem Rückweg von Cambridge ihr Fahrgeld für den Zug vergessen. Durch das Drehkreuz schwebend, sagte sie keck zu dem Schaffner: »Ernest Hocking wird Ihnen morgen die fünf Cent geben.«

West Wind war dazu gedacht, ihn glücklich zu machen, ihn vom banalen Kleinkram des täglichen Lebens abzuschirmen. Es war eine Bibliothek *seiner* Bücher. Ich hatte recht gehabt mit dem Gedanken, dass die Bibliothek ein heiliger Ort war. Der Ort war heilig, weil *er* hier arbeitete. Hockings Enkeltöchter, selbst schon mittleren Alters, sprachen auf eine Weise von »Großvater«, als wäre er immer noch am Leben und präsidierte weiterhin über West Wind. In diesem Zusammenhang fand ich eine Anekdote von Marian Cannon Schlesinger (Arthurs erster Frau und einer Bekannten der Hockings) sehr treffend. Marian zufolge besuchte Agnes die Seminare ihres Ehemanns in Harvard, aber nicht als Studentin. In seinem späteren Leben begann Hocking zu malen und Agnes, »für alle Zeiten eine Verehrerin an seinem Schrein«, brachte seine Gemälde mit ins Seminar. »Sie schlich lautlos«, so Marian Schlesinger, »über das Podest vor dem Katheder, wo er stand und sprach, beugte sich tief hinunter, damit sie seinen Redefluss nicht störte, und hielt sich eins seiner Gemälde an die Brust. Wenn sie die andere Seite erreicht hatte, ergriff sie im Austausch ein anderes Gemälde und wiederholte lautlos diese Darbietung.« Zeugen zufolge nahm Professor Hocking kaum Notiz davon und »führte seine abendlichen Ausführungen weiter, als wäre es das allernormalste Geschehen auf der Welt«. Schlesinger war offenkundig ein wenig streng, aber selbst für die 1920er-Jahre wirkte dies, zumindest von außen, ein wenig seltsam: ein Ehemann, der in einem Vorlesungssaal seine Reden schwingt, während seine servile Frau sich hin und her über die Bühne bewegt, um seine künstlerischen Nebenarbeiten zu präsentieren. Als könnte das konventionelle Format der Vorlesung sein Genie nicht hinreichend deutlich zum Ausdruck bringen.

Ich hatte Schlesingers Geschichte über diese Form der Götzenanbetung bislang keine echte Beachtung geschenkt. Stattdessen hatte ich mich auf die abstrakten Begriffe konzentriert, die Hocking im Laufe seiner langen Karriere entwickelt hatte. Als ich mich schließlich den biographischen Schmankerln der Hocking-Legende widmete, fand ich, dass es in der Regel Episoden waren, die perfekt zum subtilen Chauvinismus eines erklärten Liberalen passten. Aber als Carol und ich in den vergangenen sechs Monaten immer wieder über West Wind diskutierten, brachte sie mich zu der Einsicht, welch ein Fehler das gewesen war. Die Philosophie sollte sich nicht von den Theorien anderer oder einer Sammlung passender Fakten herleiten, sondern von einer sorgfältigen Prüfung der Erfahrung im denkbar weitesten Sinne. Diese pragmatische Methode konfrontiert einen manchmal zwangsläufig mit unangenehmen Erwägungen – zum Beispiel, dass Ernest es zugelassen, ja, seine Frau sogar dazu ermuntert hatte, sich zu demütigen –, aber es sind genau diese irritierenden Möglichkeiten, die unsere Aufmerksamkeit verdienen. Etwas Unangenehmes kann eben auch sehr lehrreich sein, wie Royce es in »The Sources of Religious Insight« (Die Quellen religiöser Einsicht) formuliert: »Jene, die wie Dante die Hölle gesehen haben, können uns manchmal in der Tat von Wundern erzählen.« Hocking selbst hatte einen Namen für diese philosophische Methode von Versuch und Irrtum gefunden: »Negativer Pragmatismus.« Er folgte nicht der pragmatischen Idee, Wahrheit sei das, was funktioniere, sondern er befürwortete das Gegenteil: dass Unwahrheit oder Falschheit das ist, was nicht funktioniert. Der Physiker und Nobelpreisträger Richard Feynman, noch einer von Hockings vielen berühmten Freunden, erneuerte diese Idee in seinen Cornell-Lectures von 1964. »Wir haben nie mit absoluter Sicherheit recht«, sagte Feynman, »wir können nur sicher sein, dass wir unrecht haben.« Die Geschichte von Agnes und Ernest war falsch, unrecht, eins von zahllosen Beispielen für den Sexismus, der die amerikanische Philosophie belastet. Und dennoch führten sie ein sehr langes gemeinsames Leben und waren meist glücklich miteinander.

Ich spähte aus einem der beiden kleinen Fenster des Dachgeschosses: Obwohl ich ihn im Dunkeln nicht sehen konnte, wusste ich, dass der Mount Chocorua dort draußen lag. Männer hatten ihn seit Jahrhunderten erklommen, manche waren abgestürzt. Es geschah leicht, dass man die Frauen vergaß, die eine Rolle in der Geschichte des Berges gespielt hatten. Der Name des Chocorua hätte im neunzehnten Jahrhundert zum Beispiel gar keine Rolle mehr gespielt, wenn es nicht eine Autorin gegeben hätte, die wohl auch die erste Frau in der amerikanischen Philosophie gewesen ist. 1829 malte Thomas Cole »The Death of Chocorua« (Der Tod des Chocorua), ein großartiges, romantisches Werk, das das Schicksal des Abenaki-Häuptlings darstellt. Das Gemälde ging bald verloren, aber ein Stich davon wurde 1830 in einem Geschenkband mit dem Titel »The Token« (Das Zeichen) veröffentlicht, der auf irgendwelchen Wegen ins Dachgeschoss von West Wind gelangt war. Neben dem Stich stand eine Geschichte mit dem Titel »Der Fluch des Chocorua« von einer jungen Autorin namens Lydia Maria Child.

Vor Margaret Fuller, Susan B. Anthony oder Jane Addams gab es Lydia Maria Child. Der Sklavereigegner William Lloyd Garrison nannte sie »die erste Frau der Republik«. Das war keine Übertreibung. Child wurde 1802 geboren und zur Grande Dame des amerikanischen Transzendentalismus. Sie war mit den meisten Denkern befreundet, die durch Concord und Boston kamen; und viele – einschließlich Emerson, Thoreau, Fuller und Garrison – bewunderten sie als Philosophin und Sozialreformerin. »Der Fluch des Chocorua« war ein erster Vorstoß in ein Leben des sozialen und politischen Aktivismus, einer ihrer vielen Versuche, für die Rechte der Unterdrückten einzutreten. In ihrer Version der Geschichte legte Child nahe, dass europäische Arroganz in hohem Maße Schuld an der Tragödie trug, die über Chocorua hereingebrochen war, eine Sichtweise, die der herrschenden politischen Meinung direkt zuwiderlief. Während ihrer ganzen aktiven Laufbahn trat sie für die Rechte der Frauen ein und zeigte Wege auf, auf denen Frauen – und nicht bloß ihre männlichen Gegenstücke – Selbstständigkeit erlangen konnten. Schließlich *mussten* die Frauen selbstständig sein – kochen, putzen, die Kinder erziehen, den Haushalt führen, über die Runden kommen –, weil von ihnen schließlich auch erwartet wurde, dass sie die Männer versorgten.

Thoreau war Bilderstürmer genug, um ihren Standpunkt zu bewundern. Er hatte noch als Student mindestens drei ihrer Romane gelesen, und für sein Experiment eines einfachen Lebens in Walden ließ er sich von Childs »The Frugal House-wife« (dt.: Die sparsame Hausfrau) von 1829 inspirieren, in dem sie angesichts der Dekadenz der Moderne für die Tugenden eines bescheidenen Lebens plädierte. Diese Haltung führte dazu, dass ihr Werk umstritten war, machte es aber auch populär. Im Jahr 1833 war sie die erste Person in Amerika, die eine umfassende Geschichte der Sklaverei in den Vereinigten Staaten verfasste, »An Appeal in Favor of That Class of Americans Called Africans« (dt.: Ein Appell zugunsten jener Klasse von Amerikanern, die man Afrikaner nennt). Dies war nun nicht mehr ein Gegenstand leichtgängiger Auseinandersetzung. Garrison fand das Werk großartig und bemerkte, dass »jedes Herz, das angesichts der gravierenden Wahrheiten, die es enthält, ungerührt bleiben kann, härter als ein Mühlstein sein muss«. William Ellery Channing, der prominenteste Pfarrer der Unitarier in Amerika und bald darauf ihr entschlossenster Abolitionist, ging von Boston nach Roxbury, um Child dafür zu danken, dass sie ihm das Buch geschickt hatte. Aber alle anderen hassten es, und Childs Buchverkäufe gingen in den Keller.

Sie zuckte nicht mit der Wimper. In den 1830er-Jahren besuchte sie Emersons wöchentliche Vorlesungen und sprengte sie gelegentlich, weil sie Ungerechtigkeiten gegenüber blind blieben. Schließlich veröffentlichte sie ihre wichtigsten Kritikpunkte 1843 in ihren »Letters from New York« (dt.: Briefe aus New York). Child hörte im Winter 1838 Emersons Vorlesung über »Sein und Schein« und schrieb einen Bericht darüber, der so begann: »Mit vielen Bemerkungen, die so wahrhaftig wie anmutig formuliert waren, drängte er die Frauen dazu, zu *sein* und nicht bloß zu *scheinen*.« Oberflächlich gesehen, war das durchaus lobenswert – die Anregung, dass Frauen nicht auf ihr äußeres Erscheinungsbild fixiert sein sollten –, doch Child entnahm Emersons Worten ein nicht ganz so edles Motiv: »Er erklärte ihnen … dass innige Einfachheit, die Ernsthaftigkeit der Natur, das Auge zum Leuchten bringen, ein Lächeln aufs Gesicht zaubern und noch den unscheinbarsten Zügen einen unaussprechlichen Charme verleihen würden.«

Ein Lächeln aufs Gesicht zaubern? Das war zu viel für Child. Der Weise von Concord war, genauso wie alle anderen Männer in New England, ein Sexist. Emersons Rat lief am Ende darauf hinaus, den Frauen zu sagen, dass mehr Sein als Schein ihren Anblick für die Männer noch gefälliger machen würde. »Der Rat war ausgezeichnet«, schrieb Child, »aber der Grund, aus dem er erteilt wurde, trieb mir die Zornesröte ins Gesicht. *Männer* wurden dazu angehalten, zu *sein*, statt zu *scheinen*, damit sie die heilige Mission erfüllen konnten, für die ihre Seelen ihren Körper erhalten hatten, damit sie also in Gottes Freiheit zur vollen Gestalt spiritueller Männlichkeit heranwachsen konnten; aber *die Frauen* wurden zu Schlichtheit und Wahrhaftigkeit ermahnt, damit sie noch etwas ›ansehnlicher‹ werden würden.« Von den Männern wurde Gottgefälligkeit erwartet, aber die Frauen sollten bloß den Männern gefallen. Child war wütend: »Was für eine Schwäche, Eitelkeit und Frivolität, was für eine schwankende Moral, was für eine sündhafte Prinzipienlosigkeit – in einem Wort, was für eine Seelenlosigkeit ist dabei herausgekommen, als man den Mann an die Stelle Gottes rückte!«

Männer, Gottes Ebenbilder, sollten um ihrer selbst willen existieren, um ihrer selbstständigen Seelen willen, im Angesicht des Göttlichen. Frauen sollten auf der anderen Seite nur zum Vergnügen ihrer Männer existieren, die sich geschickt in die Rolle des Allmächtigen versetzt hatten. Hundert Jahre nach der Veröffentlichung der »Briefe aus New York« hatte sich in den Beziehungen zwischen Männern und Frauen wenig verändert. Ich dachte über Hockings Gemälde nach, die verstreut im Erdgeschoss standen und hingen. Agnes musste einige von ihnen vor dem Pult ihres Mannes hin und her geschleppt haben, wobei sie darauf geachtet hatte, seinen Vortrag nicht zu stören. Viele davon waren außerordentlich sorgfältig ausgeführte Selbstporträts. Hocking hatte genug Dante gelesen, um zu wissen, dass Selbstliebe der Grund war, warum die meisten Seelen im Fegefeuer landeten. Und er hatte verzweifelt versucht, seinen Solipsismus zu überwinden, aber ich war mir nicht sicher, ob ihm das ganz und gar geglückt war. Die meisten Männer in Hockings Zeitalter verliebten sich sehr früh. In sich selbst. Und von den Frauen, die sie liebten, wurde erwartet, dass sie mit dem Glauben, den die Männer in ihrer Jugend angenommen hatten, umgehen konnten – dass sie für alle anderen der absolute Mittelpunkt des Universums waren.

Carol und ich stöberten wieder in den Dachtraufen herum, wo ich dereinst den literarischen Nachlass von Walt Whitman und John Boyle O'Reilly gefunden hatte. Mit unseren zwei Stirnlampen gelang es uns, Dinge zu entdecken, die ich an jenem Abend, den ich am liebsten vollkommen vergessen hätte, übersehen hatte. Unsere Strahler zuckten mehrere Minuten lang im Dachgeschoss hin und her, tanzten über die Wände, warfen Schatten auf ein noch seltsameres Kapitel der Hockingschen Familiengeschichte, das absichtlich verborgen geblieben war, bis ich herausgefunden hatte, wie ich mich ihm stellen konnte. Wir richteten unsere Aufmerksamkeit auf etwas anderes und konzentrierten uns schließlich auf eine kleine Truhe neben den O'Reilly-Büchern. Sie war bis auf ein einzelnes Notizbuch in Leder und eine Handvoll Zeitungsausschnitte auf ihrem Boden leer. Das Notizbuch sah aus, als stamme es aus der Wende zum neunzehnten Jahrhundert, und enthielt lauter handgeschriebene Gedichte. Ich blätterte es schnell durch, aber mir sagten diese anonymen Gedichte, von denen nur wenige mit einem Titel versehen waren, nichts. Carol sah die Zeitungsausschnitte durch, und nach einer Minute reichte sie mir einen Nachruf aus der *New York Times* vom 21. Juli 1882: »Der Tod von Fanny Parnell: Die Schwester des irischen Anführers stirbt in Bordentown.«

Auf der Höhe der irischen nationalistischen Bewegung in den 1870er-Jahren wurde ihr Anführer Charles Stewart Parnell als »der ungekrönte König von Irland« angesehen. Fanny war Charles' Schwester und eine der Gründerinnen der »Ladies' Land League«, die – trotz ihres harmlosen Namens – eine der radikaleren nationalistischen Organisationen in Irland war. Fanny, genannt die »Patriotische Poetin«, war besonders für ihre Texte bekannt, die auf beiden Seiten des Atlantiks veröffentlicht und häufig »Kriegspropaganda« genannt wurden. Dieses vernachlässigte Notizbuch enthielt das handgeschriebene Manuskript fast aller ihrer Gedichte. Viele waren in O'Reillys *Pilot* erschienen – der berühmtesten irischen Zeitung in den Vereinigten Staaten.

Fanny war 1874 ins Land gekommen und acht Jahre später, im Alter von dreiunddreißig Jahren, gestorben. In ihrem kurzen Leben hatte sie Amerikaner in den Bann gezogen, die sich noch vage an ihr eigenes Engagement für die Revolution erinnern konnten. Irische Amerikaner in Boston waren besonders fasziniert von ihr und zollten ihr noch Jahrzehnte nach ihrem Tod Respekt. Dem Historiker Roy Foster zufolge war »es in Boston zur Gewohnheit geworden, am Memorial Day an Fannys Grab zu pilgern, mit Ansprachen, Blumenkränzen und einer allgemeinen Bekundung der Trauer ... Ihr Einfluss und ihre Wirkung waren, solange sie lebte, von ganz besonderer Art; und nach ihrem Tod blieb sie eine Kultfigur.« Ich blätterte das Notizbuch durch. Der amerikanische Unabhängigkeitskrieg, die amerikanische Sklavenbefreiung und der irische Krieg um Land waren nicht bloß Freiheitskriege, sie waren auch Kriege um ein Zimmer für sich allein – eine Metapher für das Zugeständnis einer eigenen Sphäre. Sechsundsiebzig Seiten Gedichte mit einer einzigen Botschaft: Es ist besser zu sterben, als seine Heimat zu verlieren. Ich schlug »Hold the Harvest« (»Haltet Ernte«) auf, Parnells berühmtestes Gedicht, schnell und doch in seltsam kontrollierter Handschrift hingeworfen. Es war als Beweismittel gegen die damaligen irischen Nationalisten angeführt worden, als Beleg dafür, dass sie gewalttätige Krawallmacher waren. Fanny rühmte ihre irischen Brüder dafür, »dass sie Ernte hielten«, sich von den abwesenden Gutsherren nahmen, was ihnen gebührte:

Now are you men or cattle then, you tillers of the soil?
Would you be free, or evermore in rich men's service toil?
The shadow of the dial hangs dark that points the fatal hour
Now hold your own! Or, branded slaves, forever cringe
and cower!

Seid Männer ihr oder Vieh, ihr Ackersleut?
Wollt frei ihr sein oder ewig unterm Joch gebeugt?

Der Zeiger weist dunkel euch die Todesstunde
So nehmt, was euch gebührt! Oder tragt die Eisenwunde,
die ewig euch zu Sklaven brennt!

Fannys Schwester Anna war sogar noch militanter. Als ihr Bruder Charles 1881 eine Gefängnisstrafe antreten musste, erteilte er der »Ladies' Land League« den Auftrag, das Herdfeuer des irischen Nationalismus nicht erlöschen zu lassen. Fanny blieb in den Vereinigten Staaten und sammelte Tausende von Dollars für die irische Sache, aber Anna kehrte nach Irland zurück und trainierte Frauen in den Techniken des zivilen Ungehorsams. Sie ermunterte Frauen in den ländlichen Regionen, ihre Häuser zu verlassen, auf den Straßen zu demonstrieren, sich den Behörden zu widersetzen und ihre Anweisungen zu boykottieren.

Viele Kämpfe für die Freiheit enden jedoch tragisch. O'Reilly veröffentlichte Fannys Gedichte, äußerte sich heimlich aber abfällig über sie. Selbst ihr Nachruf enthielt spöttische Andeutungen: »Da sie in Europa weit gereist war und sich immer in gehobenen Kreisen bewegte, hatte sie sich einen großen Vorrat an Informationen angelegt, der von Philosophen und Dichtern mit größerem Lob bedacht wurde als vom schönen Geschlecht.«

Am Ende wurden die Parnell-Schwestern nicht als Intellektuelle oder heroische Freiheitskämpferinnen angesehen, sondern als extrem hochnäsige Frauen. Als Charles Parnell im Mai 1882 den Kilmainham Treaty unterzeichnete, der praktisch den Irischen Krieg im Land beendete, verlangten die Briten, dass er die »Land League« seiner Schwestern auflöste. Er gehorchte, und die Frauen wurden wieder einmal aus dem Kampf um die Unabhängigkeit eskamotiert.

In der irischen lyrischen Tradition waren Frauen weniger menschliche Wesen als vielmehr Ikonen – ähnlich wie Dantes Beatrice –, die dazu dienten, von Männern verehrt und errettet zu werden. Irische Frauen sollten gesehen und angebetet, aber ganz gewiss nicht gehört werden. Sie wurden in der »alten Mutter Irland« verkörpert, der ihre kühnen Söhne den lebenslangen Dienst antrugen, aber wenn sich irische Schwestern zusammentaten und etwas Eigenes leisteten, wurden sie zur Zielscheibe einer zutiefst misogynen Kultur. Fannys Ruhm mehrte sich nach ihrem Tod, und wie so viele berühmte Frauen lebte sie in einer posthumen Mythologie weiter. Männer, die sie persönlich nicht hätten kontrollieren können, konnten die Erinnerung an sie dann allerdings sehr elegant kontrollieren. Carol gab mir Fannys »Ireland, Mother« (»Mutter Irland«), ein kurzes, bissiges Gedicht, das ihren Bruder äußerst verärgert hätte:

Vain, ah, vain is a woman's prayer!
Vain is a woman's hot despair;
Naught can she do, naught can she dare,
I am a woman, I can do naught for thee;
Ireland, mother!

Umsonst, ach, umsonst ist einer Frau Gebet!
Umsonst ist einer Frau heißer Zorn!
Nichts kann sie tun, nichts kann sie wagen –
eine Frau bin ich, kann nichts für dich tun;
Oh Mutter Irland!

Carol und ich lasen die verschiedenen Nachrufe, von denen viele von O'Reilly geschrieben worden waren. Noch drei Monate nach ihrem Tod wurde Fannys Leiche zu den verschiedenen größeren, irischen Zentren im Nordosten des Landes gekarrt – nach Philadelphia, New York, Boston –, und Zehntausende eilten herbei, um dem makabren Zirkus beizuwohnen. In New York wurde ihre Leiche in einer Prozession vom Fifth Avenue Hotel an der Twenty-Third Street bis zur Grand Central Station den Broadway hinaufgetragen. Die Menschen besetzten jeden Zentimeter der Bürgersteige, um zuzuschauen, wie Fanny davongetragen wurde, um in die Geschichte einzugehen. Auf dem Mount-Auburn-Friedhof bei Cambridge wurde ein gewaltiges Begräbnis angesetzt, und O'Reilly protokollierte dessen Verlauf bis ins quälendste Detail. Solange sie lebte, fand er sie womöglich enervierend, im Tode konnte Fanny allerdings nichts mehr falsch machen: »Ihre Lyra antwortete nur auf einen einzigen Windhauch – den nationalistischen«, und ihr »edles Werk des Herzens« besaß eine »magnetische und beinahe erschreckende Kraft«. Wahrhaft deprimierend war indessen, wie Fanny in der Folge aus der Geschichte der irischen Unabhängigkeitsbewegung verschwand. 1912 verglich James Joyce ihren Bruder mit einem »neuen Moses«, der ein »unruhiges und ungefestigtes Volk aus dem Haus der Schande bis an den Rand des Gelobten Landes geführt« hatte. Zu diesem Zeitpunkt hatten die meisten Menschen Fanny allerdings schon vergessen.

Nach vielen Minuten in der Dunkelheit schüttelte Carol den Kopf. »Das«, sagte sie und wandte sich von mir ab, »ist traurig.«

Ich tastete über den Boden der Truhe. Nichts mehr da. Aber wenn die Erinnerung spricht, besteht sie darauf, dass nichts jemals ganz verschwunden ist. Ich setzte mich auf die staubigen Dielen und ließ Carol ziehen, auf die andere Seite des Dachgeschosses und zu einem hoffnungsvolleren Bücherregal. Ich konnte ein gewisses Schuldgefühl nicht abschütteln, als ob ich irgendwie persönlich für Fannys Schicksal verantwortlich war – für alle Fannys dieser Welt –, schuldig an der Misogynie und der Respektlosigkeit, mit denen sie konfrontiert gewesen und denen sie schließlich erlegen waren. Natürlich ließ dies meine Schuld beinahe schon wieder heroisch erscheinen, was mein erster und einziger Fingerzeig dafür war, dass ich mich nach all diesen Jahren immer noch selbst belog. Die Wahrheit war viel einfacher und weniger attraktiv. Ich hatte kürzlich eine Frau verlassen, und obwohl ich zu der Zeit keine Reue empfunden hatte, hatte ich nun auf diesen erbarmungslosen Bodenbrettern plötzlich die erschreckende Eingebung, dass ich das womöglich noch einmal tun könnte. Ich pflegte mein öffentliches Image als *Wirklich Netter Kerl*, aber Tatsache war, dass ich tief in meinem Herzen, in meinem ganz persönlichen Dachgeschoss, häufig andere Menschen nur als bloße Gegenstände wahrnahm – die man meiden oder irgendwo ablegen musste – und nicht als andere Menschen, deren Innenleben womöglich genauso unmittelbar und lebendig wie mein eigenes sein konnte.

Plötzlich musste ich an meine Großmutter denken – eine schlanke, fromme Frau aus einer kleinen Bergarbeiterstadt in Pennsylvania, die mich einmal, vor sehr langer Zeit, von der Grundschule abgeholt hatte. Auf dem Nachhauseweg war sie auf der Autobahn geschnitten worden und hatte sich zum Beifahrersitz herübergebeugt, um ihrem acht Jahre alten Enkelsohn ein Geheimnis zu verraten. »Die Hölle, mein Schatz«, sagte sie leise, »ist nicht mal halb voll.« Als Kind war ich mir ziemlich sicher gewesen, dass sie recht hatte, und auch sicher, dass mein Vater – der zu viel trank, zu viel herumschrie und die Familie verlassen hatte – seinen Teil dazu beitragen würde, dass die Hölle voller wurde. Sollte ich auch nichts Bedeutendes im Leben erreichen, sollte ich ein völliger und absoluter Versager werden, so hatte ich mir doch geschworen, dass ich zumindest vermeiden würde, so zu werden wie er. Zwei Jahrzehnte später, mitten während eines besonders lauten Streits, als wir uns schon am Rande der Scheidung befanden, zog meine Frau ihren Ehering aus und schleuderte ihn quer durchs Schlafzimmer. Dann brach sie in Tränen aus, kroch auf ihren Händen und Knien herum, um ihn wiederzufinden, und verkaufte ihn anschließend sofort auf eBay. Für den Fall, dass ich noch irgendwelche Zweifel hegte, versicherte sie mir, dass ich genau wie mein Vater geworden war. Als wollte ich diese Tatsache noch zusätzlich bekräftigen, verließ ich, nachdem sie an dem Abend ins Bett gegangen war, das Haus und betrank mich bis zur Besinnungslosigkeit.

Das waren Erinnerungen, die ich nicht länger unterdrücken oder umschreiben konnte. Wie Schopenhauer sagt: »[M]ittelst der Reflexion [und] dem, was an ihr hängt, besitzt der Mensch gewissermaßen einen Kondensator, der ... seine Trauer anhäufen und steigern kann ... im Menschen [entwickelt sich] eine Steigerung der Empfindung seines Glückes und Unglücks, die bis zum augenblicklichen, bisweilen sogar tödtlichen (so im Original, A. d. Ü.) Entzücken, oder auch zum verzweifelten Selbstmord führen kann.« Ich konnte nicht in der Zeit zurückreisen, um Hocking zu vermitteln, wie kurzsichtig er gewesen war, dass sich sein ganzes philosophisches Erbe im Hinterland von New Hampshire verloren hatte und dass er es nicht hätte zulassen dürfen, dass seine Frau dermaßen um ihn herumgeschwänzelt war. Aber plötzlich wünschte ich, ich könnte es. Und Ähnliches wünschte ich mir auch für meine eigene Vergangenheit. Zeilen aus dem Kanon der amerikanischen Philosophie, geschrieben vor mehr als hundert Jahren, gingen mir immer noch nach. Ein Satz aus Royces »The World and the Individual« (Die Welt und das Individuum) war mir haften geblieben und weigerte sich nun, mir wieder aus dem Kopf zu gehen: »Das bemerkenswerteste Merkmal der Vergangenheit ist, dass sie unwiderruflich ist… unveränderlich, hart wie Diamant, der sicherste aller Speicher, ein Haus für alle Zeiten.« Hart wie Diamant: ein unzerstörbarer Stoff aus mythischer Vergangenheit. Vergil zufolge waren die Tore zum Tartarus aus ebendiesem Stoff. Milton sagt, der Teufel selbst sei gefesselt in diamantenen Ketten.

Royce zufolge, der Zeuge des psychischen Zusammenbruchs seines Sohnes wurde, sind unsere Geschichten voll unerbittlicher Scheußlichkeiten. Nachdem Christopher gestorben war, hielt Royce an seiner Überzeugung fest, »dass Erlösung durch Loyalität erlangt wird«, aber für den Rest seines Lebens quälte ihn die Frage, wie man denn gerettet werden könnte, wenn man absichtlich dabei versagt hatte, seiner Sache loyal zu dienen. Illoyalität war ein Akt, »durch den man die Treue verletzte, die für mich das Wesen meines moralischen Interesses an meiner eigenen Existenz ist«. Es war, in seinen Worten, ein Akt des »moralischen Selbstmords«. Royce war nicht der erste Autor, der diese Aussage getroffen hatte: Dante war ihm mehrere Hundert Jahre zuvorgekommen. Die Sünde des Erzengels, die ihm die Verbannung an einen gefrorenen See am tiefsten Punkt der Hölle einträgt, ist ein einziger monströser Akt des Verrats. Wie konnte man mit dieser Art von Betrug leben? Schmerzhaft. Royce deutete allerdings an, dass dieser Schmerz unter bestimmten Umständen einen Sinn haben könnte: »Keine Niedertracht oder Grausamkeit des Verrats von allzu großer Tiefe oder Tragik soll in unsere menschliche Welt Einzug finden, sondern loyale Liebe soll in der Lage sein, in angemessener Frist jener Tat des Verrats ihre passende Tat der Wiedergutmachung entgegenzusetzen.«

Am Ende hatten sich meine Frau und ich zu überraschend guten Bedingungen getrennt. Nach all dem Geschrei und Ringeschmeißen waren wir in der Lage gewesen, uns angemessen friedlich voneinander zu verabschieden. Aber eine der »guten« Bedingungen unserer Scheidung war, dass wir vereinbart hatten, nie wieder miteinander zu sprechen. In dem verstaubten Dachgeschoss verspürte ich den beinahe unwiderstehlichen Drang, sie anzurufen, ihr einen Brief zu schreiben, der die Konturen meines verräterischen Geistes nachzeichnen würde, sie um Vergebung zu bitten. Aber ich wusste auch, dass das etwas war, was ich nie tun würde. Zumindest dieses Versprechen würde ich halten. Ich schob die leere Truhe wieder zurück unter die Dachtraufe.

Der Punkt bei Royces Wiedergutmachung ist nicht, nach Vergebung zu streben, und er besteht auch nicht darin, den Akt der Illoyalität zu annullieren – Ersteres ist oft oberflächlich und das Zweite immer unmöglich. Für Royce bringt Wiedergutmachung, nach der Zerstörung durch moralischen Selbstmord, »aus dem Reich des Todes ein neues Leben, das nur genau dieser Tod ermöglichen konnte«. Es war eine phönixähnliche zweite Chance, die mir, bis jetzt, immer zu bequem vorgekommen war. »Die Welt ist, wenn sie durch Wiedergutmachung verwandelt wird«, so Royce, »besser, als sie gewesen wäre, wenn alles andere gleich geblieben wäre, jene Tat des Verrats aber nie stattgefunden hätte.« Agnes, Lydia und Fanny verdienten einen zweiten Anlauf Richtung Freiheit und Heimkunft, aber irgendwie, durch irgendeinen Akt kosmischer Ungerechtigkeit oder unendlicher Gnade, war ich es nun, dem eine zweite Chance gewährt wurde.

Im besten Falle wäre, wenn wir verheiratet geblieben wären, meine erste Ehe unglücklich gewesen, das archetypische Leben stiller Verzweiflung. Ich hatte mit der Frau gebrochen, aber ich dachte, dass wir beide dafür besser dran waren. Royce wäre über diese Rationalisierung nicht glücklich gewesen. Sie roch nach einer verdrucksten Hybris, was moralische Verpflichtungen anbelangte – dass man Versprechen brechen konnte, solange man die Kunst nachträglicher Rechtfertigung beherrschte –, obwohl das Ganze doch tatsächlich bloß unreif und eine Selbsttäuschung war. Wiedergutmachung war etwas ganz anderes. Wiedergutmachung hieß einzusehen, dass man aus freien Stücken und im vollen Bewusstsein das Falsche getan hatte, und dann seine Freiheit dafür zu nutzen, im Licht jenes Fehlers, die Welt ein wenig besser zu machen. Um es klar zu sagen, dies ist nicht die banale Plattitüde, dass man aus seinen Fehlern lernen muss, oder noch ärgerlicher, dass Leiden notwendig ist für unsere moralische Erziehung. Es ist der Versuch, die Vergangenheit, mit all ihren gar nicht so kleinen Tragödien, in eine vielversprechendere Zukunft zu integrieren.

Ich wandte mich von der Truhe ab und dem Rascheln auf der anderen Seite des Dachgeschosses zu. Illoyalität sollte vermieden werden, aber wenn man schon Verrat an einer Sache begeht, dann ist dieser Verrat, so Royce, eine Gelegenheit, die Bande der Loyalität zu vertiefen, statt sie aufzukündigen. Ich dachte über einen Brief von George Herbert Palmer nach, einem weiteren der Harvard-Professoren Hockings. In den Anfängen seiner Ehe mit Agnes hatte Ernest seinem Mentor anvertraut, dass er und seine neue Frau ein paar Probleme hatten. Palmer antwortete mit einem Appell an die unverbrüchliche Loyalität: »Unterschiede sind eine Bereicherung, wenn man bei jeder Erschütterung Zuflucht beim anderen finden kann.« Während meiner ersten Ausflüge ins Dachgeschoss, mitten in der Phase meiner auseinanderbrechenden Ehe, hatte ich diese Möglichkeit vollkommen aus den Augen verloren.

Ich verließ die Dachtraufen und richtete mich wieder zu voller Größe auf. Etwas Kühles strich mir über die Wange, eine Metallkette, die von der Decke baumelte. Ich packte sie und zog vorsichtig daran. Das ganze Dachgeschoss wurde in Licht getaucht. Jahrelang hatten wir mit Stirnlampen gegen die Dunkelheit angekämpft, und erst jetzt entdeckte ich die Beleuchtung.

Ich ließ Fanny zurück und gesellte mich zu Carol, die gerade ein Regal mit Büchern durchwühlte, die von einer Frau geschrieben worden waren, die erst vor Kurzem den ihr angestammten Platz im Kanon der amerikanischen Philosophie wieder eingenommen hatte. Zu Wochenanfang hatte Jennifer vorgeschlagen, wir sollten uns die Ecke vornehmen, in der die »Sachen von der Addams« standen. Ich wusste, wer Jane Addams war: die Gründerin des Hull House in Chicago in den 1880er-Jahren und eine der sehr wenigen Frauen, die man heute als amerikanische Philosophen betrachtet. Aber ich wusste nicht, dass sie in Verbindung mit Hocking gestanden hatte. Am Ende der 1880er-Jahre, erklärte Jennifer, hatten sich Addams und ihre Freundin Ellen Gates Starr ein *settlement house*, ein Nachbarschafts- und Bildungszentrum, in dem privilegierte Bürger dem Elend der Arbeiter nicht ignorant, sondern helfend begegnen sollten, ausgemalt, nach dem Vorbild der Toynbee Hall in London, die 1884 gegründet worden war. Aber Addams' Haus sollte für Frauen sein, und ihre Einrichtung sollte im Gleichschritt mit den progressiven Erziehungs-idealen wachsen, die zu der Zeit von John Dewey an der University of Chicago entwickelt wurden. Es war ein guter Plan, aber sie brauchten ein Gebäude dafür. Schließlich erhielten sie eins, als eine wohlhabende Frau, Helen Culver, sich zunächst dazu entschloss, das Haus der Familie Hull an der Halsted Street in Chicagos Near West Side an Addams und Starr zu vermieten, und später sogar, es ihnen zu schenken. Um die Jahrhundertwende war es dann Culvers Neffe Charles Hull Ewing, der weiterhin die Hull House Association beaufsichtige. Ewings Tochter Katherine heiratete 1939 Richard Hocking, und Ewing wurde Jennifers Großvater. Die »Sachen von der Addams« waren all die Zeitungsausschnitte, Briefe und Bücher, die Jane Addams an Culver geschickt hatte.

Carol und ich krochen unter die Dachtraufen und musterten die unteren Regale. Genau, wie Jennifer versprochen hatte: Ein Stapel Erstausgaben von jedem Buch, das Jane Addams je veröffentlicht hatte, wobei auf jedem Vorsatzblatt eine persönliche Widmung an die Wohltäterin der Autorin stand. Zeitungsausschnitte von der Eröffnung des Hull House und Addams' Umgang mit Berühmtheiten, von Leo Tolstoi bis Teddy Roosevelt, waren sorgfältig um die Bücher herum aufgeschichtet, dazwischen lagen Inventare, Briefe und *settlement house*-Verträge – ein versteckter Schrein dessen, wozu Philosophie einst fähig gewesen war. Addams war der lebende Beweis dafür gewesen, dass Freiheit weitreichend wirken konnte und auf verantwortliche und liebevolle Weise eingesetzt werden sollte.

Addams eröffnete Hull House im Alter von neunundzwanzig Jahren, und den Großteil ihrer philanthropischen und schriftstellerischen Arbeit tat sie, nachdem sie vierzig geworden war. Sie war äußerst produktiv, schrieb zehn Bücher, Hunderte von Aufsätzen und Tausende von Briefen. 1908 bezeichnete *The Ladies' Home Journal* sie als »Amerikas First Woman«. Fünf Jahre später schickte der »New York Twilight Club« (ein Literaturclub, der unter anderem von Twain und Emerson gegründet worden war) dreitausend Stimmzettel an repräsentative Amerikaner mit der Frage, wer ihrer Meinung nach der »gesellschaftlich nützlichste Amerikaner« sei. Addams gewann erdrutschartig und siegte locker vor Teddy Roosevelt und Thomas Edison. Und 1931 erhielt sie mit siebzig Jahren als erste Amerikanerin – und als einziger amerikanischer Philosoph – den Nobelpreis.

Das meiste, was ich über Addams wusste, hatte ich von meiner Freundin Marilyn Fischer gelernt, einer Professorin an der University of Dayton und skrupulösen Gelehrten, die auf genau die richtige Art und Weise akribisch war und darauf bestand, dass man die Geschichte und Kultur einer Zeit kennen musste, um ihre Philosophie zu verstehen. Und sie *kannte* die Geschichte der amerikanischen Philosophie. »Von all den amerikanischen Denkern, über die du so gern sprichst, John«, sagte Marilyn einmal, »hat Jane Addams den stärksten Anspruch auf einen nationalen und sogar internationalen Status.« Aber heute ist Addams nur noch ein wenig berühmter als Fanny Parnell. Beide Frauen landeten schließlich im Dachgeschoss von West Wind.

1860 in Cedarville, Illinois geboren, begann Addams zunächst mit dem, was die meisten jungen Frauen, die aus Kleinstädten im Mittleren Westen kamen, taten: nicht viel. Sie erkrankte an Tuberkulose, als sie vier Jahre alt war, und aufgrund der Krankheit verkrümmte sich ihre Wirbelsäule. All diesen Schwierigkeiten zum Trotz hegte sie große Erwartungen für ihr Leben, hauptsächlich aufgrund der Dickens-Romane, die sie verschlungen hatte. Den größten Teil ihrer Kindheit über blieben diese Erwartungen Stoff für ihre Fantasie. Addams war so auffallend intelligent, dass sie das Studium am Smith College in Northampton, Massachusetts anstrebte, aber ihrem Vater John Addams, einem wohlhabenden Agrarhändler, der fand, dass Frauen möglichst in der Nähe ihrer Heimatstadt bleiben sollten, gefiel diese Idee überhaupt nicht. Also ging seine Tochter auf das Rockford Female Seminary, ein Stück die Straße runter. Dieses, ein evangelikales Trainingszentrum für Missionarinnen, die nach Übersee gingen, das nicht einmal echte Collegeabschlüsse vergab, war nicht der richtige Ort für Addams. Anfangs hatte sie gehofft, dass ihre ausgezeichneten Noten ihren Vater davon überzeugen könnten, dass dieses Seminar zu leicht für sie war, dass sie bereit und fähig für eine richtige akademische Ausbildung im Osten war. Diese Hoffnungen wurden prompt zunichtegemacht, und Jane war sich am Rockford Seminary selbst überlassen, wo sie darum kämpfte, ihre Lehrer davon zu überzeugen, sich doch so zu verhalten, als arbeiteten sie an einem richtigen College. Aber nachdem sie 1881 ihr Studium am Rockford Seminary absolviert hatte, starb Addams' Vater. Jane betete ihren Vater an, aber sein Tod bedeutete eine Erbschaft von fünfzigtausend Dollar und die Freiheit für sie. Zusammen mit dem Rest ihrer Familie verließ sie Illinois sofort. Am Women's Medical College in Philadelphia ging Addams anschließend ihrem Traum nach, Medizin zu studieren, eine Profession, die anziehend auf sie wirkte, weil sie ihr erlaubte, unter den Armen und Entrechteten zu leben. Obwohl sie der missionarischen Mentalität am Rockford Seminary – anmaßend, unsensibel, voller Bekehrungseifer – kritisch gegenüberstand, war deren Ethos der Selbstaufopferung dennoch tief in ihrer Psyche verankert.

Ihr Studium verlief extrem erfolgreich, aber sie war zunehmend unzufrieden damit, das Leben sezieren zu müssen, um es besser zu machen. Sie begriff, dass viele Probleme der modernen Medizin nichts mit Biologie zu tun hatten, dagegen aber viel mit den sozialen und psychischen Bedingungen der Patienten, Bedingungen, die viele Ärzte ihrer Zeit nicht verstanden hatten.

1882 ging Jane Addams denselben abschüssigen Weg, den schon Thoreau, O'Reilly, James und Royce vor ihr gegangen waren, indem sie einen schweren psychischen Zusammenbruch erlitt. Er war so schlimm, dass sie einige Zeit in Weir Mitchells Anstalt in Philadelphia verbrachte. Mitchell war berühmt – manche würden vielleicht sagen, berüchtigt – für die »Ruhe-Kur«, die er den Frauen des spätviktorianischen Zeitalters verschrieb, um ihre »Hysterie« zu behandeln, eine allumfassende und zugleich vage Diagnose, deren Krankheitsbilder von einer milden Form von Hochnäsigkeit bis zu einer ausgewachsenen Schizophrenie reichten. Aber die Behandlung war immer dieselbe: Entspannen Sie sich, kommen Sie zur Ruhe, tun Sie so wenig wie menschenmöglich. Die »Ruhe-Kur« war in mancher Hinsicht bei einigen überarbeiteten Frauen wirksam, aber die meisten Mittelschichtneurosen waren nicht die Folge von harter Arbeit, sondern eher das Ergebnis von Verdrängung und Unterdrückung. Ruhe war das Letzte auf der Welt, was kluge, ehrgeizige Frauen wie Addams und Charlotte Perkins Gilman brauchten (die eine Weile in Hull House wohnte und deren Buch »Die gelbe Tapete« die Absurdität dieser angeblichen »Kur« dokumentierte). Mehr als alles andere wollten sie etwas Sinnvolles zu tun haben. Als Mitchells Behandlung bei Addams nicht anschlug, kehrte sie nach Illinois zurück, wobei sie einem vorherrschenden, aber oft falschen Glauben anhing, dass es die Nerven beruhigen konnte, wenn man näher an zu Hause war. Als auch das nichts fruchtete, reiste sie nach Europa. Auch dies tat sie, um noch etwas mehr Ruhe zu finden.

Als Addams 1883 nach London kam, wollte sie der geisttötenden Annehmlichkeit permanenter Entspannung um jeden Preis entrinnen; und die Misere der Londoner Arbeiter – »Blätterscharen, sterbebleich« – verschaffte dieser Frau aus dem Mittleren Westen etwas *zu tun*. Anfangs, so Addams, »lief sie beinahe verstohlen durch London und hatte Angst, in schmale Straßen und Gassen hineinzusehen, damit sie ihr nicht wieder diesen Anblick schrecklicher, menschlicher Not boten.« Aber schließlich überwand sie ihre Furcht und begriff – auf eine Weise, die vielen Philosophen nie gelingt –, dass die Dinge, die uns am meisten beängstigen, gewöhnlich auch die sind, die unsere größte Aufmerksamkeit verdienen. Addams hegte kein akademisches Interesse am Wesen städtischer Armut im Allgemeinen, sondern sie wollte dauerhaft auf ihre konkreten und schrecklichen Besonderheiten reagieren. Schnell kam sie zum Schluss, dass »die erste Generation weiblicher Collegeabsolventinnen ... allzu ausschließlich die Fähigkeit entwickelt hatte, Wissen zu erwerben und bloße Eindrücke aufzunehmen; dass sie irgendwo in dem Prozess, ›Bildung zu erlangen‹, die schlichte und beinahe automatische Reaktion auf den menschlichen Appell verloren hatten, jene alte, gesunde Reaktion, die wegen der schieren Präsenz von Leid oder Hilflosigkeit zum Handeln führt.«

Dies war eine frühe Artikulation dessen, was der Pragmatiker John Dewey, ein enger Freund Addams', später »den Fehlschluss des Philosophen« nennen sollte, einen verderblichen Fall von Überintellektualisierung. Abstraktionen und Verallgemeinerungen wurden in unangemessener Weise zum Ersatz für die Fleisch-und-Blut-Realität von Einzelnen und ihren sozialen Gemeinschaften. Für Addams war London nicht der Ort für sentimentale Abstraktionen, sondern für moralisch-ethische Aktivität und sozialen Aktivismus. Es gab keinen besseren Ort, um diese Art von Arbeit zu tun, als an der gerade erst eröffneten Toynbee Hall, dem ersten von vielen *settlement houses* in London. Toynbee Hall kümmerte sich um die arme Arbeiterschaft von Londons East End und sollte einer Gesellschaftsschicht, die kurz davor stand, unwiederbringlich ins Elend zu rutschen, die dringend benötigte Anleitung bieten. Addams' häufige Besuche verschafften ihr ein Verständnis für das »Settlement Movement«, und sie begann sich Vorstellungen darüber zu machen, wie sich so etwas auf amerikanische Verhältnisse übertragen ließe. Zunächst einmal müsste die Bewegung ihr christliches Dekorum ablegen. Sie dürfte sich außerdem nicht bloß arbeitenden *Männern* widmen. Männliche Hierarchien waren in hohem Maße für die ökonomische Ungleichheit und politische Gewalt des neunzehnten und zwanzigsten Jahrhunderts verantwortlich, und so musste eine Lösung für die Ungerechtigkeit anderswo gefunden werden. Als Alternative gründete sie eine relativ egalitäre Gemeinschaft, in der Männer und Frauen Seite an Seite arbeiteten und lebten.

Hull House öffnete 1889 seine Türen in Chicago und wurde sofort zum Testfall für die Freunde des gesellschaftlichen Fortschritts im neunzehnten Jahrhundert, ein Ort, an dem unterschiedliche städtische Gruppierungen nicht nur in untermittelbarer Nachbarschaft wohnen, sondern wirklich zusammenleben und aufblühen konnten. Addams' Haus wurde zum intellektuellen und politischen Epizentrum der Windy

City. Heute werden Aktivisten und Sozialarbeiter gelegentlich gebeten, an angesehenen Universitäten Vorlesungen zu halten, aber in den 1890er-Jahren wurden Mitglieder der Fakultät der University of Chicago dazu eingeladen, in Hull House Vorträge zu halten. John Dewey und George Herbert Mead, zwei der berühmtesten Mitglieder der Chicagoer Schule des Pragmatismus, waren regelmäßige Gäste in Addams' Gemeinschaft. Beide Männer, hierin Platon folgend, verstanden Bildung als Ausgangspunkt für politische Reformen. Bildung war nicht etwas, das man »erhielt«, so wie man ein Diplom oder einen Doughnut mit Marmeladenfüllung erhält. Es ist etwas, das man erlebt, ein Prozess, den man durchlebt – Saisonvorbereitung für den Rest des Lebens. Dewey, Mead und William James begannen Addams' Reformbewegung als aktiven Pragmatismus zu betrachten.

Hull House wurde an der Kreuzung von Theorie und Praxis errichtet, ein Ort, an dem Ideen implementiert werden und von ganz unterschiedlichen Menschen getestet werden konnten, die sich ähnlichen Problemen gegenübersahen. Die 1890er-Jahre hindurch führte Addams offene philosophische Diskussionen mit den Bewohnern von Hull House, von denen die meisten Frauen waren. Eines dieser Seminare hatte sich auf Royces »The Religious Aspect of Philosophy« (dt.: Die religiösen Aspekte der Philosophie) konzentriert. Royce hatte während seiner ganzen Laufbahn über die Notwendigkeit von loyalen und ehrerbietigen Gemeinschaften gesprochen, aber Addams arbeitete unermüdlich daran, tatsächlich eine solche Gemeinschaft zu errichten und in Gang zu halten. Um die Jahrhundertwende wurde sie weithin als eine der besten akademischen Soziologinnen in den Vereinigten Staaten angesehen, und sie benutzte soziologische Theorien, um die Gruppendynamik im Hull House zu regeln. Sie war empirisch orientiert, experimentierfreudig und mehr als alles andere sensibel für die Situation der Mitglieder ihrer Lebensgemeinschaft. James, der diese intellektuelle Sensibilität zumindest im Prinzip teilte, las Addams' erstes Buch, »Democracy and Social Ethics« (dt.: Demokratie und Sozialethik), mit »tiefer Befriedigung« und behauptete, »es scheint mir eines der großen Bücher unserer Zeit zu sein.« Deweys »Democracy and Education« (dt.: Demokratie und Bildung), das für die notwendige Verbindung zwischen einer freien Gesellschaft und Bildung argumentierte, war von seiner Zeit in Hull House inspiriert, und sein »Liberalism and Social Action« (dt.: Liberalismus und gesellschaftliches Handeln) war »dem Gedenken an Jane Addams« gewidmet. Deweys Tochter Jane war nach ihr benannt.

In den Nachwehen meiner Scheidung hatte ich mich für ein bisschen moralische Unterstützung an meine Freundin Marilyn gewandt, die mir dabei geholfen hatte, Hull House zu verstehen. Passend für jemand, die ihr Leben der Lektüre von Addams gewidmet hatte, lauschte Marilyn mir monatelang geduldig, wobei ihre Empathie Addams' Glauben entsprach, dass »mitfühlendes Wissen die einzige Form ist, wie man sich menschlichen Problemen nähern kann«. Ich klagte und schluchzte und redete ohne Unterlass über die Frustration, am Leben zu sein, und die unausweichliche Hölle, die die anderen für einen darstellen. Nach allzu vielen Tagen meiner Sartreschen Bauchschmerzen schrieb mir Marilyn eine kleine Nachricht, zwei kurze Zeilen, die den ganzen Unterschied ausmachten: »Nicht lange, nachdem mein erstes Kind geboren worden war, verstand ich in meinem tiefsten Inneren, dass ich nun nicht mehr sterben konnte, dass das Leben meiner Tochter davon abhing, dass ich jede einzelne Minute Verantwortung übernahm. Existentielle Angst verwandelte sich in einen Luxus, dem diejenigen frönen, die keine grundlegende Verantwortung für das Leben anderer tragen.« Und das war das Ende meiner Klagen. Zunächst befeuerte es eine Art selbstgerechter Entrüstung, aber bald erstarb diese zugunsten von Akzeptanz und schließlich von Bewunderung. Vielleicht musste ich keine Kinder haben – das schien mir immer noch ganz unmöglich –, aber vielleicht wäre mein Leben erträglicher, wenn ich es nicht allein bewerkstelligen müsste, wenn ich bereit wäre, für andere verantwortlich zu sein.

Addams' Bücher – von »Twenty Years at Hull-House« (dt.: Zwanzig Jahre in Hull House) bis zu »Newer Ideals of Peace« (dt.: Neuere Friedensideale) – hätten niemals weggeräumt werden und vom Rest der Philosophiegeschichte getrennt werden sollen. Carol und ich, ohne auch nur ein Wort darüber verlieren zu müssen, packten sie zusammen und bereiteten uns darauf vor, etwas zu tun, das die Hockings ein Jahrhundert lang vermieden hatten – sie nach unten zu bringen und zu dem Rest von »Großvaters Büchern« dazuzustellen.

ICH KANNTE EINEN PHÖNIX

Als wir schließlich die letzten Bücher ins Erdgeschoss schlepp-
ten, stand die Sonne direkt über uns, und also machten wir
Mittagspause. Später packte Carol ihre Sachen zusammen, um
einen Spaziergang zu machen, und ich eilte ein letztes Mal die
Treppe hinauf.

Es gab noch eine weitere Frau im Dachgeschoss: Agnes
Hocking. Ich wollte gern glauben, dass Agnes' Bücher einst
zwischen denen von Ernest gestanden hatten, aber selbst wenn
das so gewesen war, zu dem Zeitpunkt, als ich auf sie stieß,
aufs Geratewohl in Budweiser-Kisten am anderen Ende des
Dachgeschosses gestopft, waren sie seit vielen Jahren in Vergessenheit geraten. Ihre Notizen und Briefe waren ebenfalls
im ersten Stock, und obwohl ich dachte, dass sie es gewesen
war, die anfangs das Dachgeschoss eingerichtet hatte, hatte sie
zwar große Sorgfalt auf sämtliche Unterlagen und Papiere der
Familie verwendet, auf ihre eigenen dagegen nicht.

Mir fiel Jills Bemerkung ein, dass sie sich, als sie in West
Wind aufgewachsen war, umgeben von den Schätzen ihres
Großvaters, immer für Philosophie interessiert hatte, sich
aber niemals frei gefühlt habe, diesem Interesse auch nachzu-
gehen. Anscheinend wurde Philosophie einfach nicht als eine
Möglichkeit für das »schöne Geschlecht« erachtet. In den
1980er-Jahren hatte Jills Vater, Richard, Ernests Briefe sorgfältig kopiert und zusammengetragen und Harvard schließlich keine geringe Summe dafür bezahlt, damit es die Samm-

lung dort beherbergte. Ich stellte mir Richard vor, wie er die Archivare in Harvard besucht und dabei das Wort »Vater« mit derselben Mischung aus Ehrfurcht und Schrecken artikuliert hatte, wie die Enkeltöchter »Großvater« sagten. Ernests Papiere und Unterlagen zu retten, war für Richard ein monumentaler Akt kindlicher Pietät.

In einem vielsagenden Akt der Selbstauslöschung (oder der Demut) brachte Richard, selbst ein kompetenter Philosoph, der eine lange Karriere an der Emory University hinter sich hatte, seine eigenen Bücher in der kleineren Scheune auf dem Feld unterhalb der Bibliothek unter. Dies war der wahre Ort, an dem alle natürlichen Güter verfielen. Wenn man aus den Kotspuren irgendwelche Schlüsse ziehen konnte, dann beherbergte die Scheune Generationen von Mäusen, Waschbären und Stachelschweinen. Ein gleichzeitig gewaltiger und hinfälliger Bau, von massigen Holzbalken getragen, die ihrerseits von einer mächtigen Befestigungskette gesichert wurden. Die Kette wand sich um die Balken, und diese inneren Stützen schienen das Einzige zu sein, was die Scheune noch zusammenhielt. Im Innern des Gebäudes stand ein verrostetes Model T, zerfallendes Landwirtschaftsgerät und so viel durchnässtes altes Mobiliar, dass man ein weiteres West Wind damit hätte möblieren können. Plus siebentausend von Richards schimmeligen Büchern. Die Hierarchie war klar: William Ernest Hockings Bücher standen in der Bibliothek, Richards Bücher in der Scheune und die von Agnes im Dachgeschoss.

Hätte Agnes eine eigene Bibliothek gehabt, wäre sie voller Gedichte und Märchen gewesen. Wenn Platon in »Der Staat« sagt, der Dichter sei ein »leichtes und geflügeltes und heiliges Ding«, könnte er sehr wohl auch Agnes Hocking beschrieben haben. Viele Berichte beschreiben Agnes als ziemlich exzentrisch – die Frau glaubte tatsächlich an Elfen –, aber in ihren persönlichen Loyalitäten und intellektuellen Haltungen war sie absolut unerschütterlich. Und sie war durch und durch Erzieherin.

Als die Hockings 1916 in den Schulen von Cambridge und Boston »keinen passenden Unterricht für ihre kleinen Kinder« finden konnten, gründete sie die Shady Hill School. Ich stöberte im Chaos auf dem Dachboden: Zeitungsausschnitte und Einladungen und lange Notizen und Einkaufslisten – die Sorte von Dingen, wie sie meine eigene Großmutter in Truhen in ihrem eigenen Haus aufgehoben hatte. Agnes und meine Großmutter Hazel waren sammelwütig, waren in Zeiten aufgewachsen, als nichts – nicht einmal Abfall – weggeschmissen wurde.

In dem Gerümpel befand sich auch ein Stapel der Zeitschrift *Atlantic*, sorgfältig in Zeitungspapier eingewickelt und mit Zwirn zusammengebunden. Ein Dutzend Exemplare derselben Ausgabe vom Dezember 1955. Jemand hatte sich große Mühe gegeben, sie einzuwickeln, und so gab ich mir ebenso viel Mühe beim Auswickeln. Dies war keine Erstausgabe von Hobbes oder Descartes, und doch war diese Ausgabe für jemanden sehr kostbar gewesen. Ich ließ mich auf einer Kiste nieder, um den Artikel auf Seite 63 zu lesen: »Wie man eine Schule aufbaut« von Agnes und Ernest Hocking. Ernest hatte im Laufe seiner professionellen Karriere Hunderte von Publikationen am Laufband produziert (genauer gesagt zweihundertvierundneunzig), aber dies war eine der wenigen von Agnes, die sie, wie ich mir vorstellte, besonders gehütet hatte.

»Cambridge ist eine Stadt, die geradezu Schulen hervorbringt«, erklärte das Ehepaar, »und zu Recht stolz darauf.« Aber 1915 plante die Agassiz School, in der die Kinder der Harvard-

Professoren seit Jahrzehnten unterrichtet worden waren, ihre Tore zu schließen. Agnes und Ernest erzählten: »Unser achtjähriger Sohn Richard begann mit bissigen Beurteilungen seiner Lehrer nach Hause zu kommen; schriftliche Division machte ihn fertig. Was sollten wir als Eltern da tun?… Dies war noch nicht der Moment, eine eigene Schule zu gründen… aber wenn die Umstände es erforderten, war einer von uns bereit, sich dieser Herausforderung zu stellen.«

Genauer gesagt war Agnes bereit, sich dieser Herausforderung zu stellen. Anfangs sah das gar nicht nach sehr viel aus – bloß zwanzig Kinder, die sich nach Montessori-Art auf der hinteren Veranda des Hauses der Hockings in der Quincy Street 16 in Cambridge versammelten. Aber dies war der Anfang der Cooperative Open Air School, aus der die Shady Hill School werden sollte, ein Vorbild für das »Erfahrungscurriculum« im Schulunterricht des zwanzigsten Jahrhunderts. Immer mehr Kinder wurden angemeldet, und bald reichte die Veranda für die frisch gebackene Schule nicht mehr aus. Agnes und Ernest lancierten die Idee, eine experimentelle Schule in Harvard zu etablieren (nach dem Vorbild von John Deweys Schule an der University of Chicago), aber dieser Plan wurde schnell wieder fallengelassen. Die Hockings würden es allein angehen müssen, mit der finanziellen Unterstützung von Richard Cabot, Paul Sachs (von Goldman Sachs) und Mrs Edward Forbes (vom *Forbes*-Magazin).

Im Sommer 1916 hatte Agnes neuntausendsiebenhundertfünfzig Dollar eingesammelt (was sich vielleicht nicht nach sehr viel anhört, in Wirklichkeit aber das heutige Äquivalent von einer Viertelmillion Dollar ist) und erwarb Land für die neue Schule aus dem alten Besitz von Charles Eliot Norton, Shady Hill. Das war nach einer Angliederung an Harvard das

Nächstbeste, was passieren konnte – und auch nicht gerade wenig Land, was sich ein Paar aus dem Mittleren Westen da aneignete. Der Landbesitz der Nortons war das Herzstück von Harvard, und sein Besitzer galt gemeinhin als der kultivierteste Mann Amerikas. Vor 1874, als er zum Professor für Kunstgeschichte in Harvard ernannt wurde, hatte sich Charles Eliot Norton bereits einen Ruf als Dante-Experte erworben, nur vergleichbar mit dem von James Russell Lowell. Norton war Emerson gefolgt, als er 1859 »La Vita Nuova« übersetzte, und seine Prosaversion der »Divina Commedia« blieb noch lange nach der Jahrhundertwende in Umlauf. Shady Hill war der Ort, an dem Klassizisten, Transzendentalisten und aufstrebende Vertreter des Pragmatismus sich versammelten: Emerson, Lowell, Agassiz, Chauncey Wright, Henry und William James, Royce und Santayana. Und jetzt also Agnes und Ernest Hocking.

Die Shady Hill School mag vielleicht ein bisschen wie eine Montessori-Schule gewirkt haben, die jene Art von progressivem Unterricht propagiert, bei dem die Schüler ermuntert werden, ihren eigenen Interessen statt einem rigorosen Lehrplan zu folgen, aber der Anschein kann bekanntermaßen gelegentlich trügen. Ja, Agnes hegte eine »angeborene Abneigung gegen Lehrbücher«, aber dies führte keineswegs zu pädagogischer Laxheit oder zu einem schulischen Laissez-faire. Agnes Hocking glaubte, dass es viel dazu beitragen könnte, ein reifes und nachhaltiges intellektuelles Interesse zu entwickeln, wenn man die Kinder in Kontakt mit der authentischen literarischen Überlieferung brachte – Homer, Shakespeare, Dante. (Shady Hillers lesen immer noch in der vierten Klasse die »Ilias« und die »Odyssee«). Die Hockings schrieben, dass sie

»häufig als progressiv eingestuft wurden – hauptsächlich, nehme ich an, wegen einer gewissen Ungezwungenheit in unseren Methoden, was zu der Annahme führte, dass wir uns, wie die typischen progressiven Schulen, nach den realen ›Interessen‹ der Kinder richten und ihnen folgen würden. Unser Prinzip war aber das genaue Gegenteil davon. Interesse war natürlich von größter Bedeutung, und wir achteten darauf; aber nicht, indem wir unsere Arbeit dem unterwarfen, was sich an der Oberfläche der kindlichen Gedanken abspielte. Wir erwarteten, dass sich die Kinder dafür interessierten, was ihr Interesse wert war; und bei Lehrern, die sich für ihr eigenes Gebiet begeisterten, taten sie das auch.«

Die Hockings waren Gegner dessen, was sie den »nachgiebigen Morast der Progressivität« nannten, der Idee, die nach wie vor in bestimmten schulischen Konzepten vorherrscht, dass man den Kindern freie Hand lassen sollte, was ihr geistiges Schicksal anbelangt. Diese Freiheit, oftmals eigennützig und narzisstisch, war den Hockings zufolge überhaupt keine Freiheit. Bildung bedeutete nicht, die Interessen zu befriedigen, die die Kinder bereits ausgebildet hatten, sondern die Möglichkeit in ihnen zu erwecken, weitreichendere und sinnvollere Interessen zu verfolgen. In den Worten von Mary Williams, einer ihrer früheren Schülerinnen, gingen die Unterrichtsstunden in Shady Hill »immer über unseren Horizont. Aber in unserer Reichweite. Wir haben uns immer wieder zu aufregenden, neuen Lernniveaus aufgeschwungen.« Für mich klang das alles ein bisschen wie das Fegefeuer – quälend inspirierend. In Ernests Worten:

»Lyrik-Unterricht heißt, dass Mrs Hocking im Frühling mit acht Kindern zu ihren Füßen auf der Veranda mit dorischen Säulen steht. Sie schwankte, während sie für uns vortrug… Dabei wedelte sie mit ihren Händen über unseren Köpfen, und die Handschuhe flatterten… ihre Stimme klang erregt. Auch wir sahen dann auf. Da war die Welt schon reicher geworden, an Bildern, an Gefühlen. Für uns war das alles nicht unbedingt zusammenhängend; aber es war hinreißend, ein Schwelgen. Wie die Lyrik selbst erregte Mrs Hocking eine Überschwänglichkeit, die über die Vernunft hinausging.«

Das war Platons göttlicher Wahnsinn und das entscheidende Argument dafür, dass dieser zum Kern von schulischer Bildung gehören konnte und sollte. Wie eine der Originalbroschüren für die Schule es klarstellte, hatte Agnes' die Vernunft übersteigende Überschwänglichkeit ein entschieden rationales Ziel: »Das Leben mit allem möglichen Reichtum und aller möglichen Fülle auszustatten: Freiheit gemeinsam mit Selbstkontrolle zu erwerben.« Das klingt ernst und langweilig – mit Kantschen Untertönen, die Carol begeistert hätten –, aber das war es nicht. Shady Hill war ein Ort, an dem die Kinder sich aus vollem Herzen in dieses Bildungsziel und ihre Schulleiterin verliebten.

May Sarton betete Agnes Hocking an. In den 1970er-Jahren wurde Sarton zu einer der populärsten Schriftstellerinnen in Amerika, zu einer Ikone der feministischen und lesbischen Literatur, sie war eine der ersten Frauen, die je ein Tagebuch schrieben – »Journal of a Solitude« (dt.: Tagebuch der Einsamkeit) –, das zu einem Bestseller wurde. Aber 1917 war Sarton fünf Jahre alt und eine der jüngsten Schülerinnen an der Shady Hill School. Ich wühlte zwischen den Bücherstapeln im Dachgeschoss herum, bis ich Sartons Erinnerungsbuch »I knew a Phoenix« (dt.: Ich kannte einen Phönix) fand, und kehrte zu meiner Kiste zurück. »Es gibt keinen Zweifel daran«, schrieb Sarton, »dass meine Kreativität in jenen Anfangsjahren vom Genie der Agnes Hocking inspiriert wurde, der Gründerin der Schule und ihrer treibenden Kraft.« Es war eine solche Erleichterung, jene Worte zu lesen. Ich war es so leid, von Agnes' Unterwürfigkeit zu hören und davon, dass sie, in den Worten eines der Biografen von Ernest Hocking, »die Kunst einer Ehefrau, die missverständlichen und unklaren Passagen im Werk ihres Mannes zu glätten, ausgezeichnet verstand«. Sarton hatte einen völlig anderen Blick auf Agnes und ihr Werk: »Die Schule entstand aus der Verbindung von Poesie und Philosophie, und obwohl man die Philosophie verehrte, herrschte die Poesie.« Falls es auch nur einen Hauch von Misogynie an der Shady Hill School gegeben hätte, wäre Sarton die Erste gewesen, die uns darüber informiert hätte. Sie hatte ihre Karriere darauf aufgebaut, die subtilen oder auch gar nicht so subtilen Ungerechtigkeiten von Geschlechterdiskriminierung und den entsprechenden Vorurteilen zu artikulieren, und so konnte ich mir nicht vorstellen, dass sie den Hockings so etwas hätte durchgehen lassen. Sarton ließ sich noch viele Seiten lang über Shady Hill aus, und am Ende des Kapitels begann ich zu glauben, dass Agnes tatsächlich der »Phönix« gewesen war, den Sarton in ihrer Jugend gekannt hatte.

Eine irisch-katholische Frau am Anfang des zwanzigsten Jahrhunderts zu sein, machte es für Agnes nicht besonders leicht. Die protestantisch-katholische Verbindung zwischen Ernest und Agnes wurde zu der Zeit in weiten Kreisen als eine

»gemischtrassige« Ehe betrachtet; in einigen Kreisen galt sie als umstritten und als regelrechte Blasphemie in anderen. Sie waren, in Ernests liebevollen Worten, » zwei komische Vögel«. Komische Vögel, die beschlossen, ihre sommerlichen Flitterwochen damit zu verbringen, an der George Junior Republic School in Freeville, New York zu unterrichten. Dies war keine schicke Sommerschule, sondern eine Justizvollzugsanstalt für »›straffällige‹ Jugendliche, männliche und weibliche, die an dem Punkt waren, an dem Schulbildung im herkömmlichen Sinne mit Strafvollzug zusammenfällt«, wie Hocking es nannte. Später bemerkte Hocking: »Ich will das nicht unbedingt als die beste Art, seine Flitterwochen zu verbringen, empfehlen; aber für uns schlug es ein neues Kapitel auf und eröffnete uns einen neuen, wesentlichen Blickwinkel auf unser ganzes Bildungsvorhaben.« Im Laufe der Jahre gelang es den Hockings immer wieder, etwas gemeinsam aufzubauen – erst Shady Hill, dann West Wind und all ihre anderen bedeutungsvollen Projekte dazwischen.

In Shady Hill wollten sie den Idealismus in eine moderne Form bringen, »um jedem Kind eine Erfahrung des inneren Glanzes zu vermitteln, wenn man eine körperliche Aufgabe mit Liebe und mit einem Wunsch nach Perfektion erledigt hat«. Das ist es, was sie für Sartor getan hatten. Sie hatten sie außerdem in Kontakt mit Robert Frost gebracht. Seiner Freundschaft mit den Hockings wegen kam Frost regelmäßig nach Shady Hill und las den Schülern, ihren Eltern und den Lehrkräften seine Gedichte vor. Agnes, die, wie ich später herausfand, Frost sogar näherstand als Ernest, bereitete es besonderes Vergnügen, ihren Freund der nächsten Generation amerikanischer Schriftsteller vorzustellen.

Doch etwas an diesem intellektuellen Höhenflug störte

mich. Ich wandte mich wieder dem Artikel aus dem *Atlantik* zu. Ernest und Agnes hatten ihn gemeinsam verfasst, aber die Stimme war nicht die von Agnes. Ich blätterte an das Ende des Artikels vor: »Es gab nur einen Menschen, der das Herz und den Willen hatte, all die Fäden [von Shady Hill] zusammenzuhalten ... Wie Agnes Hocking, die sich immer ›Führungsqualitäten‹ absprach, all dies auf ihren Schultern tragen konnte, weiß nur der liebe Gott.« Agnes war angeblich einer der Autoren dieses Artikels, aber tatsächlich war sie bloß eine Gestalt, die in der dritten Person beschrieben wurde. Ernest hatte sie in die Geschichte hineingeschrieben, sie wie Beatrice idealisiert. Wie viele andere Männer hatte Ernest seine Geliebte nicht für sich selbst sprechen lassen. Empört griff ich mir den *Atlantic* und trollte mich zu Carol nach unten. Wir aßen in der Bibliothek zu Abend – zwei Sandwiches von der Tankstelle und eine Tüte labbriger Chips – und erneuerten noch einmal, über Agnes diskutierend, unseren Schwur, die Vergangenheit nicht zu wiederholen.

Früh am nächsten Morgen schlüpfte ich aus dem Bett, ohne Carol aufzuwecken, und wühlte in meiner überquellenden Büchertasche, die bis zum Rand mit Artikeln vollgestopft war, die ich zumindest gesichtet haben wollte, bevor der Gutachter kam. Wenn ich schon nicht schlafen konnte, dann konnte ich wenigstens lesen. Aus Ernest Hockings Ansprache als Präsident der American Philosophical Association im Jahre 1927: »Es gibt eine gewisse Analogie zwischen der Philosophie und einer Biografie ... Eine gute Biografie muss mehr sein als bloß faktengetreu: Sie muss ein Kunstwerk und ein Werk der Imagination sein. Sie muss das sein, denn ohne Imagination kann sie auch nicht wahr sein.«

Dies erlaubte mir, West Wind so zu interpretieren, wie ich es für richtig hielt, und es warnte mich zugleich davor, seine Geschichte zu malträtieren. Hocking zufolge konnte sich die Philosophie auf zweierlei Weise irren: Wenn sie in bare Chronik zurückfällt oder wenn sie die Vision des Autors durch die des Subjekts ersetzt, dann liefert sie eine falsche Biografie.«

Ich ließ mich im Armsessel gegenüber von unserem Bett nieder. Carol und ich sollten den Gutachter in ein paar Tagen in der Bibliothek in Empfang nehmen, und er wollte versuchen, uns zu sagen, was die Bücher wert waren. Mir graute davor. In den letzten Jahren hatte ich mit der Vorstellung gelebt, dass diese Bücher unbezahlbar seien. Ihnen einen merkantilen Wert zuzuordnen, schien irgendwie ihre Bedeutung zu mindern, und ich stellte mir vor, dass dieses Unterfangen für Hockings Enkeltöchter vielleicht sogar noch schwieriger sein könnte. Trotz der unbarmherzigen Herrschaft ihres Großvaters über West Wind blieb es ein Ort gnädiger Erinnerungen. Agnes und Ernest hatten 1905 geheiratet, und ihre Ehe hatte fünfzig Jahre überdauert. Ihre Kinder, Enkelkinder und Urenkel betrachteten West Wind als Mittelpunkt ihres Familienlebens. Auf Agnes' Grabstein, an einem unauffälligen Ort in West Wind versteckt, waren ihrem Wunsch gemäß die folgenden Worte eingraviert worden: »Agnes O'Reilly Hocking, die das Leben, ihre Familie und diese Farm liebte.« Kein Getöse oder philosophisches System. Nur die schnörkellose Beschreibung eines Lebens, das ich stets als besonders schön erachtet hatte.

Ich war immer noch leicht verärgert über Ernest wegen seiner offenkundigen Geringschätzung in dem Artikel aus dem

Atlantic, und so warf ich noch einmal einen Blick darauf. Warum hatte er ihn nicht von Agnes schreiben lassen? Man schrieb das Jahr 1955, nicht 1655 – damals, kurz vor der Durchsetzung echter Bürgerrechte, gab es bereits eine Fülle weiblicher Autorinnen, und sie war eine besonders gute Autorin gewesen. Dann machte es plötzlich Klick: Agnes war im Mai jenes Jahres gestorben, und als der Artikel verfasst worden war, hatte sie wahrscheinlich schon auf dem Sterbebett gelegen. Ich hatte mir vorgestellt, dass das Bündel von *Atlantic*-Heften von Agnes eingewickelt worden war, die auf diese Weise eines der wenigen Beispiele für ihr eigenes professionelles Schreiben aufbewahrte. Aber vielleicht war dieser Artikel im *Atlantic* eine Eloge, gar eine Grabrede gewesen, eine von der besten Art. Von der Art, die die bald darauf Verschiedene noch selbst hat lesen können. In den folgenden Monaten entdeckte ich, dass Ernest tatsächlich geplant hatte, ein ganzes Buch über den Einfluss seiner Frau auf die moderne Erziehung zu schreiben. Das Projekt wurde nie abgeschlossen, aber seine Anfänge finden sich immer noch in den Archiven von Shady Hill. Zwischen diesen Papieren befindet sich auch die Kopie eines Briefes, den Ernest Hocking über Agnes' letzte Tage geschrieben hatte:

»Ihr Tod war wie das endgültige Verlöschen einer Kerze, vollzog sich nicht unter Schmerzen, nur mit wachsenden Einschränkungen. Sie war schon lange nicht mehr fähig gewesen zu sprechen; aber diese Wochen des Schweigens gehören zu meinen kostbarsten Erinnerungen. Denn ihr äußerst reduziertes Selbst, dem nichts als Zeichensprache zur Verfügung stand – vielleicht ein leichtes Lächeln, vielleicht ein Händedruck –, war immer noch so ganz sie selbst: Es war sie und niemand anderes, und sie wusste, dass ich da war. Und nun, wo es kein ›da‹ mehr gibt, an dem ich sie finden könnte, ist sie immer noch unverlierbar.«

Ich ging zurück ins Bett und schob mich näher an Carol heran, wo ich so lange verharrte wie nur möglich.

EAST WIND

Der Gutachter erwies sich als genauso trocken und verstaubt wie die Bücher, die er sein Leben lang begutachtet hatte. Seine Hände – peinlich sauber, ein wenig plump – arbeiteten sich durch die Schätze der Hockingschen Sammlung. Er werkelte im Schneckentempo, was mich absolut wütend machte, bis ich begriff, dass er – anders als ich bei meinem planlosen Vorgehen – einfach nur angemessen sorgfältig war. Die Vergangenheit war etwas Verwundbares, und wenn man sie nicht richtig behandelte, konnte sie unwiderruflich beschädigt werden. Sie konnte jedoch unglaublich wertvoll sein, wenn man sie unter adäquaten Bedingungen aufbewahrte. Unglücklicherweise waren die meisten der Hocking-Bücher unter ganz und gar unbeschreiblichen Bedingungen aufbewahrt worden. Der Gutachter blätterte die Erstausgabe von Hobbes' »Leviathan« durch. »Dies«, sagte er langsam, »ist nicht optimal.« Er platzierte ein Aufnahmegerät vor sich auf dem Schreibtisch und stellte seine Diagnose: »Erstausgabe, Erstdruck. Mit gestochenem Titelblatt, aufgezogen, und gefalteter Tabelle (fleckig), aber ohne Titelei; Buchdeckel bestoßen und Buchrücken zerschlissen; Falz rissig; exlibris; Kanten abgerieben; Seiten 395– 396 aufgezogen; insgesamt fast gut, aber nicht perfekt.« Er hatte natürlich recht, aber es fiel nicht leicht, das zu hören. Er klappte das Buch behutsam zu und schob es an den Rand des Schreibtisches. Er beendete die Aufnahme und drückte dann die Play-Taste. Mit blecherner, stumpfer Stimme ließ der Rekorder seine Einschätzung noch einmal erklingen. Die Maschine lief weiter, und er griff nach dem nächsten Band: »Rudolf Carnap. ›Der Raum: Ein Beitrag zur Wissenschaftslehre‹. Berlin: 1922; Originalbuchumschlag; fast wie neu. Erstausgabe. Widmungsexemplar, mit einer Widmung versehen für W.E. Hocking auf dem vorderen Schutzumschlag vom Autor. Carnaps Doktorarbeit, veröffentlicht in einem Supplementband der ›Kant-Studien‹. Derzeitiger üblicher Marktwert: Zweitausendfünfhundert Dollar.« Und dann der nächste Band: »›The Year-Book of Spiritualism for 1871‹. Boston: 1871. Erstausgabe. Randnotizen zum Text von William James, besonders am Anfang, hinten eine Liste von angestrichenen Texten. Derzeitiger üblicher Marktwert: Tausendfünfhundert Dollar.« So machte er weiter (über Stunden), aber ich konnte es nicht ertragen, ihm dabei zuzusehen. Es war empörend: Philosophie, diese gewaltige Liebesaffäre mit der Weisheit, auf einem Kalkulationsbogen summiert zum Zwecke steuerlicher Absetzbarkeit: Hockings Lebenswerk, das von einem komplett Fremden akribisch aufgelistet wurde; William James' Erkundungen der Geisterwelt, die auf die denkbar unspirituellste Weise dokumentiert wurden. Ich wandte mich an Carol, entschuldigte mich und begab mich schnurstracks in die entgegengesetzte Ecke der Bibliothek.

Es gab einen Ort, den ich aus Respekt vor den Hockings bislang gemieden hatte, eine Schublade eines Aktenschrankes, die ich nicht geöffnet hatte. Als ich sie das erste Mal öffnen wollte, war ich mit Penny Hocking zusammen gewesen. Sie hatte leise gelacht und die Schublade gleich wieder zugeschoben. »Das sind die Buck-Briefe«, erklärte sie. »Buck« wie in Pearl S. Buck, der Nobelpreisträgerin. Die Schublade war in all den Jahren, in denen ich nach West Wind gekommen war, geschlossen geblieben. Während die Monate vergingen, war ich in immer größere Versuchung geraten; Buck war weltgewandt und eine internationale Berühmtheit, nachdem sie für »Die gute Erde« den Pulitzer-Preis und Ende der 1930er-Jahre den Nobelpreis erhalten hatte. Kurzzeitig hatte ich mir vorgestellt, dass Hocking Agnes mit der berühmten Autorin betrogen haben könnte. Ich hatte Penny jedoch vermittelt, dass ich an mich halten würde, und wollte dieses stillschweigende Versprechen auch in Ehren halten. Das hatte mich allerdings nicht daran gehindert, zur Houghton Library zu gehen, um die dreihundert Briefe, die zwischen Hocking und Buck gewechselt worden waren und die im Archiv aufbewahrt wurden, durchzusehen. Die Houghton-Briefe waren von Richard redigiert und zensiert worden, bevor er sie an Harvard abtrat, aber sie vermittelten mir immer noch einen gewissen Eindruck von ihrem Geheimnis.

Bis zum heutigen Tage wird amerikanische Philosophie als provinziell und beschränkt angesehen, als eine weitere Begleiterscheinung der politischen und kulturellen Ausnahmestellung der Nation. Und bis zu einem gewissen Grade ist diese Charakterisierung auch ganz richtig. Emerson und James wollten den Verengungen der traditionellen Philosophie entkommen, was gelegentlich dazu führte, dass sie die intellektuellen Fähigkeiten vom Rest der Welt herabsetzten oder kritisierten. Aber ein kurzer Spaziergang durch West Wind erzählte eine etwas andere Geschichte: Amerikanische Denker waren in ständigem Kontakt mit europäischer und nichtwestlicher Philosophie. Da war Emersons »Indian Superstition« (Indischer Aberglaube), ein früher Kommentar zu den Veden. Und da standen James' Exemplare von »Buddhism in Translation« (Der Buddhismus in Übersetzungen). Hocking hatte diese Bücher sorgfältig gesammelt; sie waren der Beweis, dass amerikanische Philosophie interkulturell sein konnte und es in einem gewissen Sinne auch immer schon gewesen war. Als zu Beginn des zwanzigsten Jahrhunderts die Ausbreitung gen Westen allmählich zum Erliegen kam, begannen die Amerikaner – und mittendrin die Philosophen – ihren Blick nachdrücklicher aufs Ausland zu richten. Denker wie Addams, Dewey und Hocking, die den Ersten Weltkrieg erlebt hatten, argumentierten, dass amerikanische Philosophie ihr Potenzial gar nicht ausschöpfen konnte, wenn sie bloß auf engstirnige Weise amerikanisch blieb; ihre Ideale der Selbstbestimmung, des Pluralismus und der Loyalität sollten eingesetzt werden, um die moderne, internationale Gemeinschaft aufzubauen. Ihre Empfehlungen standen oft in einem ausgeprägten Kontrast zu den langjährigen Normen der amerikanischen Diplomatie, was schlicht bedeutet, dass sie häufig ignoriert wurden. Aber bei seltenen Gelegenheiten kamen sie zu Wort und beeinflussten geradezu dramatisch die amerikanische Außenpolitik.

Hocking lernte Pearl S. Buck 1931 in Nanking kennen. Er reiste als Vorsitzender der Laymen's Foreign Mission Inquiry, einer Gruppe von Laien und Gelehrten, die von John D. Rockefeller zusammengestellt worden war, durch China, um eine umfassende Studie über die amerikanischen protestantischen Missionen in Asien durchzuführen. Heute mag sich die Aufgabe, Missionsarbeit zu evaluieren, wie eine Kleinigkeit anhören, aber in den Anfangsjahren des zwanzigsten Jahrhunderts waren christliche Missionare die Fäden, die eine überraschend große Zahl von Amerikanern mit dem Leben von Ausländern verbanden. Pearls Vater, Absalom Sydenstricker, war einer dieser Missionare; er hatte seine Familie – ein kleiner Clan fundamentalistischer Presbyterianer aus West Virginia – ins Innere Chinas verpflanzt, wo er und seine Frau den Versuch gemacht hatten, die Mitglieder ihrer dörflichen Gemeinschaften zu bekehren. Absalom war größtenteils erfolglos, ebenso wie die übrigen amerikanischen Missionare. Er betrachtete die Chinesen als einen Haufen hoffnungslos rückständiger Heiden, und die meisten Chinesen, die er kennenlernte, dachten, er sei der verrückteste weiße Mensch, den sie je kennengelernt hatten. Pearl, die zunächst voller religiöser Inbrunst gewesen war, büßte diese ein, als sie ins Teenagealter kam. Ihr Vater war in Bucks Worten ein »Wesen, aus jener blinden Gewissheit, jener reinen Intoleranz, jenem Bekehrungseifer gemacht, aus jener Verachtung für Mensch und Erde, jenem unerschöpflichen Gottvertrauen, die unsere Vorväter uns hinterlassen hatten«. Er war ein schmerzhaft fehlgeleiteter Idealist. Es ist nicht gänzlich überraschend, dass Buck sich schließlich in einen anderen Typ von Idealisten verliebte, jemanden, der die Fehler ihres Vaters vielleicht korrigieren konnte.

Als sie Hocking kennenlernte, war er gerade dabei, den dreihundert Seiten langen Bericht der Kommission »Re-thinking Missions: A Laymen's Inquiry After One Hundred Years« (Missionsarbeit überdenken: Eine Untersuchung von Laien, hundert Jahre später) vorzubereiten. Als das Buch im Oktober 1932 erschien, wurde es sofort in der *Time* besprochen und heiß diskutiert. Es war nicht Hockings opus magnum, doch »Rethinking Missions« war das Buch, das ihn berühmt machte. Der Bericht basierte auf den empirischen Sozialwissenschaften – Teams von Akademikern, angeführt von Hocking, hatten ein Jahr lang Feldforschung in Japan, Indien und China betrieben –, aber nachdem alle Daten gesammelt worden waren, war es Hocking, der die Ergebnisse auswertete und Schlüsse daraus zog. Er kam zu dem Ergebnis, dass die meisten Missionare, die so begierig waren, die asiatischen Horden vor der ewigen Verdammnis zu bewahren, in Wirklichkeit auf gefährliche Weise ohne Berührung mit der örtlichen Bevölkerung geblieben waren, die sie doch zu retten hofften. Einige Rettungsversuche waren, Hocking zufolge, nicht bloß kontraproduktiv, sondern geradezu absurd. Er stellte fest, dass die meisten Missionsversuche nichts als ein Haufen Gerede waren: Predigen, Moralisieren, Bekehrungssermone, noch mehr Predigen. Ihm zufolge bestärkte Erlösung den Willen des Einzelnen darin zu *handeln*, nicht bloß zu reden. Missionare sollten eine dezidiert ökumenische Haltung einnehmen, das selbstgerechte Halten von Moralpredigten einstellen und die relevanten Ähnlichkeiten zwischen den Weltreligionen betonen. Statt sich über die christlichen Ideale der Demut, Wohltätigkeit, Pflicht und Liebe zu verbreiten, sollten die Missionare viel eher versuchen, sie zu verkörpern. Chinesen auf dem Lande brauchten keine Bibelstunden oder Drohungen mit Höllenstrafen. Mit irdischen Strafen und Qualen waren sie nur allzu vertraut. Was sie wirklich brauchten, war ein Minimum an sozialer Fürsorge.

Bucks Zustimmung hätte gar nicht größer sein können. »Ich bin dieser unablässigen Predigten vollkommen überdrüssig«, schrieb sie in einer glühenden Besprechung von Hockings Buch in *The Christian Century*, »dieses Predigen tötet alles Denken ab, es wirft alle möglichen Themen durcheinander, und in unseren chinesischen Kirchen bringt es eine Horde von Heuchlern hervor.« Für Buck, die 1931 »Die gute Erde« zur Veröffentlichung vorbereitete, waren die Probleme Festlandchinas offenkundig: Die Menschen verhungerten oder starben in unvorstellbarer Zahl an Krankheiten, der Imperialismus des Westens hatte die lokalen Verwaltungen unterminiert, und die moderne, ökonomische Ungleichheit verstärkte die Folgen der traditionellen chinesischen hierarchischen Strukturen noch. Währenddessen versuchten christliche Missionen ihre »guten Taten« zu vollbringen, indem sie die gottlosen Millionen retteten. »Die gute Erde« war wohl das erste Buch, das die Durchschnittsamerikaner in näherem Kontakt mit Dorfchinesen brachte, und sein gesellschaftlicher Realismus verströmte einen Missklang für eine amerikanische Öffentlichkeit, die es gewohnt war, fremde Völker entweder zu exotisieren oder herablassend zu behandeln. Das Buch schockierte außerdem chinesische Amtsträger, die sich 1937 weigerten, die MGM-Produktion des Films freizugeben, weil er Kriminalität, Armut und die Behandlung von Flüchtlingen durch die Volksbefreiungsarmee zeigte. Pearl hielt sich einfach nur an die Fakten, aber manchmal bringen einen diese Fakten mächtig in Schwierigkeiten. Courtenay Fenn, der für China zuständige Sekretär des Overseas Mission Board, schrieb an Buck, nachdem das Buch veröffentlicht worden war, und tadelte sie scharf: »Die Tatsache, dass etwas ›dem wahren Leben‹ entspricht, reicht als Grund für eine Veröffentlichung noch lange nicht aus.« Als Buck das Buch ihrem Vater überreichte, dankte er ihr liebenswürdig und erzählte ihr dann, dass er zu beschäftigt mit seiner Missionsarbeit sei, um es zu lesen. Dies waren die ersten Anzeichen für etwas, das sich zu einer umfassenden Auseinandersetzung zwischen Buck und ihrer Presbyterianischen Kirche ausweitete, die sie schließlich dazu zwang, sich von deren Overseas Mission Board zu trennen.

Hocking und Buck waren verwandte intellektuelle Seelen und sich viel ähnlicher, als Pearl S. Buck und der Mann, den sie geheiratet und den sie dazu auserkoren hatte, den Rest ihres Lebens mit ihr zu verbringen: John Lossing Buck, den Pearl 1917 geheiratet hatte und der von ihr erwartete, dass sie die Rolle der braven Ehefrau spielte eine Rolle, die diese feministische Autorin nie gut zu spielen in der Lage war. Als »Die gute Erde« 1932 den Pulitzer-Preis gewann und Buck die entsprechende professionelle Anerkennung erhielt, wandelte sich die ohnehin schon schlechte Ehe zum Desaströsen. Drei Jahre später waren sie geschieden. Ich vermute, dass Pearl und Ernest Anfang der 1930er-Jahre begonnen haben, miteinander zu liebäugeln, aber da ihre Briefe zensiert worden waren, gab es keine Spuren mehr von irgendetwas womöglich Unschicklichem. Es schien, als wäre Ernest mit Agnes glücklich gewesen und als wäre Pearl, allem Anschein nach, ihrem zukünftigen Ex-Mann gegenüber loyal geblieben. Ernest schickte Buck in den Anfangsjahren ihrer Freundschaft nur einen einzigen Brief, zum Zeichen der Unterstützung am 30. April 1933, als Pearl das Presbyterian Mission Committee verließ. »Ich schreibe Ihnen, um Ihnen in dieser Zeit hilfreich zur Seite zu stehen«, hatte Hocking geschrieben. Den Briefen im Archiv in Houghton zufolge sollten weitere drei Jahrzehnte vergehen, bis er auch einen Brief von ihr erhielt. In der Zwischenzeit wurde Hocking beinahe so berühmt wie Buck, ein echtes Schwergewicht in der amerikanischen Philosophie. Er hielt zwei der angesehensten Vorlesungsreihen der Welt – die Gifford Lectures 1938 und im folgenden Jahr die Hibbert Lectures, mit dem Titel »Living Religions and a World Faith« (dt.: Lebendige Religionen und ein Weltglaube). In diesen Jahren entwickelte Hocking eine systematische Philosophie der Religion, um der liberalen Theologie von »Re-thinking Missions« eine Grundlage zu verschaffen. Es war, wie es mit manchen philosophischen Systemen so ist, äußerst populär. Bei einem meiner ersten Besuche in der Hocking Library hatte ich eine Ausgabe des *Life*-Magazins von 1944 durchgeblättert und prompt ein ganzseitiges Foto des siebzigjährigen Hocking entdeckt, der hinter seinem Schreibtisch in West Wind sitzend zu uns hochschaut. Es folgte ein fünf Seiten langer Artikel, in dem dieser betagte Idealist »Amerikas Aufgabe in der Welt« darlegte. In seiner biographischen Notiz aus dem *Life*-Artikel stand: »Professor Hocking ist einer jener seltenen Männer, die die Fähigkeit zu denken mit einem praktischen Weltwissen verbinden können … Eine seiner vielen intellektuellen Leistungen besteht darin, das eigentliche Wesen aller großen Weltreligionen fassbar zu machen und in seinen Büchern (besonders in ›Living Religions and a World Faith‹) zwischen dem zu unterscheiden, was die verschiedenen Mitglieder der Menschheit tatsächlich trennt, und dem, was sie eint.«

Zu diesem Zeitpunkt war der amerikanische Pragmatismus schon im Niedergang begriffen. Die akademische Philosophie hatte ihren unglückseligen Aufstieg ins Penthouse des Elfenbeinturms angetreten. Die Idee, dass Philosophen vielleicht etwas Nützliches über Außenpolitik oder Religion oder gar über das Leben zu sagen hatten, kam allmählich aus der Mode. Hocking spürte diesen Trend und kämpfte mehr als ein halbes Jahrhundert lang gegen das Erlöschen dieser philosophischen Kerze an. Von seiner kleinen Bibliothek in den White Mountains aus korrespondierte er mit praktisch jeder amerikanischen Schlüsselfigur in der Politik seiner Zeit: mit Franklin und Eleanor Roosevelt, Dean Acheson, Henry Luce, Lyndon Johnson, John F. Kennedy und vielen anderen. Es gab insgesamt 7 236 Briefpartner. An einem traurigen Nachmittag mehrere Jahre zuvor hatte ich versucht, die Ordner mit Hockings Briefen zu zählen, und bei 17 895 hatte ich aufgegeben. Viele dieser Briefe stammten aus der Dämmerung von Hockings Leben, aus den letzten zwei Jahrzehnten, die er in West Wind verbracht hatte. Das war auch der Fall mit seinen Briefen an Pearl S. Buck.

Henry James' Erzählung »Die mittleren Jahre« handelt überhaupt nicht von den mittleren Jahren. Es ist eine Kurzgeschichte über das Ende des Lebens. Ein kränkelnder Schriftsteller, Hocking und den James-Brüdern nicht unähnlich, gelangt zur Einsicht, dass seine vielen Bücher – einige davon recht populär – bloß der Auftakt zu Büchern gewesen sind, die zu schreiben er nie die Zeit haben wird. Er wird gerade dann ausgelöscht und zum Schweigen gebracht werden, wenn er kurz davor steht, eine künstlerische Stimme zu entwickeln, der zu lauschen sich tatsächlich lohnt. Wenn man ans Lebensende gelangt, ist alles, was man wirklich hat, die mittleren Jahre, jene fehlbaren mittleren Jahre, die man eben nicht allzu weise verbracht hat. Gegen Ende der Erzählung ruft James' Held Dencombe aus: »Eine zweite Chance – *das* ist die Illusion. Es gab nie mehr als eine einzige. Wir arbeiten im Dunkeln – wir tun, was wir können – wir geben, was wir haben. Unser Zweifel ist unsere Leidenschaft, und unsere Leidenschaft ist unsere Aufgabe. Der Rest ist der Wahnsinn der Kunst.« Was wir eine »zweite Chance« nennen, heißt in Wirklichkeit nur Arbeiten im Dunkeln, Schritt für Schritt, um unsere erste und einzige Chance zu nutzen. Wir geben, was wir haben, nichts mehr und nichts weniger. Und das können wir tun bis zum absoluten Ende.

1960, fünf Jahre nach Agnes' Tod, schrieb Ernest an Pearl. Er war siebenundachtzig, sie war achtundsechzig. Bucks zweiter Mann Richard Walsh war zu Beginn jenes Jahres gestorben. Dies war vielleicht nicht ihre zweite Chance auf die Liebe, aber es war so nah dran, wie es den beiden nur möglich war. Die Korrespondenz begann mit einer förmlichen Geste: Hocking schrieb, um sein Beileid zu übermitteln, und am Ende des Briefes schlug er vor, dass Pearl S. Buck bei ihrer nächsten Reise nach Vermont, wo sie häufiger Urlaub machte, in West Wind vorbeikommen sollte. Pearl nahm die Einladung an, und im September dankte Hocking ihr für ihre Gesellschaft und schloss den Brief mit den Worten: »Gott segne dich, mein Herz: Ich liebe dich.« Als ich den Brief zum ersten Mal las, dachte ich, dass dies wahrscheinlich nur eine Floskel war. Aber es kamen immer mehr Briefe, und sie wurden immer leidenschaftlicher.

Im Oktober 1961 informierte Hocking Buck über den kürzlichen Besuch des Religionswissenschaftlers Huston Smith und des französischen Existentialisten Gabriel Marcel; er erklärte ihr, dass Gabriel Marcel sie treffen wolle, wenn er nach Philadelphia käme. Hocking schrieb ihr auch, dass er sie schrecklich vermisse. Das Gefühl war gegenseitig. Sie gestand ihm, dass sie Hockings philosophisches Werk immer bewundert habe, aber »nun ist zu dem Respekt und der Bewunderung noch etwas hinzugekommen – das Unermessliche«. Das Unermessliche? Wirklich? Im März 1962 schrieb sie an den alten Hocking, als wäre er ein junger Mann. Am Ende rief sie aus: »Also, wenn das wie ein Liebesbrief klingt – *dann, weil es einer ist!*«

Zwischen 1962 und 1964 ergriff Pearl (die immer noch sehr mobil war) jede Gelegenheit, um Ernest zu treffen, und kam oft zu Besuch, während seine Familie auf der Farm war. Sie kam unter dem Vorwand, in der Bibliothek zu arbeiten, gab aber zu, dass sie in Wirklichkeit einfach bloß in seiner Nähe sein wollte. Ende September 1962, als sich die Blätter bereits verfärbten, heckte sie die »verrückte Idee« aus, Ernest, kurz vor seinem neunzigsten Geburtstag, nach Vermont mitzunehmen, »nur du und ich«. Sie äußerte sich ganz unmissverständlich dahingehend, wie isoliert ihr Haus lag: »[D]er Chauffeur bleibt in Manchester, auf Abruf.« Es liegt nichts Erregendes oder Schockierendes darin. Es ist bloß eine Sache zwischen zwei Menschen – einer davon schon an der Schwelle des Todes –, die beschließen, einander noch ein bisschen länger Gesellschaft zu leisten. Hocking war extrem darauf bedacht, nicht die Fehler von Pearls früheren Partnern zu machen. Er versuchte nicht, sie zu kontrollieren. Als er »mein Schatz« in einem Brief schrieb, schrieb er gleich dazu »(›mein‹, nicht im Sinne von Eigentum, sondern von Kameradschaft).« Am 5. Februar 1964 schrieb Pearl an Ernest: »Ich liebe dich und du liebst mich und *das* ist wunderbar.«

Wunderbar genug, dass sich ihre Liebe schließlich ins Unsterbliche wandelte, in jenen »Wahnsinn der Kunst«, den wir Fiktion nennen. Pearl S. Buck schrieb »Letzte Große Liebe« (The Goddess Abides) 1972, sechs Jahre nach Ernests Tod, eine Geschichte über eine Witwe aus Vermont, die vor der Entscheidung steht, entweder einen jungen Mann namens Arnold zu lieben oder einen Philosophen, der dreißig Jahre älter als sie ist und Edwin heißt. Am Ende liebt sie beide. Der Roman ist, wie Buck selbst zugibt, autobiographisch. Arnold ist ein junger Tanzlehrer, für den sie schwärmte. Edwin ist natürlich Hocking. Edith, die fragliche Witwe, war eine Studentin von Edwin, als beide noch verheiratet waren. Nun, da sie beide frei sind, stellt Edwin ihr so entschlossen nach, wie es ein Achtzigjähriger nur tun kann. Und Edith erwidert seine Liebe und lädt ihn schließlich dazu ein, ihr Bett mit ihm zu teilen.

»Jedes Liebeserlebnis«, hatte Edwin eines Nachts im Dunkeln gesagt, »lebt aus sich. Es hat nichts mit dem zu tun, was vorher gewesen ist oder danach sein wird. Die Liebe ist geboren, sie geht ihren eigenen Weg, eine Welt ohne Ende, etwas, das sich in Lebenskraft verwandelt.«

»Ich bezweifle, daß ich je einen anderen lieben werde«, hatte sie geantwortet. In jenem Augenblick hatte sie den schönen alten Mann von ganzem Herzen geliebt. Noch nie war sie einem so reinen Geist wie seinem begegnet – es war etwas ganz Erstaunliches.«

An den Rest der Geschichte konnte ich mich nicht mehr erinnern. Vielleicht brauchte ich das auch nicht. Ich hörte, wie sich Carol hinter mir näherte, und begriff, dass ich immer noch stumm auf den ungeöffneten Aktenschrank starrte.

»Willst du da hineinschauen?«, fragte sie.

Ich zuckte mit den Schultern, während ich ihr durch die Tür in die Nachmittagssonne hinaus folgte. Ich war mir nicht sicher. Es war eine von diesen bekannten Unbekannten, ein Rätsel, das weitere Nachforschungen zu verlangen schien. Aber während die Stimme des Gutachters verklang, kam es mir auf einmal wie ein wirklich schönes Geheimnis vor, das man lieber weiterhin wahrte.

DAS GEHEIMNIS DES SEINS

Carol und ich machten uns auf den Weg zu der Wiese oberhalb von West Wind. Wir waren den ganzen Tag mit dem Gutachter drinnen gewesen, und so beschlossen wir, die Nacht im
Freien zu verbringen. Ich hatte oft auf der oberen Wiese ge-
zeltet, an dem Ort, wo Bunn einst das Skifahren gelernt hatte,
Abfahrt, wie er mir erzählt hatte, dort, wo ich mir eine Borreliose geholt und beschlossen hatte, mich scheiden zu lassen.
Im Herbst wurden die Gräser trocken und brüchig, aber Ende
August waren sie immer noch grün und rochen frisch, was,
wie ich erst später herausfand, der Geruch von Vergänglich-
keit und toten Dingen war.

Am 7. Juli 1895, als William James aus Chocorua an seinen
Bruder Henry schrieb und verkündete, dass er »Die mittleren
Jahre« gelesen habe, fragte er Henry, warum er die Erzählung
in eine Sammlung aufgenommen habe, die er »Terminations«
(dt.: Beendigungen) genannt hatte. Nachdem er den Sommer
damit verbracht hatte, in diesen Bergen in New England zu
wandern, schien der ältere James, William, allerdings schon
eine Ahnung zu haben. »Ich kenne nichts, was so stark an
poetische Empfindungen erinnert«, schrieb er an seinen Bruder, »wie diese unscheinbare, karge Natur New Hampshires
mit ihren wohlriechenden Elementen. Ganz zart und anrüh-
rend und an lauter tote Dinge gemahnend.« Und er fuhr fort:
»Aber das ist nun alles vorbei, und ein kleines Maß an täglichen Muskelübungen hat mich wunderbar in Fasson ge-

bracht.« Am Ende seines Lebens war William James beinahe whitmanesk geworden.

Carol war früher in Kanada bei den Pfadfinderinnen gewesen und hatte viel Erfahrung mit Zelten. Wir erreichten den Scheitelpunkt der Wiese, von dem aus man über die Sandwich Range blickte, und stolz präsentierte ich unseren Proviant und unsere Ausrüstung: Essen, Wein, Brennholz, Schlafsäcke, Isomatten, Kissen (zwei), Zahnbürsten, Bio-Zahnpasta, Insektenschutzmittel, Wasser, noch mehr Wasser und ein Zelt. Ich hatte an alles gedacht, außer an Zeltstangen. Carol versicherte mir, dass wir schon zurechtkämen, dass das nicht weiter wild war und dass wir einfach unter freiem Himmel schlafen würden. Das würde romantisch werden, und mir hätte das gar nicht besser zupass kommen können. Ich dachte an Gabriel Marcels Kommentar, dass das »Leben nicht ein Problem sei, das gelöst werden müsste, sondern ein Geheimnis, das man leben müsste«, und ich war mir beinahe sicher, dass Marcel auf seiner berühmten Reise nach West Wind zu dieser Überzeugung gelangt war.

Hocking und Marcel hatten beinahe schon vier Jahrzehnte lang miteinander korrespondiert, aber sie lernten sich zum ersten Mal persönlich 1959 in West Wind kennen, zwei Jahre, bevor Marcel nach Harvard kam, um die William-James-Lectures zu halten. Gabriel Marcel, einer der Begründer des modernen Existentialismus, hatte Hockings Werk »The Meaning of God in Human Experience« (dt.: Die Bedeutung Gottes in der menschlichen Erfahrung) gleich gelesen, als es 1913 erschien, und war sofort von Hockings Verständnis von Freiheit und menschlichem Sinn eingenommen. In Marcels Worten: »Es ist keine Übertreibung zu sagen, dass Hocking mir den Schlüssel für ein Gefängnis überreichte, in dem ich sonst zu ersticken fürchtete.« Anfangs fiel es mir schwer zu glauben, dass Marcel, ein französischer Existentialist, das Wesen der Freiheit durch die Schriften eines Amerikaners aus dem Mittleren Westen zu verstehen begann – genauso schwer, wie zu glauben, dass Jean-Paul Sartre, *der* französische Existentialist, ein eifriger Leser von William James und George Santayana gewesen war. Aber all dies war wahr, und Hockings Philosophie war für Marcel entscheidend. »Aus diesem Grund«, räumte Marcel ein, »ist vielleicht keine Begegnung in meinem ganzen Leben glücklicher und bewegender gewesen als die, die ich mit ihm gehabt habe ... in seinem wunderschönen Haus im Wald in Madison ... In der Gegenwart dieses alten Mannes, dem ich so viel verdankte, empfand ich ein ausgeprägtes Gefühl, so etwas wie ein Sohn für ihn zu sein – ja es war sogar mehr als das, sodass ich zu glauben wage, dass wir Freunde für die Ewigkeit sein werden.«

In den 1930er-Jahren organisierte Marcel eine Lesegruppe – manche würden es vielleicht eine Soirée nennen – mit jungen, aufstrebenden Philosophen, die sich samstagsabends bei ihm zu Hause in Paris traf. Junge philosophische Giganten wie Sartre, Simone de Beauvoir, Emmanuel Levinas und Paul Ricoeur plauderten mit Marcel, damals im mittleren Alter, über die Zukunft der Freiheit in einem Zeitalter der Entmenschlichung und des Totalitarismus. Marcel liebte diese kleinen Versammlungen, aber sogar noch begeisterter war er von seinem Besuch in West Wind, als er den neunzigjährigen Hocking traf. Marcel und Hocking teilten das Gefühl, dass sich die Philosophie der Gegenwart – die durch hyperanalytische Formalismen gekennzeichnet war – unter Wert verkaufte. Die Liebe zur Weisheit und Wahrheit war nicht auf akademische Zeitschriften beschränkt, die niemand las; sie durchdrang vielmehr alle

Aspekte der menschlichen Existenz. Nachdem er Hocking in West Wind getroffen hatte, schrieb Marcel: »Das Problem, das ich für wesentlich halte, ist das der Beziehung zwischen philosophischer Untersuchung und dem Leben.« Hocking war das Produkt eines philosophischen Zeitalters, das sich diesem Problem gestellt hatte, und inspirierte Marcel dazu, in der Mitte des zwanzigsten Jahrhunderts gegen die Professionalisierung der Philosophie die Stellung zu halten. Dies war zumindest in Teilen der Grund, warum die Reise nach West Wind für Marcel so unvergesslich gewesen war.

Marcel war dem älteren Amerikaner noch aus einem anderen, noch wichtigeren Grund verpflichtet: Hocking hatte ihm geholfen, wieder zu Gott zu finden. An einem bestimmten Punkt waren Marcel und Sartre vielleicht nicht Freunde, aber doch zumindest gute Bekannte gewesen, aber am Ende ihres Lebens verabscheuten sie einander regelrecht. Diese Kluft zeugte (weil sie ihn auch teilweise verursachte) von einem tiefen Graben in der europäischen Philosophie des zwanzigsten Jahrhunderts, dem zwischen Theisten und einer wachsenden Zahl von Atheisten. Sartre, der schnell zu einem der bekanntesten, vielbeachtetsten Philosophen der Erde wurde, benutzte Marcels Soiréen als Forum, um das vorzutragen, was später zu seiner offiziellen philosophischen Position wurde – nämlich dass die Menschen in dieser Welt vollkommen allein und deshalb radikal und unerschütterlich frei sind. Es gab niemanden – nicht deine Mutter, nicht dein Chef, nicht dein *Führer* und ganz gewiss nicht dein Gott –, der dich dazu zwingen konnte, etwas gegen deinen Willen zu tun. Diese Freiheit war nicht verhandelbar. Für Sartre besteht eine der größten Schwierigkeiten dieser Freiheit – dass wir zur »Freiheit verdammt sind« – darin, dass wir frei sein müssen, während wir gleichzeitig von anderen umgeben sind, die uns unbedingt, hinterhältig und unbewusst zu versklaven versuchen. Zur Freiheit verdammt zu sein, wäre gar nicht so schlimm, wären wir nicht gleichzeitig der »Hölle der anderen« unterworfen. Was ihre Misanthropie anbelangte, so hatte Thoreau Sartre wirklich gar nichts voraus. Natürlich hätten weder Thoreau noch Sartre es Misanthropie genannt, sondern bloß einen nüchternen Realismus, was die conditio humana, die Bedingungen des Menschseins, anbelangte. Aber Marcel bildete sich, mit Hockings Hilfe, eine andere Meinung, und von da an nahm er Sartre im weiteren Verlauf seiner philosophischen Karriere bei jeder Gelegenheit ins Gebet.

Marcel stimmte mit Sartre darin überein, was die grundlegende Methode der Philosophie anbelangte: Sie sollte realistisch sein. Existentialisten setzten sich von jenen Denkern aus der Philosophiegeschichte ab, die den Boden der menschlichen Erfahrung gänzlich verlassen hatten, sich in immer abstraktere Sphären verloren hatten, bis man sie schließlich gar nicht mehr wiedersah. Marcel behauptete, ein Philosoph solle mit der konkreten Lebensrealität und nicht mit abstrakten Begriffen beginnen und sich dann »vom Leben zum Denken vorarbeiten und dann vom Denken wieder zum Leben hinab, sodass (man) versuchen kann, mehr Licht auf das Leben zu werfen.« Marcel bezog diese Idee über philosophische Reflexion direkt aus Hockings »The Meaning of God in Human Experience«, und für ihn offenbarte sie etwas, das Sartre nie hatte klar sehen können. In Marcels Worten: »Meine Lektüre von ›The Meaning of God‹ zeigte mir ein für alle Mal, dass wir tatsächlich in der Erfahrung, mitten in ihrem Kern, die Mittel finden, um ebenjene Erfahrung zu transzendieren.«

Ich hatte Erfahrung immer als das Allerpersönlichste betrachtet, als das, was mich zu dem macht, der ich bin. Erfahrung war, dem Begriff nach, immanent, immer »genau hier, an dieser Stelle« – das Einzige, das man mir nicht nehmen konnte. Erfahrung war immer *meine* Erfahrung. Und die Freiheit *meiner* Erfahrung beruhte darauf, dass sie unmissverständlich und für alle Zeiten *nicht deine* blieb. Sodass es, selbst wenn es möglich war, meine Erfahrung zu transzendieren, weit davon entfernt war, auch erstrebenswert zu sein. Viele Jahre lang hatte ich diese Sartresche Ansicht geteilt und die damit einhergehenden, zwischenmenschlichen Misserfolge in Kauf genommen. Marcel, hier Hocking folgend, der wiederum Royce, Addams und Peirce folgte, erzählte eine andere Geschichte. Und allmählich begann ich, ihn zu verstehen. Erfahrung ist immer transzendent, selbst wenn es uns nicht gelingt, das zu erkennen. Individuelle Erfahrung ist nicht eine Form von solipsistischer Beschränktheit, und zwar genau deshalb, weil sie eben niemals bloß »meine« Erfahrung ist. In seinem Beitrag zur *Festschrift* (im Original deutsch, A. d. Ü.) für Hocking (einem dicken Band, der schon lange vergriffen und genau einmal in fünfzig Jahren aus der Harvard-Bibliothek ausgeliehen worden ist), schreibt er: »Für Hocking ist *Sein* für das Individuum im ursprünglichen Sinne und dauerhaft *Sein mit*.« Für Marcel sollte die Obsession der Existentialisten mit individueller Freiheit durch die ebenso geheimnisvolle Macht der Liebe gezügelt werden.

Carol hatte recht: Unser Zelten unter den Sternen war, ganz gleich, welchen Maßstab man anlegte, romantisch. Für einen Philosophen wie mich war es geradezu knapp vor einem Wunder. Ich würde gern erzählen, dass wir beide einschliefen, während wir uns in den Armen hielten – »Freunde für die Ewigkeit« wie Marcel und Hocking. Ich würde gern erzählen, dass die ganze Sache mit einem perfekten Augenblick wechselseitigen Verschmelzens im Sinne von »Sein mit« endete. Aber ganz so war es nicht.

In Wahrheit bin ich eingeschlafen, während ich sie in den Armen hielt. Und sie hat mich eine Stunde später geweckt. Sie konnte nicht schlafen. Es war eine windige Nacht, und da waren Geräusche in den Bäumen hinter der Wiese. Sie war sicher, dass da »etwas im Dunkeln« war. Sie war auch sicher, dass sie einschlafen könnte, wenn ich aufpassen würde, bis sie eindöste. Sie hatte absolut recht. Sobald ich mich erhob, schlief sie ein, und nun war ich ganz und gar mir selbst überlassen, mit »etwas im Dunkeln«. Natürlich konnte *ich* jetzt nicht schlafen. Überhaupt nicht. Es ist erstaunlich, was man alles so hört, wenn man wirklich horcht, irritierend, was man sieht, wenn man wirklich Wache hält.

Marcel sagte, dass unser modernes Zeitalter ein besonderes sei, aber nicht auf eine gute Weise. Niemals in unserer Geschichte haben Menschen mit einem so tief sitzenden Gefühl existenzieller Isolation und Unverbundenheit gelebt, mit einem solch dunklen Unbehagen, das wir tief im Kern unseres Seins verspüren. Wir modernen Zeitgenossen leben in etwas, das er eine »zerbrochene Welt« nannte. Marcel argumentierte, dass die industrielle Revolution, automatisierte Kriegsführung und Völkermord sich verschworen hatten, um unsere Empfindung zu zerstören, dass die Welt ein Ort war, den man bewohnen und ehren konnte. Aber ich hatte immer die Vermutung gehegt, dass Marcels Gefühl unserer Gebrochenheit etwas Unmittelbareres und Autobiographisches zugrunde lag – dass es damit zusammenhing, dass er früh im Leben ein Elternteil verloren hatte.

Seine Mutter war gestorben, als er vier Jahre alt war. Im Rückblick auf ihre kurze und plötzliche Krankheit schrieb er: »So seltsam, wie das scheinen mag, aber ich kann mich an absolut nichts von diesen beiden trostlosen Tagen entsinnen… dennoch kann ich mich an etwas ganz Bestimmtes erinnern… ich kann anscheinend immer noch das Murmeln von Oma und anderen Familienmitgliedern hören, die gekommen waren, um ihr Beileid auszudrücken.« Als er acht Jahre alt war, fragte der kleine Marcel seine Tante, die die Aufgabe übernommen hatte, ihn aufzuziehen, auf einem Spaziergang, ob es irgendeine Möglichkeit gäbe, in Erfahrung zu bringen, ob die Verstorbenen auf eine wie auch immer geartete Weise weiterleben. »Wenn ich groß bin«, rief das Kind aus, »werde ich versuchen, das herauszufinden!« Seine gesamte Philosophie kann als Versuch verstanden werden, seiner zerbrochenen Welt zu entfliehen und sie anschließend wieder zu reparieren. Die Philosophie stellte genügend Fluchtmöglichkeiten zur Verfügung: »Nur auf der Ebene reiner Ideen«, räumte Marcel ein, »war ich in der Lage, mir einen Schutz vor diesen verletzenden Kontakten im Alltagsleben zu schaffen.« Später im Leben begann sich seine Haltung, was den Wert der Philosophie anbelangte, zu verändern: Die Sache war nun, nicht mehr zu fliehen, sondern im Gegenteil sich dem tiefen Geheimnis des Menschseins zu stellen. In der Philosophie wurde für Marcel »die Einheit eines zerbrochenen Haushaltes wiederhergestellt.«

Ich fühlte mich aus ähnlichen Gründen zur Philosophie hingezogen. Mein Vater hatte uns zweimal verlassen: Das erste Mal, als ich vier Jahre alt war, und dann für immer, als ich neunundzwanzig war. Ich kann mich kaum an den Tag erinnern, als er uns jenes erste Mal verließ, aber ich weiß noch ganz genau, wie meine Mutter meinem Bruder und mir sagte, dass er nicht wieder nach Hause käme. Das war in unserem Spielzimmer, in dem keine Möbel standen, neben unserer Garage, wo mein Bruder und ich normalerweise die Abende verbrachten und zu Folkmusik tanzten, eins der wenigen Dinge, die meine Eltern gegen Ende ihrer Ehe beide mochten. Ein beigefarbener Berberteppich – die Art, die ewig hält – lag auf dem Fußboden. Meine Mutter bat uns, uns zu setzen, und ich erinnere mich daran, wie ich meine kleinen Fäuste in den Teppich stieß, um zu sehen, welche Spuren er auf meinen Knöcheln hinterließ. Meine Mutter und mein Bruder, die ich beide nie zuvor hatte Tränen vergießen sehen, saßen auf dem Teppich und weinten. Ich sah ihnen mehrere Minuten lang zu, leicht verwirrt, aber hauptsächlich peinlich berührt, und verzog mich dann unauffällig in das Nebenzimmer, um Zeichentrickfilme zu sehen. Ich konnte sie aus dem anderen Zimmer hören, das, selbst zu jener Zeit, weit entfernt zu liegen schien. Ich stellte den Ton lauter, und schließlich ebbte das Weinen ab und der Nachmittag verging.

Meine Mutter hatte recht: Mein Vater war fort. Aber seine Abwesenheit blieb. Ich verstehe heute, dass mich das letzten Endes zur Philosophie gebracht hat, um die Schriften von Männern zu studieren, die daran arbeiteten, alles herauszukriegen, die mir den Sinn des Lebens erklären konnten, die mir dabei helfen konnten, mir meinen Ort in einer schwierigen Welt zu erklären. Zumindest anfangs hieß philosophieren, etwas zu kompensieren, etwas, das ich verloren hatte. Ich fühlte mich, wenig überraschend, zu den Vätern der amerikanischen Philosophie hingezogen, beschäftigte mich obsessiv mit den intimen Details ihrer Leben, klebte an jedem ihrer

Wörter in der Hoffnung, sie würden mir sich selbst und die Welt erklären.

Ich hüllte mich in meinen Schlafsack und spähte in die Nacht hinaus. Ich hatte das schon einmal gemacht. Im Bett, mit meiner ehemaligen Frau, hatte ich stundenlang auf absolut nichts gestarrt, unfähig zu schlafen, unfähig, die Probleme abzuschütteln, die ich für mein Unglück verantwortlich machte. Was, wenn ich ein richtiger Alkoholiker wurde? Was, wenn ich noch eine Beziehung zerstörte? Was, wenn ich Vater werden würde, oder, noch furchterregender, wie *mein* Vater? Einen Moment lang versuchte ich mich wieder einmal am Problemlösen, aber dann erinnerte ich mich an Marcels Andeutung, dass diese Reaktion auf existenzielle *Angst* nicht die passende, noch weniger die einzig mögliche Antwort auf unsere conditio humana sei. Das Universum – und unsere Entfremdung von ihm – als ein Problem darzustellen, das abschließend gelöst werden muss, hat die unabsichtliche Konsequenz, uns von unserer fortlaufenden Teilhabe in dem abzulenken, was Marcel das »Geheimnis des Seins« nannte. Und diese Teilhabe ist, ihm zufolge, so ungefähr das Beste, auf das wir Menschen hoffen können. »Ein Geheimnis«, in Marcels Worten, »ist ein Problem, das auf sich selbst übergreift, weil der Fragende zum Objekt der Frage wird. Zum Mars zu kommen, ist ein Problem. Sich zu verlieben, ist ein Geheimnis.«

Ich war so mit meinen eigenen Problemen beschäftigt, dass ich das schwache Licht beinahe gar nicht bemerkte, das von Osten her heraufzukriechen begann. Auf einer intellektuellen Ebene wusste ich eine Menge über den Mond – dass er in

Wirklichkeit nicht selbst leuchtete, dass er sich sehr schnell bewegte, dass er im Osten auf- und im Westen unterging –, aber ich hatte ihn nie zuvor wirklich erlebt. Ich musste nur noch ein paar Minuten länger warten und die obere Wiese wäre ganz in Licht getaucht. Als der Mond aufging, dachte ich, er würde die Sache mit der Dunkelheit erledigen, aber er sorgte nur dafür, dass ich sie noch klarer sah. Lange, seltsame Schatten – von der Art, die in der Nacht eigentlich gar nicht geworfen werden sollten – fielen über den Hang und zuckten in der Brise. Dies war kein deus ex machina, der mich aus meiner Situation erlösen würde; es war eine dieser *Walpurgisnächte*, die nichts dazu beitragen, um unsere kleinen, oft belanglosen Probleme zu lösen, sondern sie umso mehr ins rechte Licht rücken. Kleine Waldkreaturen – Satyre, Elfen, Engel, Werwölfe – huschten im Dickicht hinter uns umher.

William James beschrieb seine Nacht in Panther Gorge, umgeben von Geistern und Pauline Goldmark, mit solch einem romantischen Flair, aber ich wäre schon verwundert, wenn er nicht ein bisschen von der Dunkelheit überwältigt gewesen wäre. James' Mentor Peirce mag vielleicht recht darin gehabt haben, dass die »Welt in einer Logik der Ereignisse lebte und webte und darin ihr SEIN hatte«, aber jene Nacht auf einem Hang in New Hampshire überzeugte mich davon, dass es gewiss keine Logik war, die die Menschen jemals vollständig beherrschen würden. Sie sollte überhaupt nicht beherrscht werden. Sie sollte erfahren werden. Wir spielen eine Rolle im Leben, Weben und Sein, und wir dürfen freiwillig daran teilnehmen, aber niemals ganz so, wie es uns gerade passt.

Im Juni 1904 schrieb Hocking an James, um ihm für ein Seminar über den Begriff der »reinen Erfahrung« zu danken, das Hocking besucht hatte. Hocking hatte in jenem Semester viele

Lektionen gelernt und »eine von ihnen [war]... einen konkreten Sinn dafür zu bekommen, wie umfassend die Wahrheit ist und wie wenig jegliche Philosophie ihr gerecht wird, die ihre Lösung in ein paar Formeln kredenzt«. Die ganze Wahrheit der Erfahrung zu beschreiben, war in vielerlei Hinsicht, wie diesen Mond zu beschreiben: absolut unmöglich. »Es gibt nichts Lähmenderes«, so Hocking zu James, »als ein auch nur entfernt angemessener Sinn für die Komplexität der Wahrheit.«

Bewegungslos lag ich im Gras. Irgendwann während der letzten Stunde hatte ich den Gedanken an Schlaf endgültig aufgegeben und mich in Fragen darüber verloren, wie ich im Endeffekt zu diesem Hügel über der Hocking Library gelangt war. Ich erinnerte mich an Whiteheads Kommentar, von Platon entliehen: »Philosophie beginnt mit dem Staunen. Und am Ende, wenn das philosophische Denken sein Bestes gegeben hat, bleibt das Staunen.« Das Staunen bleibt der Ursprung, die treibende Kraft und das endgültige Ziel der Philosophie. Es ist das, was uns, intellektuell und spirituell, in Bewegung hält. 1951 schrieb Marcel »Homo Viator« (Der Mensch, der Wanderer). Royce, den Marcel tief bewunderte, wäre glücklich über die traditionelle christliche Konnotation von »Der Mensch, der Pilger« gewesen, aber mich befremdete es immer noch. Ich würde mich ans Wandern halten, allerdings nicht an ein zielloses Wandern. Meine eigenen Versuche, die Reise zu mir selbst zu beschreiben, wirkten unvollständig und wurden umso treffender von Gabriel Marcel in »Das Geheimnis des Seins« beschrieben:

»Denken Sie daran, was geschieht, wenn wir unseren Freunden die einfachste Geschichte erzählen, die Geschichte, sagen wir, von irgendeiner Reise, die wir gemacht haben. Die Geschichte von einer Reise wird von jemandem erzählt, der diese Reise gemacht hat, von Anfang bis Ende, und der zwangsläufig seine anfänglichen Erfahrungen auf der Reise durch die Brille seiner späteren Erfahrungen sieht. Denn unser abschließender Eindruck davon, wie die Reise nun gewesen ist, kann nicht anders, als auf die Erinnerungen an den anfänglichen Eindruck zu reagieren, den wir davon hatten, *wie die Reise wohl sein würde*. Aber als wir die Reise dann tatsächlich gemacht oder, besser gesagt, sie angetreten haben, wurden diese ersten Eindrücke noch durch unsere gespannte Erwartung, was da alles wohl noch kommen werde, im Gegenteil wie eine Kompassnadel am Zittern gehalten.«

Ich selbst, wie die restlichen Schatten, zitterte. Und das schon seit Langem. Ich versuchte, es einzudämmen, mich zu kontrollieren, meine Gedanken und Erinnerungen zu ordnen: Buffalo, Holden Chapel, James, unbefugtes Betreten, Gefangenenschiffe, Springen, Fallen, Wollen, Liebe, graue Augen, Agnes, Carol. Es hatte keinen Sinn. Es war schon lange und war immer noch ein einziges, gewaltiges Zittern. Ich holte tief Luft und hielt dann die Luft an, während die Nacht sich weiter auf ihre völlig unerklärliche Weise regte.

Freiheit und Liebe. Für Marcel waren dies die beiden wesentlichen Geheimnisse der conditio humana. Am Ende von »Das Geheimnis des Seins« kommt er zu dem Schluss, dass der Sinn des Lebens nicht darin besteht, sie zu lösen, sondern offen für sie und im Kontakt mit ihnen zu bleiben, obwohl sie so dermaßen verstörend sind. »Der Mensch kann mehr berühren«, so Marcel, »als er begreifen kann.« Ich legte Carol eine Decke um ihre Schultern und schmiegte mich an sie. In den Monaten vor ihrer Hochzeit hatte Hocking an Agnes geschrieben, »du bist fast immer bei mir. Wie unglaublich all das ist. Ich verbringe die meiste Zeit damit, es mir klarmachen zu wollen – und es wieder aufzugeben.«

Dantes »Göttliche Komödie« endet auf ähnliche Weise. Am Ende seiner heroischen Reise durch Hölle, Fegefeuer und Paradies erreicht er schließlich das Empyreum, die ewige Heimstatt Gottes. Als ich das Versepos zum ersten Mal las, glaubte ich, ich hätte das getan, um ein paar konkrete Antworten zu göttlicher Liebe und Freiheit zu erhalten. Das Empyreum war der Ort, an dem diese ganze Lektüre sich nun endgültig lohnen sollte. Damals war ich schrecklich enttäuscht gewesen. In den letzten Stanzen des Poems versucht Dante zu verstehen, wie die höchsten Himmelssphären zusammenpassen. Weil sie schließlich wirklich zusammenpassen müssen, ihm aber die Worte fehlen, um ihre Erhabenheit auszudrücken. Dante blickt hinauf ins göttliche Rund, das den Himmel erleuchtet, versucht, es zu erklären, und kommt schließlich zu dem Schluss, dass für solch eine Unternehmung die »eigenen Flügel… nicht gereicht hätten«. Vor zehn Jahren hatte ich gedacht, dass der ganze Sinn von Dantes Reise darin bestehe, ihr Ziel zu erreichen. Aber es gab kein endgültiges Ziel:

»Doch nunmehr bewegte mir Wunsch und Wollen, wie
ein Rad, das im Gleichmaß bewegt wird,
die Liebe, die auch die Sonne bewegt und die anderen
Sterne.«

Es ist das beste Ende, auf das man hoffen kann. Freiheit und Liebe. Vielleicht nicht, um sie zu besitzen und festzuhalten, sondern sich von ihr, wie ein Rad, bewegen zu lassen.

Wir haben im Herbst 2011 geheiratet, und während unserer Flitterwochen wurde Carol schwanger. »Bist du ein Mensch, der ein Kind sich wünschen *darf*?«, fragt Friedrich Nietzsche. »Bist du der Siegreiche, der Selbstbezwinger, der Gebieter der Sinne, der Herr deiner Tugenden? ... Oder redet aus deinem Wunsch das Tier und die Notdurft? Oder Vereinsamung? Oder Unfriede mit dir?« Oder, möchte man hinzufügen, alles zusammen? Von uns als Vätern wird erwartet, »Selbstbezwinger« zu sein, uns selbst vollständig im Griff zu haben, bevor wir anfangen können, Kindern Anweisungen zu erteilen. Das könnte vielleicht eine vernünftige Erwartung sein, aber anscheinend eine, der niemand entsprechen kann. Nach meiner Zeit in West Wind erwartete ich, dass Elternschaft bedeutete – so wie, wenn man sich verliebt –, sich nie mehr komplett im Griff haben zu müssen, sondern sich auf die Geheimnisse der Intimität so gut einzulassen wie möglich. Als kleines Kind hatte ich Angst vor meinem Vater gehabt, und Jahre später hatte ich Angst, so zu werden wie er. Aber schließlich half er mir, ein paar sehr wichtige Lektionen darüber zu lernen, wie es ist, Eltern zu sein – und wie es ist, am Leben zu sein. Er lehrte mich, dass William James wahrscheinlich recht hatte, was den Sinn des Lebens anbelangte: Er hing von der Leber ab.

Während wir darauf warteten, dass unsere Tochter Becca auf die Welt kam, beschlossen die Hockings, einen Teil der Bibliothek der University of Massachusetts Lowell zu schenken. An dem Tag, an dem wir die Bücher abtransportieren sollten, war Carol immer noch im Stress des ersten Trimesters und beschloss, zu Hause zu bleiben. Also besorgte ich mir zusammen mit meinem Kumpel Mark einen Umzugslaster, und langsam ruckelten wir damit den Hügel zur Bibliothek hoch. Die Hocking-Schwestern erwarteten uns in der Auffahrt, und wir machten einen letzten Rundgang durch das Erdgeschoss, bevor wir zur North Conway Dry Storage fuhren. Jill war aufgeregt: Die Vorstellung, dass die Bücher von echten, lebenden Philosophen benutzt werden könnten, war erregend für eine Frau, die genauso gut selbst hätte Philosophin werden können. Jennifer war erleichtert: Sie hatte sich nie wirklich wohl mit den Büchern gefühlt, und ich glaube, ein Teil von ihr war froh, dass sie nun verschwanden. Penny weinte. Die Bücher waren die Seele dieses Ortes, und – obwohl man sie konservieren musste – ihr Abtransport würde einen wesentlichen Teil von West Wind zerstören.

Mark fuhr den Umzugslaster, und ich kletterte zusammen mit ihren Schwestern in Jennifers zerbeulten Saturn. Als wir aus der Ausfahrt bogen und zu der Lagerhalle fuhren, um die Bücher einzulagern, stellte ich die Frage, die mich von Anfang an umgetrieben hatte: »Warum hat man diesen Ort West Wind genannt?«

Penny versicherte mir, dass meine Vermutung, es hinge mit dem Shelley-Gedicht zusammen, durchaus plausibel sei – »Ode to the West Wind«, der Zerstörer und Bewahrer. Ich ließ mich in den Rücksitz zurücksinken, um über das seltsame Paradox dieses Gedichtes nachzudenken:

Drive my dead thoughts over the universe
Like wither'd leaves to quicken a new birth!
And, by the incantation of this verse,

Scatter, as from an unextinguish'd hearth
Ashes and sparks, my words among mankind!

Treib, die wie tot verschallen
Wie Blätter, die du welk vom Baume reißt,
Meine Gedanken wirbelnd übers Land,
Neu sie zu wecken. Wie mein Vers es weist,

Streu aus der Asche aus des Herdes Brand,
Mein Wort gleich Funken aus des Feuers Kern!

Penny räusperte sich auf dem Vordersitz. Sie war noch nicht fertig. Sie hatte nur eine nachdenkliche Pause eingelegt.

»Ich kann mich auch irren«, sagte sie, »aber ich glaube, dass es der Spitzname meiner Großmutter Agnes war. Sie nannten sie immer West Wind.«

EPILOG: DER TOTENKULT

Heute befinden sich einige Hundert der Hocking-Bücher, jene, deren Wert der Gutachter bei seinem zweitägigen Besuch in West Wind bestimmen konnte, in einem Raum im Archiv der O'Leary Library an der University of Massachusetts. Er ist ziemlich abgelegen, aber zumindest trocken, warm und frei von Nagetieren. Ich besuche sie oft, unter dem Licht der Neonröhren. Gelegentlich nehme ich meine Studierenden mit. Es ist nicht gerade die Houghton Library: Es gibt keine wachsamen Bibliothekare und nicht einmal richtige Arbeitstische, nur Regale und Bücher. Meine Studierenden scheint das nicht zu stören. Tatsächlich scheinen sie diese Atmosphäre, eng und bescheiden, zu mögen, wenn sie sich zwischen die Regale quetschen. An einem gewissen Zeitpunkt habe ich sie gebeten, Handschuhe zu tragen, aber schließlich kam ich zum Schluss, dass man ein Buch, das West Wind überlebt hatte, wahrscheinlich auch mit bloßen Händen anfassen konnte. Ich sage ihnen einfach nur, dass sie vorsichtig sein sollen, und das sind sie dann auch. Ich erinnere mich immer noch daran, wie ich die Bücher das erste Mal in West Wind vorgefunden habe – unbezahlbar, aber verletzlich, ein bisschen wie das Leben selbst.

Wenn man durch das Sever Gate an der Ostseite des Harvard-Innenhofs eintritt und dann auf Holden Chapel zugeht, sieht man ein gedrungenes Gebäude zur Linken, in dem sich das philosophische Seminar befindet. Das ist Emerson Hall, benannt nach jenem Barden von Concord. Im ersten Stock befinden sich das Seminarbüro und die Robbins Library. Reginald Robbins war ein Student von James und Royce. Hinter der Robbins Library liegt eine Besenkammer, die als wenig benutzter Lagerraum fungiert. Mitten in der Phase, in der ich West Wind entdeckte, entdeckte ich auch diese Besenkammer. Sie war voller Reinigungsmittel und Staub und enthielt das bewegendste Schriftstück, das ich je gelesen hatte. Irgendwann einmal war jemand ähnlich ergriffen gewesen und hatte beschlossen, es zu rahmen, aber in späteren Jahren war der Rahmen zwischen den Papierkorb und den Aktenschrank gezwängt worden. Ich hatte ihn weit genug herausgezogen, um die Worte lesen zu können, die unten auf einem inzwischen vergilbten Stück Papier im Glasrahmen standen:

»Die letzten schriftlichen Worte von Josiah Royce ... «

Ich zog den Rahmen ganz aus seinem Versteck und konnte nicht umhin darüber nachzudenken, wie objektiv ironisch es war, dass Royces letzte Worte in der Kammer des Hausmeisters gelandet und Hockings in West Wind begraben worden waren, beides Zeichen dafür, dass die Philosophie sich inzwischen bedauerlicherweise von den existenziellen Problemen abgewandt hatte, die diese Philosophen so fesselnd gefunden hatten: Wie man ein kreatives, sinnvolles Leben angesichts unseres unausweichlichen Todes führt. Als ich den hingekritzelten Satz in dem Glasrahmen las, war ich nicht überrascht, zu sehen, dass Royce in seiner Todesstunde ein letztes Mal versucht hatte, mit dem Tragischen fertigzuwerden. Royces Handschrift wurde in den späteren Jahren immer schlechter, und 1916, in seinem Sterbejahr, war sie fast unlesbar geworden. Aber diese Notiz war überraschend klar und entschieden:

»Unter den Antrieben, die dem religiösen Leben der Menschheit so große Intensität verleihen, endlos dazu geneigt, trotz aller Entzauberungen ihre Jugend zu erneuern, und unendlich kostbar trotz aller Veränderungen und Enttäuschungen, ist auch der Antrieb, der in einem der ältesten und zugleich jüngsten Kulte seinen Ausdruck findet – der Totenkult ...«

Dies streitet sich mit meiner ersten Begegnung mit West Wind um die Rolle als unvergesslichster Augenblick, den ich je als Philosoph erlebt habe. Aber es ist auch einer der tiefschürfendsten. Ich wusste, worüber Royce sprach, zumindest intellektuell. Der »Totenkult« war eine Anspielung auf eine sehr alte Einrichtung, die an die Tragik der menschlichen Endlichkeit erinnern und ihr zugleich etwas entgegensetzen sollte. Manchmal wird sie auch als »Ahnenkult« bezeichnet, bei dem die Mitglieder ihr Leben lang daran arbeiten, dafür zu sorgen, dass die Toten weiterleben, zumindest in der Erinnerung. Die alten Kelten hatten einen Ahnenkult, ebenso wie die Ägypter. Royce hoffte, dass solch ein Kult die rein in die Zukunft gerichteten Tendenzen der Moderne überleben könnte. Hocking hatte mit West Wind ein Denkmal für diesen Kult errichtet.

Wenn die endgültige Tragik des Lebens in dem Wink des Kohelet bzw. des Predigers Salomo zusammengefasst werden kann, dass »alles eitel ist«, dann war es die Aufgabe des Totenkultes, dem respektvoll und anhaltend zu widersprechen. Der Kult behielt die Toten im Gedächtnis und sprach in ihrem Namen, auch wenn sie schon lange verstorben waren. Er bestätigte, was die meisten von uns sich ersehnen, wenn wir sterben: Dass jemand über uns sagt, dass wir immer noch von Bedeutung sind, dass wir immer noch eine Rolle spielen.

An jenem Nachmittag in der Besenkammer wischte ich den Staub weg, der den Rest von Royces Worten bedeckte:

»Dieser Kult hat endlose Meinungsänderungen überlebt. Er wird zahllose Transformationen des Glaubens, die die Zukunft für uns noch bereithalten mag, überleben. Sein Geist wird eher noch wachsen… So lange, wie Liebe und Erinnerung und Aufzeichnung und Denkmal das Gedenken an unsere Toten nahe bei unseren Leben und bei unseren Herzen halten, so lange uns… der Geist der Brüderlichkeit dazu befähigt zu preisen, was wir jenen verdanken, die für uns gelebt haben und gestorben sind, so lange wird der Totenkult eine zuverlässige Quelle für uns und für ein neues und echtes, religiöses Leben sein.«

Während ich in der Kammer auf dem Boden saß und den Rest des Rahmens von Schmutz befreite und an die Bibliothek in West Wind dachte, hätte es mir leicht einfallen können, zu glauben, dass Royce sich tödlich geirrt hatte. Wir sterben, und trotz des Heroismus unserer letzten Worte enden unsere Hinterlassenschaften in West Wind oder in irgendeiner verborgenen Kammer, zwischen einen Mülleimer und einen Aktenschrank gequetscht. All das ist wahr, aber inzwischen habe ich eine Ahnung, wie heilig solche Hinterlassenschaften sein können.

West Wind hat mich vieles gelehrt. Über Langlebigkeit im Angesicht der Zerstörung, über den Umgang mit Verlust, über Liebe und Freiheit, aber auch über die Disziplin der Philosophie. Die Philosophie und ganz allgemein die Geisteswissenschaften dienten einst als ein wirksamer Totenkult – sie dokumentierten, erklärten und wiederbelebten die Bedeutung und den Wert menschlichen Strebens. Sie versuchte herauszufinden, wie man das bewahrte, was an uns edel und besonders wertvoll war. Im besten Falle versuchte die Philosophie zu erklären, warum unsere Leben, so fragil und vergänglich, wie sie waren, vielleicht von dauerhafter Bedeutung waren. In Hockings Worten in »The Meaning of Immortality« (dt.: Die Bedeutung der Unsterblichkeit), wir müssten lernen, den »gegenwärtigen Augenblick so zu behandeln, als wäre er in ein Bestreben eingebettet, das ihm durch jenes totale Leben, welches sich ins Unendliche erstreckt, zugewiesen worden ist«. Royces Sohn Stephen hatte am Ende der Worte seines Vaters einen Satz notiert: »Letzte schriftliche Worte von Josiah Royce, gefunden auf seinem Schreibtisch nach seinem Tod, unvollendet.« Unvollendet. Nie zu Ende. Zumindest das ist die Hoffnung – wenn es sowohl zum Totenkult als auch zu den letzten Worten der Philosophie kommt.

1850 veröffentlichte John Hayward eine Skizzensammlung über seine Zeit in Harvard mit dem Titel »College Scenes« (dt.: Collegeszenen). Eine dieser Szenen zeigt einen schwach erleuchteten Raum voller Skelette und zwei junge Witzbolde mit Laternen. Ein Student hält die Laterne, während der andere versucht, mit einer Leiche zu kopulieren. Unten auf der Skizze hat jemand mit zittriger Hand Folgendes hingekritzelt: »Ein mitternächtlicher Ausflug in den Sektionssaal in Holden Chapel.« Als William James sich seinem Publikum in Holden 1895 zuwandte, um sich mit der Frage »Ist das Leben lebenswert?« herumzuschlagen, waren ihm zweifellos jene makabren »Streifzüge« bekannt, über die etwas durchgesickert war (Bilder aus den 1890er-Jahren zeigen menschliche Rippen, die aus den Anatomiesälen gestohlen worden sind und nun an den Kaminsimsen in den Schlafsälen der Studierenden hängen).

Holden wurde ein Jahrhundert später renoviert, und bei der Gelegenheit legten die Arbeiter einen ausgetrockneten Brunnen frei, der mit menschlichen Überresten gefüllt war – nachdem die Collegestudenten mit ihren nekrophilen Streichen fertig waren, waren die Knochen in das Loch geschmissen und vergessen worden.

Als ich 2008 in Holden war, war ich von diesen Knochen geradezu besessen – wie leicht, wie abrupt, wie sinnlos konnte das Leben enden. James war dieser Möglichkeit gegenüber nicht blind. Dennoch ließ er sich nicht von ihr entmutigen. Auf die Frage nach dem Wert des Lebens angesichts seiner anhaltenden Komplikationen antwortet James: Vielleicht. Vielleicht ist das Leben sinnloser Müll, aber vielleicht könnte es, selbst im Angesicht unausweichlicher Zerstörung, etwas mehr sein. James legt uns nahe, in unserem Leben auf diese Möglichkeit zu setzen. »Für solch ein halb wildes, halb gerettetes Universum«, sagt James, »ist unser Wesen ausgelegt.«

Anatomieseminare werden in Holden nicht länger abgehalten. Heute beherbergt sie den Harvard Glee Club. Im Herbst, wenn der Boden kalt und die Tage kürzer werden, beginnt der Chor das »Gloria« aus William Byrds »Mass For Three Voices« (dt.: Messe für drei Stimmen) zu üben. Das kleine Gebäude erzittert geradezu unter dem Klang.

Im Mittelalter war es nicht ungewöhnlich, die Knochen der Toten in Häusern zu vergraben – zum Beispiel in den Böden und Wänden der Kapellen auf den Britischen Inseln. Man nimmt an, dass diese Überreste nicht nur dem Schutz vor Dämonen dienten, sondern auch eine eher praktische Funktion hatten: Sie waren gut für die Akustik. Die Gesänge der Lebenden, die durch diese knöchernen Überreste hindurch erklangen, konnten den irdenen Wänden entkommen und ihren

Aufstieg beginnen. In diesen Kapellen erklang jene seltsame Mischung aus dem Tragischen und dem Spirituellen – in der perfekten Tonlage eines *Vielleicht*.

AUSGEWÄHLTE BIBLIOGRAPHIE
UND LEKTÜREEMPFEHLUNGEN

Addams, Jane, *Newer Ideals of Peace.* New York: Macmillan, 1911.
Twenty Years of Hull House. Chicago: University of Illinois Press, 1990.
Democracy and Social Ethics. Edited by C. H. Seigfried. Urbana: University of Illinois Press, 2002.

Alexander, Thomas M., *John Dewey's Theory of Art, Experience and Nature: The Horizons of Feeling.* Albany: State University of New York Press, 1987.

Anderson, Douglas R., *Creativity and the Philosophy of C. S. Peirce.* Boston: Kluwer Academic, 1987.
Philosophy Americana: Making Philosophy at Home in American Culture. New York: Fordham University Press, 2012.

Anderson, Douglas R. und Hausman, Carl R., *Conversations on Peirce: Reals and Ideals.* New York: Fordham University Press, 2012.

Anderson, Douglas R. und Charles S. Peirce, *Strands of System: The Philosophy of Charles Peirce.* West Lafayette, Indiana: Purdue University Press, 1995.

Barzun, Jacques, *A Stroll with William James,* New York: Harper & Row, 1983.

Bernstein, Richard J., *John Dewey.* New York: Washington Square Press, 1966.
Praxis and Action. London: Duckworth, 1971.

Boisvert, Raymond D., *Dewey's Metaphysics.* New York: Fordham University Press, 1988.

Boydston, Jo Ann, *John Dewey: The Middle Works, 1899–1924.* Carbondale: Southern Illinois University Press, 1976–83.

Buck, Pearl S., *Die gute Erde. Roman. Aus dem Englischen von Robby Remmers.* München: Deutscher Taschenbuch Verlag, 2015.
Ostwind – Westwind. Roman. Aus dem Englischen von Richard Hoffmann und Annie Polzer. München: Deutscher Taschenbuch Verlag, 2013.

Letzte große Liebe. Roman. Aus dem Englischen von Hansjürgen Wille und Barbara Klau. München: Langen Müller, 2001.

Carus, Paul, *Buddhism and Its Christian Critics.* Chicago: The Open Court, 1897.

Cavell, Stanley, *Cities of Words: Pedagogical Letters on a Register of the Moral Life.* Cambridge, Massachusetts: Belknap Press, 2005.

Philosophy the Day After Tomorrow. Cambridge, Massachusetts: Belknap Press, 2006.

Child, Lydia Maria, *The History of the Condition of Women in Various Ages and Nations.* London: Simpkin, Marshall, 1835.

The American Frugal Housewife. Mineola, New York: Dover, 1844/1999.

Letters of Lydia Maria Child: With a Biographical Introduction by J. G. Whittier and Appendix by W. Philipps. Boston: Houghton Mifflin, 1882.

Clendenning, John, *The Life and Thought of Josiah Royce.* 2nd Ed. Nashville, Tennessee: Vanderbilt University Press, 1999.

Colapietro, Vincent M., *Peirce's Approach to the Self: A Semiotic Perspective on Human Subjectivity.* Albany: State University of New York Press, 1989.

Coleridge, Samuel T., *Aids to Reflection.* Burlington, Massachusetts: Chauncey Goodrich, 1840.

Cudworth, Ralph, *The True Intellectual System of the Universe.* Port Chester, New York: Adegi Graphics, 1820/2001.

Collected Works of Ralph Cudworth New York: G. Olms, 1979.

Dewey, John: *John Dewey on Experience, Nature, and Freedom. Representative Selections.* Edited, with an Introduction, by Richard J. Bernstein. New York: Liberal Arts Press, 1960.

The Essential Dewey: Volume I. Edited by L. A. Hickman and T. M. Alexander. Bloomington: Indiana University Press, 1998.

The Correspondence of John Dewey, 1871–1952, three volumes. Edited by Larry Hickman. Electronic version. Charlottesville, Virginia: InteLex Corporation, 2005.

Erfahrung, Erkenntnis und Wert. Herausgegeben von Martin Suhr. Frankfurt am Main: Suhrkamp Verlag, 2004.

Erfahrung und Natur. Herausgegeben von Martin Suhr. Frankfurt am Main: Suhrkamp Verlag, 1995.

Edel, Leon, *Henry James: The Middle Years, 1882–1895.* London: Hart Davis, 1963.

Emerson, Ralph W., *Collected Works of Ralph Waldo Emerson*, zehn Bände. Cambridge, Massachusetts: Belknap Press of Harvard University Press, 2010.

Esposito, Joseph L., *Evolutionary Metaphysics: The Development of Peirce's Theory of Categories*. Athens: Ohio University Press, 1980.

Foust, Mathew A., *Loyalty to Loyalty: Josiah Royce and the Genuine Moral Life*. New York: Fordham University Press, 2012.

Frost, Robert, *A Boy's Will*. New York: Henry Holt, 1915.
Gesammelte Gedichte. Übertragen von Alexander von Bernus u. a. Mannheim: Kessler Verlag, 1952.

Fuller, Margaret, *Women in the Nineteenth Century: And Kindred Papers Relating to the Sphere, Condition and Duties, of Woman*. Boston: J. P. Jewett, 1860.

Gale, Richard M., *The Divided Self of William James*. Cambridge: Cambridge University Press, 1999.

Gavin, William J., *William James and the Reinstatement of the Vague*. Philadelphia: Temple University Press, 1992.

Gilman, Charlotte P., *The Yellow Wallpaper*. Boston: Small, Maynard, 1899.
Die gelbe Tapete. Übersetzt von Alfred Coubran. Wien: Edition Selere, 2005; Braumüller, 2011.

Good, James A., *A Search for Unity in Diversity: The »Permanent Hegelian Deposit« in the Philosophy of John Dewey*. Lanham, Maryland: Lexington Books, 2006.

Haack, Susan, *Deviant Logic, Fuzzy Logic: Beyond the Formalism*. Chicago, University of Chicago Press, 1974/1996.

Hickman, Larry A., *John Dewey's Pragmatic Technology*. Bloomington: Indiana University Press, 1992.

Hobbes, Thomas, *The English Works of Thomas Hobbes of Malmesbury, gesammelt und herausgegeben von W. Molesworth*. London: John Bohn, 1840.
Leviathan. Herausgegeben von Hermann Klenner. Hamburg: Felix Meiner Verlag, 2005.

Hocking, William E., *The Meaning of God in Human Experience: A Philosophy Study of Religion*. New Haven, Connecticut: Yale University Press, 1912.
Re-Thinking Missions: A Layman's Inquiry After One Hundred Years. New York: Harper & Brothers, 1932.

Living Religions and a World Faith. New York: Macmillan, 1940.

The Coming World Civilization. New York: Harper, 1956.

Hookway, Christopher, *Peirce.* London: Routledge & Kegan Paul, 1985.

Huxley, Thomas H., *Zeugnisse für die Stellung des Menschen in der Natur.* Let Me Print, 2012.

Evidence as to Man's Place in Nature, New York: D. Appleton, 1863.

Darwiniana: Essays by Thomas H. Huxley. New York: D. Appleton, 1896.

James, Henry und William James, *The Literary Remains of the late Henry James.* Boston: Houghton Mifflin, 1885.

James, William, *The Sentiment of Rationality.* In: *Mind* 4, S. 317–46, 1879.

Are We Automata? Gloucester, UK: Dodo Press, 1879/2008.

The Principles of Psychology, New York: Henry Holt, 1890.

Psychology: Briefer Course, New York: Henry Holt, 1892.

The Will to Believe, and Other Essays in Popular Philosophy. New York: Langhans, Green, 1897.

Der Wille zum Glauben, in: *Pragmatismus. Ausgewählte Texte von Charles Sanders Peirce, William James, Ferdinand Canning Scott Schiller, John Dewey.* Mit einer Einleitung herausgegeben von Ekkehard Martens. Stuttgart: Reclam, 1997, S. 128–160.

Human Immorality: Two Supposed Objections to the Doctrine. Boston: Houghton Mifflin, 1898.

Talks to Teachers on Psychology: And to Students on Some of Life's Ideals. New York: Henry Holt, 1899.

Die Vielfalt religiöser Erfahrung. Ein Studie über die menschliche Natur. Übersetzt von Eilert Herms und Christian Stahlhut. Mit einem einführenden Essay von Peter Sloterdijk. Berlin: Verlag der Weltreligionen im Insel Verlag, 2014.

Pragmatism: A New Name for Some Old Ways of Thinking. Cambridge, Massachusetts: Harvard University Press, 1907/1975.

Das pluralistische Universum. Vorlesungen über die gegenwärtige Lage der Philosophie. Ins Deutsche übertragen von Julius Goldstein. Mit einer neuen Einführung herausgegeben von Klaus Schubert und Uwe Wilkesmann. Darmstadt: Wissenschaftliche Buchgesellschaft, 1994.

The Meaning of Truth. Rockville, Maryland: Arc Manor, 1909/2008.

Die Bedeutung des Wortes ›Wahrheit‹. In: William James, *Pragmatismus und radikaler Empirismus.* Herausgegeben, übersetzt und mit einem Nachwort von Claus Langbehn. Frankfurt am Main: Suhrkamp Verlag, 2006, S. 114–116.

Kant, Immanuel, *Kritik der Urteilskraft*. Herausgegeben von Heiner F. Klemme. Hamburg: Felix Meiner, 2006.
Grundlegung zur Metaphysik der Sitten. Herausgegeben von Dieter Schönecker und Bernd Kraft. Hamburg: Felix Meiner, 2016.

Karcher, Carolyn L., *The First Woman in the Republic: A Cultural Biography of Lydia Maria Child*. Durham: Duke University Press, 1994.

Kestenbaum, Victor, *The Phenomenological Sense of John Dewey: Habit and Meaning*. Atlantic Highlands, New Jersey: Humanities Press, 1977.

Koopman, Colin, *Pragmatism as Transition: Historicity and Hope in James, Dewey, and Rorty*. New York: Columbia University Press, 2009.

Knight, Louise W., *Citizen: Jane Addams and the Struggle for Democracy*. Chicago: University of Chicago Press, 2005.

Leopold, Aldo., *A Sand County Almanac, and Sketches Here and There*. New York: Oxford University Press, 1949.

Locke, John, *Zwei Abhandlungen über die Regierung*. Herausgegeben und eingeleitet von Walter Euchner. Frankfurt am Main: Suhrkamp Verlag, 1977.

Lowell, James R. und Norton, Charles E., *The Complete Writings of James Russell Lowell*. Boston: Houghton Mifflin, 1904.

Lysaker, John T., *Emerson and Self-Culture*. Bloomington: Indiana University Press, 2008.

Marcel, Gabriel, *Geheimnis des Seins*. Aus dem Französischen von Hanns von Winter und mit einem Nachwort von Leo Gabriel. Wien: Herold Verlag, 1952. (vergriffen)
Homo Viator. Philosophie der Hoffnung. Aus dem Französischen von Wolfgang Rüttenauer. Düsseldorf: Bastion-Verlag, 1949. (vergriffen)

McDermott, John J., *The Drama of Possibility: Experience as Philosophy in Culture*. Edited by D. Anderson. New York: Fordham University Press, 2007.

Mill, John S., *On Liberty/Über die Freiheit*. Herausgegeben von Bernd Gräfrath und übersetzt von Bruno Lemke. Stuttgart: Reclam Verlag, 2009.

Müller, Friedrich M., *The Sacred Books of the East in 50 Volumes*. Richmond, UK: Curzon Press, 1895/2001.

Oppenheim, Frank M., *Royce's Voyage Down Under: A Journey of the Mind*. Lexington: University Press of Kentucky, 1980.

O'Reilly, John B., *Selected Poems of John Boyle O'Reilly*. Boston: H. M. Caldwell, 1904.

Palmer, George H., *The English Works of George Herbert*. Boston: Houghton Mifflin, 1905.

Pappas, Gregory F., *John Dewey's Ethics: Democracy as Experience*. Bloomington: Indiana University Press, 2008.

Parnell, Fanny, *The Hovels of Ireland*. Charleston, South Carolina: BiblioBazaar, 1880/2010.

Peirce, Charles S., *Collected Papers of Charles Sanders Peirce*. Edited by C. Hartshorne, P. Weiss, and A. W. Burke. Cambridge, Massachusetts: Belknap Press of Harvard University Press, 1931–58.

Schriften zum Pragmatismus und Pragmatizismus. Herausgegeben von Karl Otto Apel. Übersetzt von Gert Wartenberg. Frankfurt am Main: Suhrkamp Verlag, 1991.

Putnam, Hilary, *Mind, Language, and Reality*. Cambridge, UK: Cambridge University Press, 1975.

Raposa, Michael L., *Peirce's Philosophy of Religion*. Bloomington: Indiana University Press, 1989.

Richardson, Robert D., *Emerson: The Mind on Fire*. Berkeley: University of California Press, 1995.

Rorty, Richard, *The Linguistic Turn: Recent Essays in Philosophical Method*. Chicago: University of Chicago Press, 1967.

Der Spiegel der Natur. Eine Kritik der Philosophie. Übersetzt von Michael Gebauer. Frankfurt am Main: Suhrkamp Verlag, 1987.

Rosenbaum, Stuart F., *Pragmatism and the Reflective Life*. Lanham, Maryland: Lessington Books, 2009.

Royce, Josiah, *The Basic Writings of Josiah Royce*. Edited by J. J. McDermott. Chicago: University of Chicago Press, 1969.

Sarton, May, *I Knew a Phoenix*. New York: W. W. Norton, 1954.

Journal of Solitude. New York: W. W. Norton, 1973.

Sartwell, Crispin, *The Six Names of Beauty*. New York: Routledge, 2004.

Schelling, Friedrich W. J., *Philosophische Untersuchungen über das Wesen der menschlichen Freiheit und die damit zusammenhängenden Gegenstände*. Mit einem Essay von Walter Schulz. Frankfurt am Main: Suhrkamp Verlag, 1988.

Schneider, Herbert W., *A History of American Philosophy*. New York: Columbia University Press, 1916.

Schopenhauer, Arthur, *The Works of Arthur Schopenhauer: The Wisdom of Life and Other Essays*. New York: Walter J. Black, 1935.
Gesammelte Werke in zehn Bänden, herausgegeben von Arthur und Angelika Hübscher (Zürcher Ausgabe), Zürich: Diogenes Verlag, 1977.

Shelley, Percy B., *Poems Selected from Percy Bysshe Shelley, With Preface by R. Garnett*. London: C. Kegan Paul, 1880.

Shelley, Percy B., *Ausgewählte Werke. Dichtung und Prosa*. Auswahl Manfred Wojcik. Herausgegeben und mit einer Einleitung versehen von Helmut Höhne. Diverse Übersetzer*innen. Frankfurt am Main: Insel Verlag, 1990.

Smith, John E., *Royce's Social Infinite: The Community of Interpretation*. New York: Liberal Arts Press, 1950.

Smyth, Richard A., *Reading Peirce Reading*. Lanham, Maryland: Rowman & Littlefield, 1997.

Spencer, Herbert, *First Principles of a New Philosophy*. New York: D. Appleton, 1898.
Die ersten Prinzipien der Philosophie. Übersetzt von Martin Pöttner. Pähl: Jolandos Verlag, 2007.

Stuhr, John J., (Hg.), *100 years of Pragmatism: William James' Revolutionary Philosophy*. Bloomington: Indiana University Press, 2011.

Talisse, Robert B. und Aikin, Scott F. (Hg.), *The Pragmatism Reader: From Peirce Through The Present*. Princeton, New Jersey: Princeton University Press, 2011.

Thoreau, Henry D., *The Selected Works of Thoreau*. Edited by W. Harding. Boston: Houghton Mifflin, 1975.
Walden oder Leben in den Wäldern. Aus dem Amerikanischen von Emma Emmerich und Tatjana Fischer. Mit einem Vorwort von Walter E. Richartz, Anmerkungen, Sach- und Namensregister sowie einer Zeittafel. Zürich: Diogenes Verlag, 1971.
Vom Spazieren. Ein Essay. Aus dem Amerikanischen von Dirk van Gunsteren. Zürich: Diogenes Verlag, 2004.

Traubel, Horace, *With Walt Whitman in Camden: March 28-July 14, 1888*. Lanham, Maryland: Rowman & Littlefield, 1961.

Tunstall, Dwayne A., *Yes, but Not Quite: Encountering Josiah Royce's Ethico-Religious Insight*. New York: Fordham University Press, 2009.

Tuttle, Hudson und Peebles, James M., *The Year Book of Spiritualism for 1871*. Boston: William White, 1871.

Warren, Henry C., *Buddhism in Translation: Passages Selected from the Buddhist Sacred Books*. Whitefish, Montana: Kessinger, 1915/2003.

West, Cornel, *Prophetic Thought on Postmodern Times*. Monroe, Maine: Common Courage Press, 1993.

Whately, Richard, *The Elements of Logic*. 2nd edition. London: W. Clowes, 1827.

Whitehead, Alfred N. und Russell, Bertrand, *Principia Mathematica*. Cambridge, UK: Cambridge University Press, 1912.

Principia Mathematica. Vorwort und Einleitungen. Mit einem Beitrag von Kurt Gödel. Übersetzt von Hans Joachim Metzger und Hans Mokre, 1994.

Whitehead, Alfred N., *Science and the Modern World*. New York: Macmillan, 1925.

Wissenschaft und moderne Welt. Übersetzt von Hans Günter Holl. Frankfurt am Main: Suhrkamp Verlag, 1988.

Process and Reality. New York: Harper & Row, 1960.

Prozess und Realität: Entwurf einer Kosmologie. Übersetzt und mit einem Nachwort von Hans Günter Holl. Frankfurt am Main: Suhrkamp Verlag, 1987.

Whitman, Walt, *Walt Whitman's Leaves of Grass*. New York: Oxford University Press, 2005.

Grasblätter. Nach der Ausgabe von 1891–92 erstmals vollständig übertragen und herausgegeben von Jürgen Brôcan. München: Hanser Verlag, 2009.

Wilshire, Bruce, *Fashionable Nihilism: A Critique of Analytic Philosophy*. New York: State University of New York Press, 2002.

Wüllenweber, Friedrich Walther, *Über Tennysons Königsidyll*, Dissertation, philosophische Fakultät zu Marburg: 1889.

DANKSAGUNG

Ich möchte meiner Lektorin Ileene Smith danken. Vieles, was an diesem Buch schön oder richtig ist, ist ihren Hinweisen und denen ihres Teams bei Farrar, Straus & Giroux zu verdanken; viele der Stellen, die spröde oder hochgestochen wirken mögen, sind so, weil ich beschlossen habe, ihren Rat zu ignorieren. Ich kann Ileene, ihrem Kollegen John Knight und meinem Agenten Markus Hoffmann gar nicht genug dafür danken, dass sie an dieses Projekt geglaubt und es bis zu seiner Fertigstellung begleitet haben.

Ich möchte außerdem Douglas Anderson danken, meinem ersten Philosophieprofessor und meinem Lieblingsprofessor! Ich lernte Doug kennen, als ich siebzehn war, in meinem ersten Semester am College. Während der nächsten zehn Jahre vermittelte er mir die Bedeutung und den Geist der amerikanischen Philosophie – ihre Offenheit, ihre Vielfalt, ihre versteckten Ursprünge und ihre existenzielle Tiefe. Er hatte in den Achtzigerjahren Ernest Hocking in West Wind besucht und mich schon viele Jahre, bevor ich sie selbst entdeckte, auf die Bibliothek hingewiesen. Er war mein bester Freund in den ersten Monaten, in denen ich West Wind erforschte. Es gibt viele Erfahrungsmomente, die in das Buch hätten aufgenommen werden sollen und dann doch nicht Eingang fanden – wie ich mit Doug ein Lagerfeuer auf den Wiesen oberhalb der Hocking Library machte, ist einer davon. Wir redeten die ganze Nacht hindurch, über Holden Chapel und Pauline Goldmark und all die anderen Dinge, die »gute Philosophen« angeblich hinter sich lassen sollen. Mark Johnson, John J. McDermott, Scott Pratt, Erin McKenna, Victor Kestenbaum, Marilyn Fischer, David Leary, Claire Katz, Dan Conway und Michael Raposa kamen als meine zuverlässigen Lehrer und Mentoren in der amerikanischen philosophischen Tradition zu Doug hinzu. Ich danke jedem und jeder von ihnen dafür, dass sie frühere Fassungen dieses Manuskripts gelesen und mir unschätzbare Rückmeldungen dazu gegeben haben.

Der Übergang von einem Forschungsstipendium zum Schreiben für ein allgemeines Publikum ist nicht gerade leicht. Wenn man zum professionellen Philosophen ausgebildet wird (und von einem erwartet wird, dass man den entsprechenden Jargon beherrscht), ist er besonders schwierig. Zumindest für mich war es so. Ich möchte gern eine Reihe von Menschen danken, die mir diesen Übergang erleichtert haben: Jean Tamarin, Alex Kafka, Peter Catapano, Simon Critchley, Emily Stokes, Joe Kloc, Phil und Gordon Marino, Rebecca Attwood, Jill Lepore, Andre Dubus III und Evan Goldstein. Mein Aufenthalt als Gastwissenschaftler an der American Academy of Arts and Sciences 2008 gab mir die Gelegenheit, über James' Vorlesung in Holden Chapel nachzudenken, und ich möchte Patricia Meyer Spacks und David Sehat dafür danken, dass sie mich in dieser schwierigen Zeit stets ermuntert haben. Besonders David bestärkte mich darin, in die philosophische Spekulation betont persönliche und psychologische Herausforderungen des Alltags zu integrieren. Ich möchte auch der Verwaltung und meinen Kollegen und Kolleginnen an der University of Massachusetts Lowell für ihre fortwährende Unterstützung danken. Clancy Martin – einer der wenigen Philosophen, die ich kenne, die erfolgreich die Kluft zwischen philosophischem und kreativem Schreiben überbrücken – machte dort weiter, wo David aufhörte, und ist ein perfekter Mentor bei den Entwürfen zu »Das Bücherhaus. Eine philosophische Liebesgeschichte« gewesen.

Ich schätze mich so überaus glücklich, Clancy und noch so viele andere zum Freund zu haben: Peter Aldinger, Jose Mendoza, Amelia Wirts, Jen McWeeny, Steven Miller, Romel Sharma, Nick Pupik, Susanne Streedhar, Heidi und Mac Furey, David Livingstone-Smith, Brian Hay und der Rest des Hay Draude Watters Clans, Whit Kaufman, Marianna Alessandri (die eine Fassung des Buches nach der anderen gelesen hat), Sara Clemence (die das Manuskript akribisch lektoriert hat), Becca Greeves, Tess und Ken Pope, Alice Frye und Luis Falcon. Besonderer Dank gebührt der Hocking-Familie: Jennifer, Penny, Jill, Katie, Joanna und dem Rest. Ein Prozent meiner Honorare werden an den Hocking Estate gespendet werden und der Konservierung der übrigen Bücher und der Pflege des Geländes dienen.

Als ich ein kleiner Junge war, wollte ich oft schneller groß werden, als es menschenmöglich ist. Aber eines der Probleme beim Größerwerden war – das dachte ich jedenfalls mit sieben –, »dass es bedeutete, dass man seinen Eltern immer mehr für das Leben, das man lebte, schuldete. Und wenn das eigene Leben auch noch gut verlief – umso schlimmer, zumindest, was Schuldigkeit und Dankbarkeit anbelangte. Nun, da ich eigene Kinder habe, verstehe ich erst, wie schrecklich töricht diese Idee ist. Ich bin der glücklichste aller Menschen: Eine Mutter und einen Bruder wie ich zu haben, heißt, wirklich gesegnet zu sein. Sie lieben mich auf eine Weise, die keinerlei Gegenleistung erfordert. Ich verdiene sie nicht, weil diese Liebe ihrem eigenen Wesen nach nichts ist, was zurückerstattet werden müsste.

In einer Ansprache mit dem Titel »Was gibt einem Leben Sinn?« meint William James, dass der Sinn der menschlichen Existenz auf einem bestimmten Wort beruht: Lebensfreude. Lebensfreude, diese besondere, eigenartige, erregende Erfahrung, ist die eigentliche Quelle existenziellen Wertempfindens. Lange Zeit dachte ich, das wäre völliger Unsinn. Aber nachdem ich Carol kennengelernt hatte, wusste ich tief im Herzen, dass James wieder einmal recht gehabt hatte. Ja, Pflicht und Beziehungen und Gemeinschaft und Loyalität und Arbeit und Ehe haben alle ihren Platz, aber ohne Lebensfreude – das gewisse Etwas, das diese Dinge wirklich zu »meinen« macht – würde das Leben schmerzlich wenig Sinn haben. Ich danke Carol und unserer Tochter, Becca Briony Kaag-Hay, für die Lebensfreude: dafür, das Leben lebenswert zu machen.

SACH- UND PERSONENREGISTER

Die amerikanische Originalausgabe erschien 2016
unter dem Titel »AMERICAN PHILOSOPHY: A Love Story«
im Verlag Farrar, Straus and Giroux, New York.

Sollte diese Publikation Links auf Webseiten Dritter enthalten,
so übernehmen wir für deren Inhalte keine Haftung,
da wir uns diese nicht zu eigen machen, sondern lediglich auf
deren Stand zum Zeitpunkt der Erstveröffentlichung verweisen.

 Dieses Buch ist auch als E-Book erhältlich.

Verlagsgruppe Random House FSC® N001967

1. Auflage
Deutsche Erstausgabe November 2019
Copyright der Originalausgabe © 2016 by John Kaag
Copyright der deutschsprachigen Ausgabe © 2019 by btb Verlag
in der Verlagsgruppe Random House GmbH
Neumarkter Straße 28, 81673 München
Published by arrangement with Farrar, Straus and Giroux,
LLC, New York.
Umschlaggestaltung: semper smile, München,
nach einem Entwurf von Na Kim
Umschlagmotiv: *The White Mountains* (oil on canvas),
by William Holt Yates (1858–1930), © Bridgeman Images
Satz: Uhl + Massopust, Aalen
Druck und Einband: GGP Media GmbH, Pößneck
JT · Herstellung: sc
Printed in Germany
ISBN 978-3-442-71889-4

www.btb-verlag.de
www.facebook.com/btbverlag

Nick Hunt

Mit dem Wind
Wanderungen vom Atlantik bis zum Mittelmeer

416 Seiten, gebunden, btb 75844

**Reisen zu wilden Winden und wilden Landschaften –
und zu den Menschen, die sie bewohnen.**

Den Wind sehen wir nicht, aber wir spüren ihn. Der britische
Journalist und Reiseschriftsteller Nick Hunt macht sich auf
den Weg, den Wind zu erwandern. Von den Höhenzügen im
Nordwesten Englands bis zu den Alpen, von den Ufern der
Rhone bis zur Adriaküste führen ihn seine Wanderungen. Dabei
erlebt er nicht nur hautnah jene Kräfte, denen er auf der Spur
ist, er taucht auch ein in Mythen und Legenden, Geschichte und
Geschichten, Wissenschaft und Aberglauben. Ein faszinierender
und unkonventioneller Reisebericht.

»Mitreißend und unterhaltsam.«
Financial Times

btb

Damon Young

Warum Jane Austen ohne Flieder nicht leben konnte
Vom Philosophieren im Garten

256 Seiten, Klappenbroschur, btb 71730

**Über das besondere Verhältnis zwischen
Schreibenden und ihren Gärten**

Gärten können inspirieren, beruhigen und aufrichten. Und
sie haben seit jeher einen besonderen Stellenwert für Künstler.
Jane Austen suchte in ihrem Cottage-Garten nach Momenten
der Stille. Für Marcel Proust, der seine letzten Lebensjahre bei
geschlossenen Fensterläden in seinem Schlafzimmer verbrachte,
hießen drei Bonsaibäumchen Inspiration, und die als skandalös
geltende französische Schriftstellerin Colette verspürte beim
Anblick ihrer Rosen ein Gefühl von Frieden und Glück. Damon
Young erforscht wunderbar anregend, wie Schreibende von der
Natur inspiriert wurden – als spazierte man mit einem sehr
klugen Freund durch einen wunderschönen Garten.

»Voller brillanter literarischer Beobachtungen.«
The West Australian

btb

Lajla Rolstad

WOLFSINSEL

288 Seiten, Broschur, btb 71815

**Kraftvoll, persönlich und poetisch –
die Erfahrungen einer jungen Frau allein in der Wildnis**

»Muss ich so leben, wie ich es bisher getan habe?«, fragt sich
Lajla eines Tages – und bucht ein Flugticket nach Kanada. In
den folgenden Jahren verbringt sie lange Phasen allein in der
Wildnis, trifft Trapper, Hippies, Schamanen und Abenteurer und
lernt, dass die Suche nach Freiheit oft mit der Beschränkung aufs
Wesentliche beginnt. Eine kraftvolle, wilde und unmittelbare
Erzählung, die einen zum Nachdenken zwingt.

btb